REVISTA
DE DIREITO DAS SOCIEDADES

Ano I (2009), 1

REVISTA DE DIREITO DAS SOCIEDADES
Ano I (2009), 1
Director: António Menezes Cordeiro

Comissão de redacção
António Menezes Cordeiro
Diogo Costa Gonçalves
Francisco Mendes Correia
Ana Perestrelo de Oliveira

Proprietário: Faculdade de Direito de Lisboa (Instituto de Direito das Sociedades)
NIPC 502736208
Sede e Redacção: Faculdade de Direito de Lisboa – Alameda da Universidade – 1649-014 Lisboa
Editora: Edições Almedina, SA
      Avenida Fernão de Magalhães, n.º 584, 5.º Andar
      Telef.: 239 851 904 – Fax: 239 851 901
      3000-174 Coimbra – Portugal
      editora@almedina.net

Publicação: quatro números anuais
Tiragem: 1200 exemplares
Assinatura anual   € 70,00 (12,5% de desconto sobre o total dos números avulsos)
Número avulso   € 20,00

Coordenação e revisão: Veloso da Cunha
Execução gráfica: G.C. – Gráfica de Coimbra, Lda.
      Rua do Progresso, 13 – Palheira
      3040-692 Assafarge
      Telef.: 239 802 450 – Fax: 239 802 459
      producao@graficadecoimbra.pt
Depósito legal: 289864/09
N.º de registo na ERC – 125574

ÍNDICE

Editorial: a importância do Direito das sociedades 5

ACTUALIDADE

António Menezes Cordeiro
Uma nova reforma do Código das Sociedades Comerciais? 11

António Menezes Cordeiro
A nacionalização do BPN 57

DOUTRINA

Ana Perestrelo de Oliveira
Os credores e o governo societário: deveres de lealdade para os credores controladores? 95

Ana Filipa Leal
Algumas notas sobre a parassocialidade no Direito português 135

Miguel Brito Bastos
As consequências da aquisição ilícita de acções próprias pelas sociedades anónimas 185

JURISPRUDÊNCIA CRÍTICA

Sociedade por quotas – poderes do gerente – cessação de funções
Acórdão do Tribunal da Relação de Lisboa de 29 de Abril de 2008 227
Anotação por António Menezes Cordeiro 233

BREVES RECENSÕES 237

NOTA BIBLIOGRÁFICA 241

NOTÍCIAS DAS SOCIEDADES
Legislação 245
Jurisprudência 249

NO PRÓXIMO NÚMERO:

O Decreto-Lei n.º 247-B/2008, de 30 de Dezembro: cartão de empresa, cartão de pessoa colectiva e outras novidades

A crise planetária de 2007/2010 e o governo das sociedades

O registo de quotas: reformas de 2006, 2007 e de 2008

Transposição da directiva dos direitos dos accionistas e alterações ao Código das Sociedades Comerciais – Processo de consulta pública n.º 10/2008

Editorial: a importância do Direito das sociedades

1. Aspectos práticos

I. De acordo com os números oficiais disponíveis tínhamos, em Portugal, no ano de 2006: 604 sociedades em nome colectivo, 382.833 sociedades comerciais por quotas, das quais 65.571 unipessoais, 22.886 sociedades anónimas, 32 sociedades em comandita e 2.551 cooperativas. No tocante a sociedades por quotas e a sociedades anónimas, convém salientar que, tendo em conta a população do País, os números são bastante mais elevados do que em países como a França, a Alemanha ou a Itália.

II. Ainda com referência a 2006, as sociedades comerciais por quotas, incluindo as unipessoais, alcançavam, entre nós, um volume de negócios de 152.646 milhões de euros e davam emprego a 1.926.848 pessoas. Quanto às sociedades anónimas: temos um volume de negócios de 169.404 milhões de euros e 845.834 pessoas empregadas. Podemos dizer, sem exagero, que o essencial da riqueza económica e humana passa, no nosso País, pelas sociedades.

III. As sociedades são partes nos contratos comerciais mais significativos; elas são as grandes empregadoras; elas são significativos sujeitos tributários; elas são as principais litigantes. Se abstrairmos do foro pessoal, podemos considerar que não há causa ou situação jurídica relevante que não implique normas de Direito das sociedades. Desde a simples sociedade familiar à maior multinacional: todas exigem a assistência de juristas formados e conhecedores no campo societário.

2. O Direito nacional

I. Temos insistido: o Direito das sociedades português é o mais complicado da Europa. Por razões de ordem histórica, que remontam ao Marquês de Pombal e à Lei da Boa Razão (18-Ago.-1769), o Direito nacional tem vindo a acolher os diversos esquemas desenvolvidos pelos demais ordenamentos: assistimos a especiais afluxos de inspiração francesa, a partir de 1833, de inspiração ítalo-espanhola, a partir de 1888, de inspiração alemã, a partir de meados do século XX, e de inspiração anglo-saxónica, a partir do início do século XXI. Tudo isso veio fundir-se com a cepa nacional, dando, ao conjunto, uma identidade rica e complexa.

II. Após 1986, o Direito das sociedades absorveu a transposição de sucessivas directrizes europeias. Tais directrizes funcionaram, muitas vezes, como mais um veículo do Direito de inspiração alemã, com traços crescentes de influência anglo-saxónica: mas sempre sob um pano de fundo de complexas negociações inter-europeias. Em boa verdade: a transposição caiu em terreno fértil, uma vez que o Direito nacional, verdadeira singularidade nos Direitos do Sul da Europa, já estava muito germanizado, em termos de Ciência do Direito. Mas representou, no plano regulativo, um factor suplementar de complexidade.

III. Qualquer explicação de Direito nacional exige, em regra, uma introdução histórico-comparatística. O estudioso – e todos os práticos o são! – vê-se remetido para textos estrangeiros e para problemáticas longínquas, tudo isso com reflexos no Direito cuja aplicação tem em mãos. Mas não vai lidar com Direito estrangeiro: consumada a recepção, os elementos fundem-se na realidade nacional, tornando-se irreconhecíveis. Em suma: temos um Direito fascinante, mas muito complicado e trabalhoso.

3. A prolixidade legislativa

I. O Código das Sociedades Comerciais aproxima-se da sua trigésima reforma. Em média, ele tem vindo a ser alterado uma vez e meia por ano. As alterações introduzidas são, por vezes, de grande extensão e profundidade: pense-se na reforma de 2006. É certo que a prolixidade legislativa e a instabilidade dos grandes códigos pode ser seguida nos diversos Direitos europeus. Mas, no nosso, assume uma especial amplitude. As reformas sucessivas obedecem, por vezes, a diversos postulados jurídico-científicos, o que leva, ao Código, fracturas e, até, oposições.

II. A prolixidade das alterações ao Código das Sociedades Comerciais é dobrada por uma permanente instabilidade dos diplomas circundantes, com relevo para os Códigos do Registo Comercial e dos Valores Mobiliários. Muitos textos são substituídos antes de ter havido tempo para os analisar e para ponderar as consequências da sua aplicação. Em suma: boa parte do esforço dos operadores jurídicos centra-se em puras tarefas de determinação das fontes.

4. A jurisprudência e a doutrina

I. A realidade jurídico-societária portuguesa é, ainda, enformada por uma forte produtividade jurisprudencial e doutrinária. Os nossos tribunais têm sido crescentemente solicitados para resolver conflitos de interesses na área das sociedades. O número de arestos relevantes, para este nosso domínio, tem subido exponencialmente, nos últimos anos. E também a densidade jurídico-científica da produção jurisdicional é, hoje, irreconhecível: multiplicam-se as decisões de referência, os precedentes e as ponderações ético-valorativas.

II. A doutrina da área das sociedades, de expressão lusa, tornou-se inabarcável. Ainda há poucas décadas dispúnhamos de umas quantas monografias. Hoje, elas contam-se por dezenas, em cada ano, sendo difícil, mesmo para os especialistas, manter em dia a sua leitura. A isso cabe acrescentar manuais, lições, comentários e inúmeros artigos de revistas.

5. As tarefas da RDS

I. A RDS tem, como tarefas:
– dar notícia das reformas societárias em curso ou em preparação, comentando-as;
– relatar as alterações das leis, no âmbito das sociedades;
– reportar os instrumentos europeus relevantes para o Direito das sociedades;
– repertoriar as decisões judiciais do domínio das sociedades, comentando as mais significativas e explicitando as grandes tendências;
– recensionar as obras nacionais relevantes, para o Direito das sociedades e dar conta das obras estrangeiras de mais peso;
– publicar estudos de doutrina originais, sobre temas societários.

II. Não há grande tradição de revistas especializadas, no nosso meio. Todavia, a RDS vem corresponder a uma real necessidade do Direito nacional. Na base de uma equipa jovem, de alto nível e muito especializada, a RDS pode dar, a todos os interessados e por um baixo custo, uma base imprescindível para o desenvolvimento da sua actividade.

III. A RDS dirige-se a todos os juristas: pois a real dimensão do fenómeno torna o Direito das sociedades uma presença constante nos diversos casos concretos. Mas vai além. São visados: os magistrados, os advogados generalistas, os advogados de empresa, os gestores, os consultores, os revisores oficiais de contas, os auditores, os fiscalistas, os solicitadores, os agentes da administração central e local, os universitários e os estudantes de Direito, de Gestão e de Economia. Nas suas colunas irá surgir matéria distinta. Embora vocacionada para a Ciência do Direito, é preocupação da RDS usar uma linguagem simples, acessível a não-juristas, de nível universitário ou equivalente.

ACTUALIDADE

Uma nova reforma do Código das Sociedades Comerciais?

PROF. DOUTOR ANTÓNIO MENEZES CORDEIRO

SUMÁRIO: I – *Diagnóstico: o Direito mais complexo da Europa: 1. As simplificações formais; 2. A floresta legislativa; 3. A complexidade substantiva; a) A dimensão europeia; 4. Segue; b) A preparação das leis; 5. As leis em concorrência; a necessidade de um projecto nacional. II – O projecto da CMVM em geral: 6. Posicionamento; 7. As ratio e occasio legis. III – As concretas alterações: 8. As acções próprias: artigo 316.°; 9. Segue: a Directriz 2006/68, de 6 de Setembro; 10. Segue; artigo 323.°; 11. Segue; artigo 325.°; 12. Limite de emissão de obrigações (349.°); 13. Representante comum dos obrigacionistas (357.°); 14. Mesa da assembleia geral: artigo 374.°; 15. Segue; artigo 374.°-A; 16. Convocação e forma de realização da assembleia (377.°); 17. Voto por correspondência (384.°); 18. Regras especiais de eleição; 19. Substituição de administradores (393.°); 20. Negócios com a sociedade (397.°); 21. Estrutura e composição quantitativa (413.°); 22. Composição qualitativa (414.°/5); 23. Incompatibilidades (414.°-A/1); 24. Reuniões e deliberações do conselho fiscal (423.°/5); 25. Composição da comissão de auditoria (423.°-B); 26. Composição do conselho geral e de supervisão (434.°/4); 27. Referência a "director" (epígrafe do 437.°); 28. Dever de segredo (441.°-A); 29. Remissões (445.°); 30. Publicidade de participações e negócios sociais (448.°). IV – A transposição da Directriz 2007/36: 31. Aspectos gerais; 32. O anteprojecto da CMVM; 33. O direito de apresentar propostas; o actual CSC; 34. Aspectos práticos; 35. A proposta do novo 379.°/1; uma alternativa. V – Conclusões: 36. Recomendações.*

I – Diagnóstico: o Direito mais complexo da Europa

1. *As simplificações formais*

I. No início do séc. XXI, a burocratização relativa às iniciativas empresariais atingiu o zénite. Na Grande Lisboa, a constituição de uma sociedade comercial, desde a entrada de um pedido de certificado de admissibilidade da firma, até à obtenção do registo definitivo, demorava mais de dois anos: e isso mau grado todos os empenhos em que a iniciativa nacional sempre é fértil. Não há números sobre os milhões perdidos e os milhares de empregos que ficaram por criar: mas foram muitos. Havia que encetar corajosas reformas, para o que se exigia: um mínimo de conhecimento do terreno e das realidades práticas; alguma estabilidade legislativa; humildade académica, no sentido de chamar aos trabalhos pessoas dotadas dos conhecimentos básicos.

II. Foi feito um esforço e foram obtidos resultados. Assim, como exemplos: o Decreto-Lei n.º 111/2005, de 8 de Julho, permitiu a constituição imediata de sociedades; o Decreto-Lei n.º 76-A/2006, de 29 de Março, simplificou a forma dos actos societários e previu esquemas de dissolução administrativa; o Decreto--Lei n.º 125/2006, de 29 de Junho, fixou a constituição *on line* de sociedades; o Decreto-Lei n.º 8/2007, de 17 de Janeiro, introduziu a declaração empresarial simplificada; o Decreto-Lei n.º 318/2007, de 26 de Setembro, facultou a obtenção imediata de marca; o Decreto-Lei n.º 73/2008, de 16 de Abril, deu lugar à abertura imediata de sucursais; o Decreto-Lei n.º 247-B/2008, de 30 de Dezembro, criou o cartão de empresa e corrigiu diversos procedimentos. Tudo isto foi acompanhado por uma enorme simplificação no tocante à prática de actos tributários e de segurança social, permitida, de resto, pela Internet.

III. Estas reformas começaram por causar uma enorme desconfiança, junto dos operadores jurídicos. E de facto, foram cometidos alguns erros, com destaque para o inadmissível subaproveitamento da classe dos notários. Estes, dispondo de uma rede nacional devidamente apetrechada, poderiam (e podem!) contribuir para a simplificação em curso, explicando-a, viabilizando-a, executando-a e introduzindo, nela, o que falta: o selo da segurança e das boas práticas.

Corrigindo esses erros, deve reconhecer-se que as simplificações formais eram necessárias e que a utilização da informática e da Internet tornou praticáveis soluções que, há pouco tempo, relevariam da ficção científica.

2. *A floresta legislativa*

I. A simplificação formal teve, desde logo, um preço: o da florestação legislativa. Na verdade, as reformas foram sendo conduzidas por sectores, através de diplomas avulsos, mais ou menos articulados entre si, de tal modo que, mesmo para os especialistas, se torna difícil fixar as precisas fontes em vigor. Vamos exemplificar com o exercício académico subsequente.

II. O Código das Sociedades Comerciais, de 1986, conheceu, até 2006, 27 alterações, algumas das quais significativas. Isso implica que não haja nenhuma obra, a ele reportada, que se mantenha actualizada por mais de seis meses[1] e que muitos preceitos tenham sido adoptados e revogados sem nunca terem conhecido aplicação. Conduz, ainda, que os mesmos factos, quando se prolonguem no tempo, venham caindo sob leis sucessivas, com tudo o que isso acarreta.

Em 2006, surgiu a grande reforma: o Decreto-Lei n.º 76-A/2006, de 29 de Março, que alterou 31 diplomas[2], republicando, em anexo, o próprio Código das Sociedades Comerciais e o Código do Registo Comercial e publicando, também em anexo, o Regime Jurídico dos Procedimentos Administrativos de Dissolução e de Liquidação de Entidades Comerciais.

No tocante ao Código das Sociedades Comerciais, foram alteradas centenas de artigos e suprimidas e aditadas algumas dezenas. Em consequência, foram publicadas algumas dúzias de escritos sobre temas ligados à reforma, tendo sido refeitos manuais universitários. Muitos aspectos estão, ainda, por relevar, por estudar e por aplicar.

III. Depois disso, o Código das Sociedades Comerciais já foi, directamente, alterado pelo Decreto-Lei n.º 8/2007, de 17 de Janeiro, pelo Decreto-Lei n.º

---

[1] Calculando em seis meses o período que vai da conclusão de uma obra, pelo seu Autor, até à sua chegada às mãos do potencial leitor.

[2] O Código das Sociedades Comerciais; o Código do Registo Comercial; o Código Comercial; o Regime dos Agrupamentos Complementares de Empresas; a Lei Orgânica dos Serviços dos Registos e do Notariado; o Regime Jurídico das Cooperativas de Ensino; o Regime Jurídico das "Régies Cooperativas" ou cooperativas de interesse público; o Regime do Estabelecimento Individual de Responsabilidade Limitada; o Regime Jurídico do Crédito Agrícola Mútuo e das Cooperativas de Crédito Agrícola; o Regime das Competências dos Notários nos Processos de Constituição de Sociedades Comerciais; o Regime Jurídico da Habitação Periódica; o regime das Sociedades por Quotas e Anónimas licenciadas na Zona Franca da Madeira; o Código do Notariado; o Código Cooperativo; o Regime Jurídico das Sociedades Desportivas; o Regime do Acesso e Exercício da Actividade das Agências de Viagens e Turismo; o Regime Geral das Empresas de Seguros; o Registo Nacional das Pessoas Colectivas; a Lei das Empresas Municipais, Intermunicipais e Regionais; o Regime dos Serviços da Direcção-Geral dos Registos e do Notariado na Loja do Cidadão; a Lei de Organização e Funcionamento dos Tribunais Judiciais; o Código de Procedimento e de Processo Tributário; o Regime Jurídico das Cooperativas de Habitação e Construção; o Regime Jurídico das Cooperativas de Comercialização; a Lei Orgânica da Direcção-Geral dos Registos e do Notariado; o Regulamento Emolumentar dos Registos e do Notariado; o Código da Insolvência e da Recuperação de Empresas; o Regime Jurídico das Sociedades Anónimas Europeias; o Regime Especial de Constituição Imediata de Sociedades; o Código de Processo Civil; o Regulamento do Registo Comercial, que foi revogado.

357-A/2007, de 31 de Outubro e pelo Decreto-Lei n.º 247-B/2008, de 30 de Dezembro: sem perder de vista o permanente rebuliço que vai nas leis circundantes, com relevo para o Código do Registo Comercial: foi alterado pelos Decretos-Leis n.º 8/2007, de 17 de Janeiro, n.º 318/2007, de 26 de Setembro, n.º 34/2008, de 26 de Fevereiro, n.º 73/2008, de 16 de Abril e n.º 247--B/2008, de 30 de Dezembro.

Diplomas importantes, como o Regime Geral das Instituições de Crédito, de 1992, foram, desde 2006, alterados cinco vezes: pelos Decretos-Leis n.º 145/2006, de 31 de Julho, n.º 104/2007, de 3 de Abril, n.º 357-A/2007, de 31 de Outubro, n.º 1/2008, de 3 de Janeiro e n.º 126/2008, de 21 de Julho. A isso acrescem diplomas complementares inabarcáveis, que tornam o Direito bancário português mais prolixo do que qualquer outro Direito bancário da União Europeia.

IV. O sector mobiliário acompanha o relatado estado de coisas. Ficará na memória o Código do Mercado de Valores Mobiliários de 1991: tão complexo que nunca terá sido desbravado, durante os oito anos da sua vigência. Prontamente todos os agentes implicados, incluindo as autoridades de supervisão, reclamaram a simplificação da matéria. Surgiu, assim, o actual Código dos Valores Mobiliários, de 1999, ainda complexo, mas mais claro e acessível do que o seu antecessor. Até 2007, ele foi alterado sete vezes. Finalmente, o Decreto-Lei n.º 357-/2007, de 31 de Outubro, procedeu a uma revisão muito alargada desse Código, com modificações, supressões e aditamentos que atingiram dezenas de artigos. O Código foi republicado em anexo. A nova versão do Código de Valores Mobiliários ainda não foi estudada plenamente: já se anunciam alterações de peso.

V. Neste momento, autores e editoras jurídicas hesitam quanto à preparação de manuais e de códigos anotados[3]. Não se trata, apenas, de um óbice que poderá afligir os agentes universitários: devemos estar conscientes de que o Direito não se esgota numa leitura de leis – ou nem seria preciso juristas. O Direito é uma Ciência, que deve ser estudada, sob os seus diversos ângulos. A instabilidade legislativa impede ponderações e veda a própria experiência prática: factor decisivo de qualquer boa política legislativa.

Adiantamos já que a complexidade legislativa prejudica a simplificação formal levada a cabo.

---

[3] Recomendamos, de resto, que nenhum autor publique seja o que for sem ressalvar a não--garantia de, mau grado todo o cuidado que cada um deve pôr no que escreva, poderem faltar algumas actualizações legislativas.

3. A complexidade substantiva; a) A dimensão europeia

I. A prolixidade legislativa contraria a eficácia das simplificações formais, corajosamente encetadas pelo legislador nacional: o momento decisivo é, sempre, constituído pela substância ou pela materialidade das soluções. E nesse campo, o Direito português das sociedades é o mais complexo da União Europeia. O ponto de partida para explicar e entender essa complexidade reside, algo paradoxalmente, na sua europeização. Vamos ver.

II. O Direito comercial português tem uma tradição multissecular de abertura a Direitos exteriores. Remonta à Lei da Boa Razão (18-Ago.-1769) o apelo, nas leis mercantis (9.º), às (…) *Leys das Nações Christãs, illuminadas e polidas, que com ellas estão resplandecendo na boa, depurada e sãa Jurisprudencia* (…). Assim, desde o séc. XVIII, o Direito romano foi, no domínio comercial, substituído pelos Direitos francês, alemão, italiano e espanhol, para além de elementos britânicos. O Código Comercial de Ferreira Borges (1833) nasceu em Londres. Disse o seu ilustre Autor[4]:

> Na compilação deste codigo tive á vista não só todos os codigos commerciaes que conheço, isto é, o da Prussia, da Flandres, da França, o projecto do codigo d'Italia, o codigo d'Hespanha, e as leis commerciaes da Inglaterra, e o direito da Escocia, mas tãobem as ordenanças da Russia e quasi todas as muitas parciaes d'Allemanha (…)

Seguiu-se-lhe o Código Veiga Beirão (1888), em cujos preparatórios, muito cuidados, jogaram as leis e as doutrinas europeias, com relevo para as italiana e espanhola.

III. Ao longo do séc. XX, dois prestigiados professores (Ferrer Correia, em Coimbra e Raúl Ventura, em Lisboa) introduziram, no nosso Direito comercial, a aprofundada Ciência Jurídica de fala alemã. Os anteprojectos que conduziriam ao Código das Sociedades Comerciais de 1986 assentam em pequenos tratados de Direito comparado, com primazia para os elementos tecnicamente mais avançados: os alemães.

Tudo isto foi dobrado pela recepção do Direito europeu: fundamentalmente um Direito de inspiração alemã, bem acolhido, entre nós, mercê da evolução acima referida.

O nosso País disporia assim – parece – de excelentes condições para oferecer, às empresas da Europa e do Mundo, um Direito europeu corrente, aco-

---

[4] *Codigo Commercial Portuguez*, Lisboa, Na Imprensa Nacional (1833), fl. 2.

lhedor e servido por quadros há muito preparados para concretizar leis de "feição europeia". Devemos ter presente que os juristas alemães, franceses, italianos ou espanhóis, por exemplo, prepararam-se à luz das doutrinas nacionais respectivas e concretizam, durante toda a sua vida profissional, apenas as próprias leis. Desconhecem, se não forem comparatistas, outros mundos, ao contrário de qualquer estudante de Direito das nossas melhores Faculdades. Uma única dificuldade, que cabe ao ensino secundário remover: a aprendizagem correcta da língua inglesa. O francês, antes ensinado e em clara queda, mantém-se como língua de cultura, mas não de negócios, enquanto o alemão opera no plano da investigação e do estudo universitários. Fica claro que o jurista formado acede, sem dificuldades, às línguas castelhana e italiana.

Em suma: os juristas portugueses, mais do que os seus concorrentes, têm, à partida, boas condições para lidar com o Direito europeu das sociedades. Qual o óbice?

4. *Segue;* b) *A preparação das leis*

I. A chave da irredutível complexidade do nosso Direito, particularmente no domínio das sociedades comerciais, reside, justa e paradoxalmente, na riqueza universal da sua cepa.

Os juristas habituam-se, desde os bancos da escola, a lidar com uma Ciência universal, onde se cotejam, no mesmo plano, as referências nacionais e estrangeiras. Assimilam uma preocupação de erudição, que carreiam pela vida. Na pele do legislador – portanto: nos gabinetes jurídicos, nos centros de estudos, nos apoios a governantes e a reguladores – fazem, da legiferação, uma permanente corrida com a prática do ensino universitário.

Perante isto, a "boa lei" não é a que, conhecendo todas as leis estrangeiras, construa uma linha coerente e adaptada ao nosso País: a "boa lei" antes será a que, no próprio texto legal, exare os muitos conhecimentos de leis e de doutrina estrangeiras dos seus autores materiais.

II. Além disso, temos de contar com um desejo de permanente inovação legislativa e isso mesmo quando faltem estudos de terreno. Há verdadeiros casos de escola: quando se pôs em vigor a anterior versão do artigo 35.º do Código das Sociedades Comerciais, que levaria à dissolução das sociedades que somassem perdas superiores a metade do capital social, sem o reporem, num espaço curto de tempo, quantas iriam desaparecer? Chegou a falar-se em dezenas de milhar, mas não há números.

Finalmente: há que contar com diplomas de circunstância, sem qualquer estudo de base e cuja paternidade, depois, ninguém reconhece.

III. O Código das Sociedades Comerciais não ajuda. O modo por que foi preparado, a falta de uma revisão substancial e a má revisão formal a que, sem controlo, ele foi sujeito na fase final da sua (precipitada) aprovação fizeram, dele, um diploma extenso, disperso e muito difícil de dominar, no seu todo. Constituiu, assim, o ponto de partida para todas as ambições "reformadoras".

O Código dos Valores Mobiliários tão-pouco: filiado no imponente Código de Mercado, ele manteve uma complexidade que as alterações subsequentes vieram acentuar.

A lei pertence ao País. Há que prevenir o autismo de tudo querer preparar e manter em *solo*, sem admitir críticas ou sugestões. A grande reforma de 2006, cujo nível elevado ninguém questiona, teria tudo a ganhar se tem atentado nalgumas das críticas que lhe foram dirigidas, aquando da discussão pública. Hoje mais do que nunca: ninguém sabe tudo.

IV. Em suma: o País sofre de uma prolixidade legislativa, dobrada pela complexidade da sua Ciência Jurídica – uma Ciência germânica enquistada no Sul da Europa – e por um voluntarismo *sui generis* do legislador. Deixamos claro que não se trata especialmente do actual Governo: tudo isso remontará ao Marquês (1769), a Ferreira Borges (1833) e a Vaz Serra (1944), tendo-se mantido através de regimes e de legislaturas.

5. *As leis em concorrência; a necessidade de um projecto nacional*

I. Torna-se muito importante ter bem presente que os diversos ordenamentos jurídicos, em tempos de globalização e de integração, concorrem entre si. Nas decisões de investimento não especulativo são ponderadas:

– variáveis humanas: nível geral de cultura, apresentação e simpatia, índices de corrupção e de confiança e custos de mão-de-obra;
– variáveis geográficas: clima, vias de comunicação, facilidades de instalação e índices de conforto;
– variáveis políticas: paz social, estabilidade governativa, segurança pública e relações internacionais;
– variáveis jurídicas: rapidez e previsibilidade da justiça, acessibilidade dos serviços e simplicidade e coerência das leis relevantes: trabalho, impostos e sociedades.

II. O nosso País perde, perante a "concorrência" (e algo surpreendentemente!), precisamente na área que mais depende da simples vontade dos Parlamentos e dos Governos: nas variáveis jurídicas. Deixando de lado a lentidão e os custos da justiça (em parte contornáveis com convenções de arbitragem), a acessibilidade dos serviços (em franca melhoria), as leis do trabalho (demasiado rígidas) e as leis fiscais (demasiado agressivas), fica-nos, como óbice, precisamente o Direito das sociedades.

III. Numa Europa integrada, Portugal poderia ser um local de eleição para a instalação das grandes sociedades europeias e mundiais. Tem excelentes condições humanas, geográficas e políticas. Falha no Direito.

O Direito português das sociedades desenvolve-se ao sabor das inspirações do momento, sem um projecto. E este parece fácil de fixar: preparar um Direito simples, claro, equilibrado, susceptível de tradução em inglês, francês e alemão (além do castelhano e do italiano), assente num código único, coerente e de fácil manuseio, mesmo por não juristas. Temos serviços de registo e de notariado disponíveis e dispomos de excelentes juristas.

II – O projecto da CMVM em geral

6. *Posicionamento*

I. Há cerca de ano e meio, foi publicada, no *Jornal Oficial*, a Directriz n.º 2007/36/CE, do Parlamento Europeu e do Conselho, de 11 de Julho de 2007, relativa ao exercício de certos direitos dos accionistas de sociedades cotadas[5]. O prazo para a sua transposição expira em 3 de Agosto de 2009.

Com tempo, a CMVM fez aprontar um anteprojecto de transposição, pondo-o à discussão do público[6].

II. O anteprojecto em causa decompõe-se em duas partes bem distintas. Numa primeira[7], ele ocupa-se, efectivamente, da transposição da Directriz 2007/36, fazendo determinadas propostas de alteração: predominantemente, ao

---

[5] JOCE n.º L-184, 17-4, de 14-Jul.-2007.
[6] CMVM, *Transposição da Directiva dos direitos dos accionistas e alterações ao Código das Sociedades Comerciais / Processo de Consulta Pública n.º 10/2008*, Agosto, 2008, 57 pp..
[7] Fl. 3-42.

Código de Valores Mobiliários (CVM) mas, também, ao Código das Sociedades Comerciais (CSC). Na segunda parte, o anteprojecto da CMVM preconiza "outras alterações ao Código das Sociedades Comerciais"[8].

Será essa segunda parte que nos irá ocupar[9]. De todo o modo e por razões de oportunidade, consideraremos, no final, as sugestões da CMVM, referentes à transposição da Directriz 2007/36, mas com repercussões directas no CSC.

7. *As* ratio *e* occasio legis

I. O projecto/CMVM preconiza alterações a 23 artigos do CSC[10], por razões que explicitaremos de seguida. Além disso, mercê da transposição da Directriz 2007/36, propõe ainda a modificação do artigo 379.º. Outros preceitos poderiam ser atingidos, uma vez que são sugeridas alterações ao CVM que, por terem a ver com o funcionamento de sociedades, melhor ficariam no CSC. Mas esse aspecto ficará para estudos ulteriores.

II. No tocante aos 23 artigos em causa, a justificação é singela. O projecto recorda a revisão do CSC, operada pelo Decreto-Lei n.º 76-A/2006, de 29 de Março, e duas alterações subsequentes: as dos Decretos-Leis n.º 8/2007, de 17 de Janeiro e n.º 357-A/2007, de 31 de Outubro. Posto o que explica:

> O tempo que entretanto passou e a aplicação concreta do Código, nomeadamente por virtude das modificações introduzidas em 2006, veio por a descoberto algumas incongruências e deficiências de redacção, levando à necessidade de aperfeiçoamento de algumas disposições do Código das Sociedades Comerciais.

A reforma visaria, pois, corrigir "incongruências e deficiências de redacção" resultantes da reforma de 2006.

III. Esta situação não é nova. O CSC foi adoptado pelo Decreto-Lei n.º 262/86, de 2 de Setembro. Meses volvidos, uma declaração da Secretaria-Geral

---

[8] Fl. 43-57.
[9] Quanto à primeira parte, *vide* o nosso estudo intitulado *A Directriz 2007/36, de 11 de Julho (accionistas de sociedades cotadas): comentários à proposta de transposição*, ROA 2008, 503-554.
[10] Mais concretamente, os artigos 316.º, 323.º, 325.º, 349.º, 357.º, 374.º, 374.º-A, 377.º, 384.º, 392.º, 393.º, 397.º, 398.º, 413.º, 414.º, 414.º-A, 423.º, 423.º-B, 434.º, 437.º, 441.º-A, 445.º e 448.º.

da Presidência do Conselho de Ministros veio proceder a 47 rectificações, algumas das quais com relevo substancial[11].

Menos de um ano depois, o Decreto-Lei n.º 280/87, de 8 de Julho, visando resolver soluções paradoxais, inesperadas ou, simplesmente, reflectidas apenas após a aprovação do Código, veio alterar 50 dos seus artigos. E no artigo 4.º, procedeu a mais 72 rectificações, sempre do CSC.

Seguiram-se numerosas alterações. Mas como persistiam falhas do início, o Decreto-Lei n.º 257/96, de 31 de Dezembro, ainda encontrou 16 inexactidões do CSC, então já em vigor há 10 anos, para rectificar. Em suma: mais de um terço dos preceitos do Código saiu com lapso, em 1986.

O Decreto-Lei n.º 76-A/2006, de 29 de Março, que alterou 31 diplomas, introduziu muitas dezenas de alterações, supressões e aditamentos ao CSC, republicando-o em anexo. Semanas volvidas, foram feitas 35 rectificações, das quais 12 relativas ao CSC e outras 12 à republicação do mesmo Código[12]. Passados meses, o Decreto-Lei n.º 8/2007, de 17 de Janeiro, relativo à informação empresarial simplificada, veio alterar 12 preceitos do CSC: no que foi tomado como um refluxo da reforma de 2006 ou, se se quiser: mais uma série de correcções.

Agora, surgem-nos mais 23 "incongruências e deficiências" a corrigir, por Decreto-Lei.

IV. Todos estes episódios tornam difícil o preciso conhecimento dos textos em vigor: mesmo as compilações mais cuidadosas têm erros. A lição é fácil: um diploma, para mais com o fôlego e a dignidade que é suposto serem assumidos por um grande código, merece revisão muito cuidadosa, antes da sua publicação.

Além disso, os lapsos, quando não sejam corrigidos no imediato, integram-se na doutrina, na jurisprudência e nas diversas publicações. Vir corrigi-los passados anos pode originar novas dúvidas e perplexidades.

Toda esta matéria e as reflexões que ela acarreta fazem parte da *ratio legis* e da *occasio legis* do presente projecto.

---

[11] DR I Série, n.º 276 (Supl.), de 29-Nov.-1986, 3602-(4)-3602-(5).
[12] DR I Série-A, n.º 102 (Supl.), de 26-Mai.-2006, 3572-(2)-3572-(3).

III – As concretas alterações

8. *As acções próprias: artigo 316.º*

I. Texto actual:

Artigo 316.º
Subscrição. Intervenção de terceiros

1 – Uma sociedade não pode subscrever acções próprias, e, por outra causa, só pode adquirir e deter acções próprias nos casos e nas condições previstos na lei.

2 – Uma sociedade não pode encarregar outrem de, em nome deste mas por conta da sociedade, subscrever ou adquirir acções dela própria.

3 – As acções subscritas ou adquiridas com violação do disposto no número anterior pertencem para todos os efeitos, incluindo a obrigação de as liberar, à pessoa que as subscreveu ou adquiriu.

4 – A sociedade não pode renunciar ao reembolso das importâncias que tenha adiantado a alguém para o fim mencionado no n.º 2 nem deixar de proceder com toda a diligência para que tal reembolso se effective.

5 – Sem prejuízo da sua responsabilidade, nos termos gerais, os administradores intervenientes nas operações proibidas pelo n.º 2 são pessoal e solidariamente responsáveis pela liberação das acções.

6 – São nulos os actos pelos quais uma sociedade adquira acções referidas no n.º 2 às pessoas ali mencionadas, excepto em execução de crédito e se o devedor não tiver outros bens suficientes.

Texto proposto:

Artigo 316.º
Princípio geral

1 – [...]

2 – Considera-se subscrição, aquisição e detenção de acções próprias a ubscrição, aquisição ou detenção de acções da sociedade por terceiro em seu nome mas por conta da sociedade.

3 – A titularidade das acções subscritas ou adquiridas com violação do disposto nos números anteriores pertence à sociedade, mas a obrigação de as liberar recai sobre as pessoas que as subscreveram ou adquiriram ou, no caso de aumento de capital subscrito pela própria sociedade, sobre os membros do órgão de administração.

4 – [...]
5 – [...]
6 – *(revogado)*

II. Desde logo, um reparo quanto à epígrafe: o 316.º, seja na versão vigente, seja na versão proposta, contém um conjunto de regras precisas. Não se trata de nenhum "princípio geral", pelo que a epígrafe não deve ser alterada.

III. A lógica da nova redacção é a de considerar as acções adquiridas por conta da sociedade como adquiridas por esta. Como assim? Uma vez que não há representação, temos de entender esta medida como um confisco, relativamente ao terceiro e como uma aquisição *ope legis*, a favor da sociedade. Cremos esta solução inconstitucional, por violação da propriedade privada (62.º/1) e por desproporcionalidade de solução (18.º/2, ambos da Constituição). Além disso, seria uma pena "cega", em relação às circunstâncias.

"Adquirir por conta de outrem" equivale a um mandato sem representação; o mandatário fica obrigado, depois, a transmitir para o mandante (1181.º/1, do Código Civil). Mas quem adquire, ficando obrigado perante o terceiro, é o mandatário. Por definição: a vontade de todos os intervenientes é, precisamente, a titularidade do mandatário.

IV. Determina o artigo 18.º/2, da 2.ª Directriz (77/91)[13], após a proibição de subscrição de acções próprias:

> Se as acções de uma sociedade forem subscritas por uma pessoa actuando em nome próprio mas por conta da sociedade, a subscrição é considerada como tendo sido feita por conta do subscritor.

Logo, a solução proposta é frontalmente contrária à 2.ª Directriz.

V. O Projecto/CMVM explica que, no seu entendimento, o facto de as acções se manterem na esfera do "testa de ferro" permitirá, a este, continuar a agir por conta da sociedade. Só que esta não pode pagar as acções, tendo mesmo que recuperar o que haja adiantado (*vide*, ainda, o actual 316.º/4).

Salvaguardado este aspecto, o "testa de ferro" fará o que entender com o que é seu. Em rigor, e uma vez que ele passará a agir com os seus próprios fundos, já não é "testa de ferro".

VI. Ou algo nos escapa (o que admitimos, com toda a humildade académica) ou o 316.º, ora proposto, além de inconstitucional, viola a 2.ª Directriz.

---

[13] *Vide* o texto em ANTÓNIO MENEZES CORDEIRO, *Direito europeu das sociedades* (2005), 191.

Tecnicamente, assenta numa ficção, sempre de evitar e acaba mesmo por legitimar a aquisição de acções próprias, o que contraria o instituto.

O novo 316.º, pelo exposto, não parece viável.

9. Segue; a *Directriz 2006/68*, de 6 de Setembro

I. Poder-se-ia, no entanto, perguntar se a concreta situação nacional, perante casos vindos a público, que documentariam esquemas indirectos de aquisição de acções próprias através de denominadas *off shores*, não justificaria medidas enérgicas, mesmo que contra o Direito comunitário. A resposta é, seguramente, negativa.

Como ponto de partida: não se legisla com base em fugas de informação ou a partir de construções feitas na comunicação social, sem precedência de um processo adequado para apurar a verdade. Até hoje, ninguém foi condenado pelas tais práticas em *off shores*.

Além disso, mesmo as referidas construções, não provadas nem assumidas, parecem documentar mais uma questão de supervisão do que falhas nas leis sobre acções próprias.

II. Deve ainda ser tida em conta a Directriz 2006/68, de 6 de Setembro, que veio alterar a 2.ª Directriz do Direito das sociedades e que se prende, precisamente, com a aquisição de acções próprias, visando facilitar a sua aquisição. Como logo se adianta, no seu preâmbulo:

(4) As sociedades anónimas deverão ter a possibilidade de adquirir acções próprias até ao limite das reservas passíveis de distribuição da sociedade e o período durante o qual tal aquisição pode ser autorizada pela assembleia geral deverá ser prolongado, de forma a reforçar a flexibilidade e a reduzir a carga administrativa das sociedades, que devem reagir rapidamente às evoluções do mercado que afectam a cotação das suas acções.
(5) Os Estados-Membros deverão ter a faculdade de permitir que as sociedades anónimas concedam assistência financeira tendo em vista a aquisição das suas acções por terceiros até ao limite das reservas passíveis de distribuição da sociedade, de forma a reforçar a flexibilidade no que diz respeito aos direitos que acompanham a participação no capital das sociedades (...)

III. Em consequência, foram alterados (entre outros) os artigos 19.º e 23.º da 2.ª Directriz e acrescentado um artigo 23.º-A, de modo a permitir, com diversas cautelas:

– a aquisição de acções próprias para além de 10% do capital;

– a conservação dessas acções até ao limite máximo de cinco anos;
– a concessão de empréstimos a terceiros, para aquisições de acções próprias;
– a concessão desses empréstimos aos próprios membros da administração.

Como se vê, embora com garantias de segurança e de transparência, temos uma relevante significativa viragem europeia, no tocante às acções próprias. Esta orientação é importante: ela vem dar, às empresas, mais uma defesa, muito significativa no actual momento de volatilidade do mercado de capitais. Permite-lhes amortecer choques especulativos, com vantagens para todos os accionistas e para o próprio mercado.

IV. A Directriz 2006/68 deveria ter sido transposta até 15-Abr.-2007. Não o foi. As empresas portuguesas ficam, assim, numa *capitis deminutio* perante as suas congéneres europeias[14].

Pois bem: o projecto agora em análise não só não é sensível a esta dimensão como, em contraciclo, vem agravar o que os outros Direitos europeus facilitam[15]. Parece, pois, quer pelas razões constitucionais e comunitárias já avançadas, quer por razões políticas elementares, também apoiadas em regras comunitárias, que o projecto deveria ser cuidadosamente repensado. Além disso, não se pode mexer no regime das acções próprias ignorando uma Directriz relativa a esse tema (precisamente a Directriz 2006/68) e cujo prazo de transposição já foi ultrapassado.

10. *Segue; artigo 323.º*

I. Texto actual:

Artigo 323.º
Tempo de detenção das acções

1 – Sem prejuízo de outros prazos ou providências estabelecidos na lei, a sociedade não pode deter por mais de três anos um número de acções superior ao

---

[14] Poderíamos admitir que, por imperiosas razões políticas internas, o Estado português tivesse optado por violar a Directriz 2006/68, sujeitando-se às consequências. Mas neste caso: as "razões políticas" não podem ser notícias propaladas na comunicação social, sem comprovação pelos órgãos competentes, como é de regra num Estado de Direito.

[15] Cf., p. ex., CHRISTOPH H. SELBT/TILL BREMKAMO, *Erwerb eigener Aktien und Ad-hoc-Publizitätspflicht*, AG 2008, 469-478 (469 ss.).

montante estabelecido no artigo 317.º, n.º 2, ainda que tenham sido licitamente adquiridas.

2 – As acções ilicitamente adquiridas pela sociedade devem ser alienadas dentro do ano seguinte à aquisição, quando a lei não decretar a nulidade desta.

3 – Não tendo sido oportunamente efectuadas as alienações previstas nos números anteriores, deve proceder-se à anulação das acções que houvessem de ser alienadas; relativamente a acções cuja aquisição tenha sido lícita, a anulação deve recair sobre as mais recentemente adquiridas.

4 – Os administradores são responsáveis, nos termos gerais, pelos prejuízos sofridos pela sociedade, seus credores ou terceiros por causa da aquisição ilícita de acções, da anulação de acções prescrita neste artigo ou da falta de anulação de acções.

Texto proposto:

Artigo 323.º
Tempo de detenção das acções

[...]

2 – Sem prejuízo do disposto no número seguinte, as acções ilicitamente subscritas e adquiridas pela ou por conta da sociedade devem ser alienadas dentro do ano seguinte à aquisição, quando a lei não decretar a nulidade desta.

3 – O limite temporal previsto no número anterior é reduzido para 6 meses no caso de sociedades emitentes de acções admitidas à negociação em mercado regulamentado.

4 – Não tendo sido oportunamente efectuadas as alienações previstas nos números anteriores, deve proceder-se à anulação das acções que houvessem de ser alienadas; relativamente a acções cuja aquisição tenha sido lícita, a anulação deve recair sobre as mais recentemente adquiridas.

5 – Os administradores são responsáveis, nos termos gerais, pelos prejuízos sofridos pela sociedade, seus credores ou terceiros por causa da aquisição ilícita de acções, da anulação de acções prescrita neste artigo ou da falta de anulação de acções.

II. Como se vê, a novidade ora proposta cifra-se em diminuir, de um ano para seis meses, o prazo para alienação de acções próprias ilicitamente adquiridas, quando se trate de sociedades cujas acções estejam admitidas à negociação em mercado regulamentado.

Verifica-se, todavia, que o artigo 21.º da 2.ª Directriz fixa, para o efeito, o prazo de um ano. Temos, desde logo, um problema de inobservância do Direito europeu. Além disso, esta opção contraria a opção de fundo vinda da Directriz 2006/68.

III. Valerá a pena (e isso a admitir-se que fosse tecnicamente possível, o que, perante o Direito comunitário, não é o caso) sancionar as empresas nacionais cotadas mais severamente do que as estrangeiras? Cremos que não.

A Proposta da CMVM, provável e legitimamente, reage perante notícias de abusos na aquisição de acções próprias. Trata-se, porém, de um tema que, a ter consistência, se coloca no plano da supervisão e é sobejamente sancionável perante as leis existentes, sem necessidade de mais desincentivos.

O novo 323.º não parece nem viável, nem aconselhável.

11. Segue; artigo 325.º

I. Texto actual:

Artigo 325.º
Penhor e caução de acções próprias

1 – As acções próprias que uma sociedade receba em penhor ou caução são contadas para o limite estabelecido no artigo 317.º, n.º 2, exceptuadas aquelas que se destinarem a caucionar responsabilidades pelo exercício de cargos sociais.

2 – Os administradores que aceitarem para a sociedade acções próprias desta em penhor ou caução, quer esteja quer não esteja excedido o limite estabelecido no n.º 2 do artigo 317.º, são responsáveis, conforme o disposto no n.º 4 do artigo 323.º, se as acções vierem a ser adquiridas pela sociedade.

Texto proposto:

Artigo 325.º
Garantia sobre acções próprias

1 – À aquisição e detenção de acções próprias equipara-se, para os efeitos do limite estabelecido no n.º 2 do artigo 317.º, a afectação de acções próprias em garantia, exceptuadas aquelas que se destinarem a caucionar responsabilidades pelo exercício de cargos sociais.

2 – Consideram-se suspensos os direitos de voto inerentes às acções da sociedade subscritas ou adquiridas com o financiamento previsto no artigo 322.º e por ela aceites em garantia.

3 – Os administradores que aceitarem para a sociedade acções próprias desta em penhor ou em qualquer outra forma de garantia, quer esteja quer não esteja excedido o limite estabelecido no n.º 2 do artigo 317.º, são responsáveis, conforme o disposto no n.º 5 do artigo 323.º, se as acções vierem a ser adquiridas pela sociedade.

4 – Para os efeitos do n.º 1, considera-se existir afectação de acções próprias em garantia quando a sociedade possa apropriar-se das mesmas acções, ou do produto derivado da sua disposição, para satisfação de um crédito que detenha sobre o respectivo titular ou qualquer terceiro.

II. A Proposta da CMVM visa, confessadamente, clarificar o texto em vigor. Para o efeito, ela desvia-se do artigo 24.º da 2.ª Directriz. Anote-se que "caução" quer dizer garantia, pelo que a fórmula em vigor já permite abranger as "novas garantias", diferentes do penhor.

III. O proposto 325.º/2 penaliza as instituições financeiras nacionais, para além do exigido pelo artigo 23.º/2, da 2.ª Directriz. E de novo ignora a evolução representada pela Directriz 2006/68. Valerá a pena? Quanto aos n.ºs 3 e 4 ora propostos: afiguram-se desnecessários.

Resta concluir: o artigo 325.º, do projecto, não parece viável. Ele está, de resto, em estreita ligação com os já examinados artigos 316.º e 323.º.

12. *Limite da emissão de obrigações (349.º)*

I. Texto em vigor:

Artigo 349.º
Limite de emissão de obrigações

1 – As sociedades anónimas não podem emitir obrigações em montante que exceda o dobro dos seus capitais próprios, considerando a soma do preço de subscrição de todas as obrigações emitidas e não amortizadas.

2 – Para efeitos do número anterior, entende-se por capitais próprios o somatório do capital realizado, deduzidas as acções próprias, com as reservas, os resultados transitados e os ajustamentos de partes de capital em sociedades coligadas.

3 – O cumprimento do limite de emissão deve ser verificado através de parecer do conselho fiscal ou do fiscal único.

4 – O limite fixado nos números anteriores não se aplica:

a) A sociedades emitentes de acções admitidas à negociação em mercado regulamentado;
b) A sociedades que apresentem notação de risco da emissão atribuída por sociedade de notação de risco registada na Comissão do Mercado de Valores Mobiliários;
c) Às emissões cujo reembolso seja assegurado por garantias especiais constituídas a favor dos obrigacionistas.

5 – Salvo por motivo de perdas, a sociedade devedora de obrigações não pode reduzir o seu capital a montante inferior ao da sua dívida para com os obrigacionistas, embora a emissão tenha beneficiado da ampliação, nos termos do n.º 4 deste artigo ou de lei especial.

6 – Reduzido o capital por motivo de perdas a montante inferior ao da dívida da sociedade para com os obrigacionistas, todos os lucros distribuíveis serão aplicados a reforço da reserva legal até que a soma desta com o novo capital iguale o montante da referida dívida ou, tendo havido a ampliação prevista no n.º 3 deste artigo ou em lei especial, seja atingida a proporção de início estabelecido entre o capital e o montante das obrigações emitidas.

Texto proposto:

Artigo 349.º
[...]

1 – [...]
2 – [...]
3 – O cumprimento do limite de emissão deve ser verificado através de parecer do conselho fiscal, do fiscal único, da comissão de auditoria ou do conselho geral e de supervisão.
4 – [...]
5 – Salvo por motivo de perdas, a sociedade não deve reduzir o seu capital a montante inferior ao da sua dívida para com os obrigacionistas.
6 – Reduzido o capital por motivo de perdas a montante inferior ao da dívida da sociedade para com os obrigacionistas, todos os lucros distribuíveis serão aplicados a reforço da reserva até que a soma desta com o novo capital iguale o montante da referida dívida.

II. A proposta visa corrigir dois lapsos da reforma de 2006: a não referência, no n.º 3, à comissão de auditoria e ao conselho geral e de supervisão e o não expurgo, nos n.ºs 5 e 6, das referências à ampliação por portaria ministerial, quando a mesma foi retirada do n.º 4, pelo Decreto-Lei n.º 52/2006, de 15 de Março.

A proposta da CMVM tem pleno cabimento. Todavia, na sua falta não há dúvidas quanto ao regime vigente, facilmente alcançável pela interpretação. Não valerá a pena uma reforma para corrigir um erro tão patente.

13. Representante comum dos obrigacionistas

I. Texto em vigor:

Artigo 357.º
Representante comum dos obrigacionistas

1 – Para cada emissão de obrigações haverá um representante comum dos respectivos titulares.

2 – O representante comum deve ser uma sociedade de advogados, uma sociedade de revisores de contas ou uma pessoa singular dotada de capacidade jurídica plena, embora não seja obrigacionista.

3 – Podem ser nomeados um ou mais representantes comuns substitutos.

4 – Aplicam-se ao representante comum dos obrigacionistas as incompatibilidades estabelecidas no artigo 414.º, n.º 3, alíneas *a)* a *g)*.

5 – A remuneração do representante comum constitui encargo da sociedade; discordando esta da remuneração fixada por deliberação dos obrigacionistas, cabe ao tribunal decidir, a requerimento da sociedade ou do representante comum.

Texto proposto:

Artigo 357.º
[...]

1 – [...]
2 – [...]
3 – [...]
4 – Aplicam-se ao representante comum dos obrigacionistas as incompatibilidades estabelecidas no artigo 414.º-A, n.º 1, alíneas *a)* a *g)*.
5 – [...]

II. De facto, a proposta visa corrigir um lapso patente: o Decreto-Lei n.º 76-A/2006 não atentou em que mudou a matéria do 414.º/3, *a)* a *g)*, para o 414.º-A. Tem pleno cabimento.

Todavia, ninguém é enganado: o intérprete-aplicador facilmente fará a conexão. Uma intervenção legislativa (apenas) para este ponto não parece justificada.

14. *Mesa da assembleia geral: artigo 374.º*

I. Texto em vigor:

Artigo 374.º
Mesa da assembleia geral

1 – A mesa da assembleia geral é constituída, pelo menos, por um presidente e um secretário.

2 – O contrato de sociedade pode determinar que o presidente, o vice-presidente e os secretários da mesa da assembleia geral sejam eleitos por esta, por período não superior a quatro anos, de entre accionistas ou outras pessoas.

3 – No silêncio do contrato, na falta de pessoas eleitas nos termos do número anterior ou no caso de não comparência destas, serve de presidente da mesa da assembleia geral o presidente do conselho fiscal, da comissão de auditoria ou do conselho geral e de supervisão e de secretário um accionista presente, escolhido por aquele.

4 – Na falta ou não comparência do presidente do conselho fiscal, da comissão de auditoria ou do conselho geral e de supervisão, preside à assembleia geral um accionista, por ordem do número de acções de que sejam titulares caso se verifique igualdade de número de acções, deve atender-se, sucessivamente, à maior antiguidade como accionista e à idade.

Texto proposto:

Artigo 374.º
[...]

1 – [...]
2 – [...]
3 – [...]
4 – [...]
5 – As funções de secretário da mesa são desempenhadas pelo secretário da sociedade, caso exista.

II. Neste momento, temos sociedades cotadas que, estatutariamente, prevêem a eleição do secretário da mesa e outras que, por inerência, apontam o secretário da sociedade para essas funções. De facto, perante o actual 374.º/2 (que o projecto deixa incólume, abrindo, de resto, uma incongruência com o proposto n.º 5), o disposto no 446.º-B/1, *a)*, tem um alcance puramente supletivo.

O proposto 374.º/5 vem reduzir a autonomia das partes, num ponto em que nenhum interesse público o recomenda. Por isso e pela incongruência apontada, deveria ser sustido.

15. Segue; artigo 374.º-A

I. Texto em vigor:

Artigo 374.º-A
Independência dos membros da mesa da assembleia geral

1 – Aos membros da mesa da assembleia geral das sociedades emitentes de valores mobiliários admitidos à negociação em mercado regulamentado e das sociedades que cumpram os critérios referidos na alínea *a*) do n.º 2 do artigo 413.º aplicam-se, com as necessárias adaptações, os requisitos de independência do n.º 5 do artigo 414.º e o regime de incompatibilidades previsto no n.º 1 do artigo 414.º-A.

2 – A assembleia geral pode destituir, desde que ocorra justa causa, os membros da mesa da assembleia geral das sociedades referidas no n.º 1.

3 – É aplicável o disposto no artigo 422.º-A, com as necessárias adaptações.

Texto proposto:

Artigo 374.º-A
[...]

1 – Ao presidente e, caso os estatutos prevejam que o vice-presidente substitua aquele na sua ausência, ao vice-presidente da mesa da assembleia geral das sociedades emitentes de acções admitidas à negociação em mercado regulamentado aplicam-se, com as necessárias adaptações, os requisitos de independência do n.º 5 do artigo 414.º e o regime de incompatibilidades previsto no n.º 1 do artigo 414.º-A.

2 – A assembleia geral pode destituir, desde que ocorra justa causa, os membros da mesa da assembleia geral referidos no número anterior.
3 – [...]

II. A Proposta da CMVM, embora não o dizendo, visa reduzir as exigências de independência dos membros da assembleia geral. Fá-lo por duas vias:

– restringindo as exigências às sociedades cotadas – e, portanto, excluindo-as das grandes anónimas, i. é, as que cumpram os critérios do 413.º/2, *a*), do CSC;

– excluindo o vice-presidente, salvo quando os estatutos prevejam que ele substitua o presidente nas suas ausências.

III. Devemos ser claros nesta matéria. As exigências de independência da mesa, introduzidas em 2006, tiveram a maior importância prática. Em conhecidos conflitos entre accionistas, elas permitiram, aos presidentes da mesa, assumir uma efectiva postura supra-partes. Além disso, elas puseram termo a uma sempre possível promiscuidade entre os cargos da mesa e os prestadores de serviços à sociedade.

Mas elas tiveram (e têm) um preço: representam um encargo para as empresas que têm, na mesa, mais uma potencial instância de controlo.

Agora, pretende-se arrepiar caminho. Todavia, o tempo ainda é curto: cremos que se deveria colher mais experiência para ajuizar da bondade de um modelo que não deve mudar de dois em dois anos.

IV. Quanto à (semi) exclusão do vice-presidente: não parece adequada. O papel do vice-presidente, mesmo no silêncio dos estatutos é, obviamente, o de substituir o presidente nas suas faltas. A destituição (com justa causa) deve, finalmente, ser sempre possível.

Por tudo isto e pelo especial papel que assume, na geografia pós-2006, o artigo 374.º-A é intocável.

16. *Convocação e forma de realização da assembleia (377.º)*

I. Texto em vigor:

Artigo 377.º
Convocação e forma de realização da assembleia

1 – As assembleias gerais são convocadas pelo presidente da mesa ou, nos casos especiais previstos na lei, pela comissão de auditoria, pelo conselho geral e de supervisão, pelo conselho fiscal ou pelo tribunal.

2 – A convocatória deve ser publicada.

3 – O contrato de sociedade pode exigir outras formas de comunicação aos accionistas e, quando sejam nominativas todas as acções da sociedade, pode substituir as publicações por cartas registadas ou, em relação aos accionistas que comuniquem previamente o seu consentimento, por correio electrónico com recibo de leitura.

4 – Entre a última divulgação e a data da reunião da assembleia deve mediar, pelo menos, um mês, devendo mediar, entre a expedição das cartas registadas ou mensagens de correio electrónico referidas no n.º 3 e a data da reunião, pelo menos, 21 dias.

5 – A convocatória, quer publicada, quer enviada por carta ou por correio electrónico, deve conter, pelo menos:

a) As menções exigidas pelo artigo 171.º;
b) O lugar, o dia e a hora da reunião;
c) A indicação da espécie, geral ou especial, da assembleia;
d) Os requisitos a que porventura estejam subordinados a participação e o exercício do direito de voto;
e) A ordem do dia;
f) Se o voto por correspondência não for proibido pelos estatutos, descrição do modo como o mesmo se processa, incluindo o endereço, físico ou electrónico, as condições de segurança, o prazo para a recepção das declarações de voto e a data do cômputo das mesmas.

6 – As assembleias são efectuadas:

a) Na sede da sociedade ou noutro local, escolhido pelo presidente da mesa dentro do território nacional, desde que as instalações desta não permitam a reunião em condições satisfatórias; ou
b) Salvo disposição em contrário no contrato de sociedade, através de meios telemáticos, devendo a sociedade assegurar a autenticidade das declarações e a segurança das comunicações, procedendo ao registo do seu conteúdo e dos respectivos intervenientes.

7 – O conselho fiscal, a comissão de auditoria ou o conselho geral e de supervisão só podem convocar a assembleia geral dos accionistas depois de ter, sem resultado, requerido a convocação ao presidente da mesa da assembleia geral, cabendo a esses órgãos, nesse caso, fixar a ordem do dia, bem como, se ocorrerem motivos que o justifiquem, escolher um local ou meio de reunião diverso da reunião física na sede, nos termos do número anterior.

8 – O aviso convocatório deve mencionar claramente o assunto sobre o qual a deliberação será tomada. Quando este assunto for a alteração do contrato, deve mencionar as cláusulas a modificar, suprimir ou aditar e o texto integral das cláusulas propostas ou a indicação de que tal texto fica à disposição dos accionistas na sede social, a partir da data da publicação, sem prejuízo de na assembleia serem propostas pelos sócios redacções diferentes para as mesmas cláusulas ou serem deliberadas alterações de outras cláusulas que forem necessárias em consequência de alterações relativas a cláusulas mencionadas no aviso.

Texto proposto:

Artigo 377.º
[...]

1 – [...]
2 – [...]
3 – O contrato de sociedade pode exigir outras formas de comunicação aos accionistas e, quando sejam nominativas todas as acções da sociedade, pode substituir as publicações por cartas registadas ou, em relação aos accionistas que comuniquem previamente o seu consentimento, por correio electrónico com recibo de envio.
4 – [...]
5 – [...]
a) [...]
b) O dia, a hora e o local da reunião ou, no caso previsto na alínea b) do n.º 6, os meios telemáticos utilizados para a sua realização;
c) [...]
d) [...]
e) [...]

6 – [...]
7 – [...]
8 – [...]

II. Propõem-se, de facto, duas alterações de pormenor. A primeira é muito duvidosa: não há simetria perfeita entre o envio de carta registada e o recibo de envio por correio electrónico. A experiência mostra que é possível a existência deste último, sem que a mensagem tenha sido enviada, enquanto na carta registada, essa eventualidade já exigiria falha dos correios, que pode ser demonstrada. Manteríamos, pois, o 377.º/3 actual: ele visa proteger os accionistas e não, propriamente, vedar impugnações.

Quanto ao 377.º/5, b), versão actual: perante o n.º 6, b), a sua conjugação não oferece dúvidas, dispensando a reforma.

17. *Voto por correspondência (384.º)*

I. Texto em vigor:

Artigo 384.º
Votos

[...]

9 – Se os estatutos não proibirem o voto por correspondência, devem regular o seu exercício, estabelecendo, nomeadamente, a forma de verificar a autenticidade do voto e de assegurar, até ao momento da votação, a sua confidencialidade, e escolher entre uma das seguintes opções para o seu tratamento:

 a) Determinar que os votos assim emitidos valham como votos negativos em relação a propostas de deliberação apresentadas ulteriormente à emissão do voto;

 b) Autorizar a emissão de votos até ao máximo de cinco dias seguintes ao da realização da assembleia, caso em que o cômputo definitivo dos votos é feito até ao 8.º dia posterior ao da realização da assembleia e se assegura a divulgação imediata do resultado da votação.

Texto proposto: acrescenta o n.º 10, nos termos seguintes:

10 – Na falta de previsão dos estatutos, aplica-se a alínea *a)* do número anterior.

II. De facto, na lei em vigor, poderia surgir uma lacuna, por via da expressão "não proibirem". Todavia, esta era facilmente convolável, pela interpretação: uma vez que o voto por correspondência não é obrigatório, a lacuna insanável nos estatutos conduziria não à sua nulidade, mas à indamissibilidade de tal voto.

A proposta da CMVM resolveria o problema. Resta saber se, só por si, justifica uma intervenção legislativa.

18. *Regras especiais de eleição*

I. Texto em vigor:

Artigo 392.º
Regras especiais de eleição

1 – O contrato de sociedade pode estabelecer que, para um número de administradores não excedente a um terço do órgão, se proceda a eleição isolada, entre pessoas propostas em listas subscritas por grupos de accionistas, contando que nenhum desses grupos possua acções representativas de mais de 20% e de menos de 10% do capital social.

2 – Cada lista referida no número anterior deve propor pelo menos duas pessoas elegíveis por cada um dos cargos a preencher.

3 – O mesmo accionista não pode subscrever mais de uma lista.

4 – Se numa eleição isolada forem apresentadas listas por mais de um grupo, a votação incide sobre o conjunto dessas listas.

5 – A assembleia geral não pode proceder à eleição de outros administradores enquanto não tiver sido eleito, de harmonia com o n.º 1 deste artigo, o número de administradores para o efeito fixado no contrato, salvo se não forem apresentadas as referidas listas.

6 – O contrato de sociedade pode ainda estabelecer que uma minoria de accionistas que tenha votado contra a proposta que fez vencimento na eleição dos administradores tem o direito de designar, pelo menos, um administrador, contanto que essa minoria represente, pelo menos, 10% do capital social.

7 – Nos sistemas previstos nos números anteriores, a eleição é feita entre os accionistas que tenham votado contra a proposta que fez vencimento na eleição dos administradores, na mesma assembleia, e os administradores assim eleitos substituem automaticamente as pessoas menos votadas da lista vencedora ou, em caso de igualdade de votos, aquela que figurar em último lugar na mesma lista.

[...]

Texto proposto:

7 – Nos sistemas previstos nos números anteriores, a eleição é feita respectivamente entre os accionistas proponentes das listas referidas no n.º 1 ou entre os accionistas que tenham votado contra a proposta que fez vencimento na eleição dos administradores, na mesma assembleia, e os administradores assim eleitos, no caso do número anterior, substituem automaticamente as pessoas menos votadas da lista vencedora ou, em caso de igualdade de votos, aquela que figurar em último lugar na mesma lista.

II. O n.º 7, aqui em jogo, saiu, de facto, com lapso. Os comentadores já haviam preconizado que, pela interpretação, onde está "nos sistemas previstos nos números anteriores" se lesse "no sistema previsto no número anterior": só assim faria sentido.

O Projecto da CMVM optou, todavia, pelo caminho mais complicado: visando preservar o plural, veio repetir, no princípio do n.º 7, o que já resultava no n.º 1.

A ser necessária a rectificação em jogo, bastaria, pois, retirar o plural de "nos sistemas ...", a favor do singular.

19. Substituição de administradores (393.º)

I. Texto em vigor:

Artigo 393.º
Substituição de administradores

1 – Os estatutos da sociedade devem fixar o número de faltas a reuniões, seguidas ou interpoladas, sem justificação aceite pelo órgão de administração, que conduz a uma falta definitiva do administrador.

2 – A falta definitiva de administrador deve ser declarada pelo órgão de administração.

3 – Faltando definitivamente um administrador, deve proceder-se à sua substituição, nos termos seguintes:

  a) Pela chamada de suplentes efectuada pelo presidente, conforme a ordem por que figurem na lista submetida à assembleia geral dos accionistas;
  b) Não havendo suplentes, por cooptação, salvo se os administradores em exercício não forem em número suficiente para o conselho poder funcionar;
  c) Não tendo havido cooptação dentro de 60 dias a contar da falta, o conselho fiscal ou a comissão de auditoria designa o substituto;
  d) Por eleição de novo administrador.

4 – A cooptação e a designação pelo conselho fiscal ou pela comissão de auditoria devem ser submetidas a ratificação na primeira assembleia geral seguinte.

5 – As substituições efectuadas nos termos do n.º 1 duram até ao fim do período para o qual os administradores foram eleitos.

6 – Só haverá substituições temporárias no caso de suspensão de administradores, aplicando-se então o disposto no n.º 1.

7 – Faltando administrador eleito ao abrigo das regras especiais estabelecidas no artigo 392.º, chama-se o respectivo suplente e, não o havendo, procede-se a nova eleição, à qual se aplicam, com as necessárias adaptações, aquelas regras especiais.

Texto proposto:

Artigo 393.º
[...]

1 – [...]
2 – [...]
3 – [...]
4 – [...]
5 – As substituições efectuadas nos termos do n.º 3 duram até ao fim do período para o qual os administradores foram eleitos.

6 – Só haverá substituições temporárias no caso de suspensão de administradores, aplicando-se então o disposto no n.º 3.

7 – [...]

II. De facto, estamos perante uma gralha patente, correntemente detectada e corrigida pela doutrina e pela prática[16].

20. *Negócios com a sociedade (397.º)*

I. Texto em vigor:

Artigo 397.º
Negócios com a sociedade

[...]

2 – São nulos os contratos celebrados entre a sociedade e os seus administradores, directamente ou por pessoa interposta, se não tiverem sido previamente autorizados por deliberação do conselho de administração, na qual o interessado não pode votar, e com o parecer favorável do conselho fiscal.

[...]

Texto proposto:

Artigo 397.º
[...]

[...]

2 – São nulos os contratos celebrados entre a sociedade e os seus administradores, directamente ou por pessoa interposta, se não tiverem sido previamente autorizados por deliberação do conselho de administração, na qual o interessado não pode votar, e com o parecer favorável do conselho fiscal ou da comissão de auditoria.

[...]

II. Aparentemente, a reforma projectada viria corrigir a não referência, no final do preceito, à comissão de auditoria. Todavia – e como a justificação do Projecto bem reconhece – a remissão feita no artigo 423.º-H para o próprio 397.º, torna dispensável a correcção.

---

[16] De notar que o próprio Projecto da CMVM, a fl. 52-53, contém uma gralha óbvia: a de repetição de parte da alteração proposta para o artigo 393.º, como respeitando ao 395.º.

21. Estrutura e composição quantitativa (413.º)

I. Texto em vigor:

Artigo 413.º
Estrutura e composição quantitativa

1 – A fiscalização das sociedades que adoptem a modalidade prevista na alínea *a*) do n.º 1 do artigo 278.º compete:

a) A um fiscal único, que deve ser revisor oficial de contas ou sociedade de revisores oficiais de contas, ou a um conselho fiscal; ou

b) A um conselho fiscal e a um revisor oficial de contas ou uma sociedade de revisores oficiais de contas que não seja membro daquele órgão.

2 – A fiscalização da sociedade nos termos previstos na alínea *b*) do número anterior:

a) É obrigatória em relação a sociedades que sejam emitentes de valores mobiliários admitidos à negociação em mercado regulamentado e a sociedades que, não sendo totalmente dominadas por outra sociedade que adopte este modelo, durante dois anos consecutivos, ultrapassem dois dos seguintes limites:
[...]

Texto proposto:

Artigo 413.º
[...]

[...]
2 – A fiscalização da sociedade nos termos previstos na alínea b) do número anterior:

a) É obrigatória em relação a sociedades que, tendo escolhido o modelo previsto na alínea *a*) do n.º 1 do artigo 278.º, sejam emitentes de valores mobiliários admitidos à negociação em mercado regulamentado e a sociedades que, tendo escolhido este modelo e não sendo totalmente dominadas por outra sociedade que adopte o mesmo modelo ou os modelos referidos nas alíneas *b*) e *c*) do n.º 1 do artigo 278.º, durante dois anos consecutivos, ultrapassem dois dos seguintes limites:
[...]

II. A primeira parte da proposta não é necessária. A lei vigente só impõe o modelo clássico reforçado dentro do universo das sociedades que tenham escolhido ... o modelo clássico, nos termos do 413.º/1. Se escolherem o modelo anglo-saxónico ou o modelo dualista, o n.º 2 do preceito não se aplica. Não é preciso dizê-lo.

A segunda parte implica uma opção de fundo. Os modelos anglo-saxónico e dualista não admitem "reforços" de fiscalização, dependentes da sua presença em bolsa ou da sua dimensão. Tem lógica o sistema actual: se a sociedade-mãe já tiver uma fiscalização "reforçada" (o que só é possível no modelo clássico reforçado), esta é dispensada na sociedade-filha. Tal diferenciação não é possível nos modelos anglo-saxónico e dualista, que não conhecem graduações. Impõe-se ignorar esse ponto? Apenas dois anos após a reforma de 2006, parece-nos cedo demais. Haveria que acumular experiência.

22. Composição qualitativa (414.º/5)

I. Texto em vigor:

Artigo 414.º
Composição qualitativa

[...]

5 – Considera-se independente a pessoa que não esteja associada a qualquer grupo de interesses específicos na sociedade nem se encontre em alguma circunstância susceptível de afectar a sua isenção de análise ou de decisão, nomeadamente em virtude de:

a) Ser titular ou actuar em nome ou por conta de titulares de participação qualificada igual ou superior a 2% do capital social da sociedade;
b) Ter sido reeleita por mais de dois mandatos, de forma contínua ou intercalada.

[...]

Texto proposto:

Artigo 414.º
[...]

[...]
5 – [...]

a) [...]
b) Ter sido titular efectivo do órgão de administração ou de fiscalização por um período, contínuo ou intercalado, de 9 anos, salvo se tiverem decorrido 6 anos sobre o termo de funções;

c) Ter estado vinculado à sociedade, ou a sociedade em relação de domínio ou de grupo com aquela, por contrato de trabalho nos últimos 3 anos (alternativa, em adição: – ou ter cônjuge, parente ou afins na linha recta ou colateral e até ao terceiro grau que tenham contrato de trabalho com a sociedade).
[...]

II. A proposta da alínea *b*) visa aligeirar a ideia de independência, permitindo a sua retoma, ao fim de seis anos sem mandato. Parece bem. Todavia, como ainda só passaram dois anos sobre o Decreto-Lei n.º 76-A/2006, de 29 de Março, a alteração não tem, ainda, oportunidade.

III. Já a proposta alínea *c*) vem agravar essa mesma ideia, numa base que não podemos acompanhar. Terminada a relação de trabalho, cessa a subordinação. Não vemos para quê excogitar um período de nojo de três anos. Deixaríamos cair tal iniciativa, até porque surge sem que o sistema de 2006 tenha dado as suas provas, por falta de tempo de vigência.

23. *Incompatibilidades (414.º-A)*

I. Texto em vigor:

Artigo 414.ºA
Incompatibilidades

1 – [...]
[...]
e) Os que, de modo directo ou indirecto, prestem serviços ou estabeleçam relação comercial significativa com a sociedade fiscalizada ou sociedade que com esta se encontre em relação de domínio ou de grupo;
[...]
h) Os que exerçam funções de administração ou de fiscalização em cinco sociedades, exceptuando as sociedades de advogados, as sociedades de revisores oficiais de contas e os revisores oficiais de contas, aplicando-se a estes o regime do artigo 76.º do Decreto-Lei n.º 487/99, de 16 de Novembro;
[...]

3 – É nula a designação de pessoa relativamente à qual se verifique alguma das incompatibilidades estabelecidas no n.º 1 do artigo anterior ou nos estatutos da sociedade ou que não possua a capacidade exigida pelo n.º 3 do mesmo artigo.

Texto proposto:

[...]
e) Os que, de modo directo ou indirecto, prestem quaisquer serviços ou estabeleçam relação comercial significativos com a sociedade fiscalizada ou sociedade que com esta se encontre em relação de domínio ou de grupo;
[...]
h) Os que exerçam funções de administração ou de fiscalização em cinco sociedades que não estejam em relação de domínio ou de grupo, independentemente de a sua sede se situar em Portugal ou no estrangeiro, exceptuando as sociedades de advogados, as sociedades de revisores oficiais de contas e os revisores oficiais de contas, aplicando-se a estes o regime do artigo 76.º do Decreto-Lei n.º 487/99, de 16 de Novembro;
[...]
3 – É nula a designação de pessoa relativamente à qual se verifique alguma das incompatibilidades estabelecidas no n.º 1 ou nos estatutos da sociedade ou que não possua a capacidade ou as qualificações exigidas pelo n.º 3 do artigo anterior.

II. A proposta visa retirar dos limites quantitativos as situações em que a mesma pessoa preste serviço a sociedades que se encontrem em relação de domínio ou de grupo. Esta solução, plenamente adequada, já vem sendo reclamada doutrinariamente, na base da redução teleológica do preceito em vigor.

A proposta tem pleno cabimento.

III. Quanto ao n.º 3: propõe-se a correcção de uma gralha evidente.

24. *Reuniões e deliberações do conselho fiscal (423.º/5)*

A Proposta da CMVM cifra-se, neste ponto, em corrigir a remissão feita, no artigo 423.º/5 do CSC, para o 410.º/9, que não existe: a lei quis dizer (e passará a dizer, no desígnio da Proposta) "n.º 8".

Trata-se de um *lapsus calamis* que a doutrina e os práticos já corrigiam, com base no contexto.

25. *Composição da comissão de auditoria (423.º-B)*

I. Texto em vigor:

Artigo 423.º-B
Composição da comissão de auditoria

[...]
3 – Aos membros da comissão de auditoria é vedado o exercício de funções executivas na sociedade e é-lhes aplicável o artigo 414.º-A, com as necessárias adaptações, com excepção do disposto na alínea *b*) do n.º 1 do mesmo artigo.
[...]

Texto proposto:

Artigo 423.º-B
[...]

[...]
3 – Aos membros da comissão de auditoria é vedado o exercício de funções executivas na sociedade e é-lhes aplicável o artigo 414.º-A, com as necessárias adaptações, com excepção do disposto na alínea *b*) do n.º 1 e do n.º 4 do mesmo artigo.
[...]

II. Na justificação de motivos[17] terá querido dizer-se "propõe-se o aditamento da remissão para o n.º 4", explicando que se tratava de compatibilizar o 390.º/4 (para o qual o 423.º-H remete) com o 414.º-A/4.

Mas não há qualquer incompatibilidade: o 390.º/4 aplica-se sempre que qualquer pessoa colectiva seja designada para a comissão de auditoria; o 414.º-A/4 funciona quando tal pessoa seja uma SROC: é lei especial.

Além disso, não se deve diminuir a operacionalidade da SROC designada para uma comissão de auditoria, perante a SROC em conselho fiscal.

O Direito vigente é adequado.

---

[17] Ponto 13.14.

26. **Composição do conselho geral e de supervisão (434.º/4)**

I. Texto em vigor:

Artigo 434.º
Composição do conselho geral e de supervisão
[...]
4 – À composição do conselho geral e de supervisão são aplicáveis os artigos 414.º e 414.º-A, com excepção do disposto na alínea *f)* do n.º 1 deste último artigo, salvo no que diz respeito à comissão prevista no n.º 2 do artigo 444.º.
[...]

Texto proposto:

Artigo 434.º
[...]
[...]
4 – À composição do conselho geral e de supervisão são aplicáveis os n.ºs 3 a 6 do artigo 414.º e o artigo 414.º-A, com excepção do disposto na alínea f) do n.º 1 deste último artigo, salvo no que diz respeito à comissão prevista no n.º 2 do artigo 444.º.
[...]

II. Como se vê, pretende-se que, ao conselho geral e de supervisão, se aplique, também, a seguinte norma (o 414.º/3):

> Os restantes membros do conselho fiscal podem ser sociedades de advogados, sociedades de revisores oficiais de contas ou accionistas, mas neste último caso devem ser pessoas singulares com capacidade jurídica plena e devem ter as qualificações e a experiência profissional adequadas ao exercício das suas funções.

De facto, as sociedades de advogados e de revisores oficiais de contas já podiam ser eleitas, nos termos gerais. A novidade, como bem aponta a justificação[18], reside na introdução da exigência das "qualificações e experiência". Será justificada?

III. A reforma de 2006, propositadamente, não fez a remissão ora proposta. Entendeu-se que, no conselho geral e de supervisão, dada a natureza mais

---

[18] Ponto 13.15.

ampla do órgão e visto o facto de, nas sociedades cotadas e nas grandes anónimas, a competência mais técnica se concentrar na comissão para as matérias financeiras (444.º/2), se podia dar abrigo a pessoas da confiança dos accionistas, normalmente jovens e que aí iniciassem um processo de aprendizagem e de amadurecimento.

Decorreu demasiado pouco tempo para se infirmar esta hipótese, que, em si, parece plausível.

A alteração proposta deveria, pois, aguardar.

27. Referência a "director" (epígrafe do 437.º)

I. A Proposta da CMVM preconiza a alteração da epígrafe do 437.º, que ainda referiria a figura do director, redenominada pelo Decreto-Lei n.º 76-A/2006, de 29 de Março.

Só que o diploma em causa já havia feito a alteração ora pretendida[19]; sucedeu, sim, que a republicação do Código, por gralha, não actualizou a epígrafe[20].

II. Os editores de Códigos e os comentadores mais atentos recorriam à versão aprovada (que prevalece) e não à "republicada". Este tipo de gralhas contentar-se-ia com uma lista de rectificações: mas que procurasse ser exaustiva.

28. Dever de segredo (441.º-A)

I. Redacção actual:

Artigo 441.º-A
Dever de segredo

Os membros do conselho geral e de supervisão estão obrigados a guardar segredo dos factos e informações de que tiverem conhecimento em razão das suas funções.

---

[19] *Vide* DR I Série-A, n.º 63 (Supl.), de 29-Mar.-2006, 2328-(29)/I.
[20] *Idem*, 2328-(146)/II.

Texto proposto:

Artigo 441.º-A
Acesso a informação e dever de segredo

1 – Aos membros do conselho geral e de supervisão aplica-se o disposto nos n.ºs 1 e 2 do artigo 421.º.

2 – [Anterior corpo do artigo]

II. A justificação para esta matéria é, simplesmente, a de estabelecer uma simetria entre todos os membros de órgãos de fiscalização[21]. Mas a questão não é tão simples: justamente porque os modelos são diferentes e têm lógicas próprias.

O conselho geral e de supervisão (CGS) é, em regra, um órgão numeroso, em confronto com o conselho fiscal. Permitir, a cada um dos seus membros, o exercício de poderes referidos no 421.º/1 e 2 poderia prejudicar o governo da sociedade.

Por isso, o 432.º/4 e 5 canaliza toda essa matéria através do presidente do CGS, podendo este e outro membro assistir às reuniões do conselho de administração executivo.

III. A remissão ora proposta, além de quebrar a harmonia interna do sistema dualista, iria conflituar com o aludido 432.º/4 e 5 (que, provavelmente, ficaria em parte revogado), sendo desfavorável para um bom governo. E de todo o modo: o sistema actual ainda não vigorou pelo tempo suficiente para poder ser abandonado.

Salvo melhor juízo, a presente proposta deveria ser repensada.

29. Remissões (445.º)

I. A proposta, relativamente ao 445.º, visa incluir, no rol das remissões, o apelo para o 419.º, referente à destituição dos membros do conselho fiscal: este seria assim aplicável aos membros do conselho geral e de supervisão. Na verdade, a actual lei é omissa. A doutrina tem resolvido a lacuna fazendo apelo, por analogia, precisamente ao regime dos membros do conselho fiscal.

---

[21] Ponto 13.16.

II. Vale a pena integrar a lacuna por via de lei? A resposta é sempre positiva, até porque a solução proposta é a adequada. Todavia, ficará no ar o saber se é oportuno fazer tal integração, quando a prática já resolveu o problema.

30. *Publicidade de participações e negócios sociais (448.º)*

I. Texto vigente:

Artigo 448.º
Publicidade de participações de accionistas

1 – O accionista que for titular de acções ao portador não registadas representativas de, pelo menos, um décimo, um terço ou metade do capital de uma sociedade deve comunicar à sociedade o número de acções de que for titular, aplicando-se para este efeito o disposto no artigo 447.º, n.º 2.

2 – A informação prevista no número anterior deve ser também comunicada à sociedade quando o accionista, por qualquer motivo, deixar de ser titular de um número de acções ao portador não registadas representativo de um décimo, um terço ou metade do capital da mesma sociedade.

3 – As comunicações previstas nos números anteriores são feitas, por escrito, ao órgão de administração e ao órgão de fiscalização, nos 30 dias seguintes à verificação dos factos neles previstos.

4 – Em anexo ao relatório anual do órgão de administração será apresentada a lista dos accionistas que, na data do encerramento do exercício social e segundo os registos da sociedade e as informações prestadas, sejam titulares de, pelo menos, um décimo, um terço ou metade do capital, bem como dos accionistas que tenham deixado de ser titulares das referidas fracções do capital.

Texto proposto:

Artigo 448.º
Publicidade de participações e negócios sociais

[...]
5 – Sem prejuízo de outras disposições aplicáveis, as sociedades emitentes de acções previstas nas alíneas *a)*, *b)* e *c)* do n.º 1 do art. 244.º do Código dos Valores Mobiliários publicam em anexo ao relatório anual do órgão de administração, a descrição e valor dos negócios entre a sociedade ou outras que com ela estejam em relação de domínio ou de grupo e os titulares de participações qualificadas, computadas nos termos do artigo 20.º daquele Código.

II. Compreende-se o espírito da proposta. Todavia, ela representa mais um encargo para as empresas e isso quando a informação essencial já está assegurada pelo n.º 4 do preceito actual e que se irá manter. A partir daí, as autoridades de supervisão podem exercer as suas funções. Não será suficiente?

IV – A transposição da Directriz 2007/36

31. *Aspectos gerais*

I. Como foi dito, o presente anteprojecto da CMVM surge a propósito da Directriz 2007/36, de 11 de Julho, cuja transposição visa assegurar. A propósito dessa transposição, opta por propor uma série de alterações ao CVM, a analisar noutro local. E propõe, ainda, uma modificação ao 376.º do Código das Sociedades Comerciais.

II. O ensejo é o seguinte. O artigo 6.º da Directriz vem dispor:

Artigo 6.º
Direito de inscrever pontos na ordem de trabalhos da assembleia-geral e de apresentar projectos de deliberação

1. Os Estados-Membros devem garantir que os accionistas, a título individual ou colectivo, tenham o direito de:

a) Inscrever pontos na ordem de trabalhos da assembleia-geral, desde que cada ponto seja acompanhado de uma justificação ou de um projecto de deliberação a aprovar na assembleia-geral; e
b) Apresentar projectos de deliberação relativos a pontos inscritos ou a inscrever na ordem de trabalhos da assembleia-geral.

Os Estados-Membros podem estabelecer que o direito previsto na alínea a) só possa ser exercido em relação à assembleia-geral anual, desde que os accionistas, a título individual ou colectivo, tenham o direito de convocar ou de solicitar à sociedade que convoque uma assembleia-geral que não seja uma assembleia-geral anual com uma ordem de trabalhos que inclua, pelo menos, todos os pontos solicitados por esses accionistas.

Os Estados-Membros podem estabelecer que esses direitos sejam exercidos por escrito (apresentados por via postal ou electrónica).

2. Quando qualquer dos direitos especificados no n.º 1 estiver sujeito à condição de o accionista ou os accionistas em causa deterem uma participação mínima na sociedade, essa participação não pode ser superior a 5% do capital social.

3. Cada Estado-Membro deve fixar um prazo único, com referência a um número específico de dias anteriores à data da assembleia-geral ou da convocatória, dentro do qual os accionistas possam exercer o direito previsto na alínea a) do n.º 1. Do mesmo modo, cada Estado-Membro pode fixar um prazo para o exercício do direito referido na alínea b) do n.º 1.

4. Os Estados-Membros devem assegurar que, caso o exercício do direito referido na alínea a) do n.º 1 implique uma alteração da ordem de trabalhos da assembleia-geral já comunicada aos accionistas, a sociedade faculte uma ordem de trabalhos revista na mesma forma que a ordem de trabalhos anterior, com antecedência em relação à data de registo aplicável tal como definido no n.º 2 do artigo 7.º, ou, se não for aplicável qualquer data de registo, com antecedência suficiente em relação à data da assembleia-geral, por forma a permitir a outros accionistas nomear um procurador ou, se for esse o caso, votar por correspondência.

III. Note-se que o artigo 5.º da mesma Directriz, no n.º 4, d), *in fine*, dispõe que, com referência às informações a dispensar para a assembleia geral,

(…) os projectos de deliberação apresentados pelos accionistas devem ser aditados logo que possível após serem recebidos pela sociedade; (…)

32. O *anteprojecto da CMVM*

I. Fazendo a síntese do artigo 6.º da Directriz 2007/36, podemos dizer que, segundo ele:

- deve ser reconhecido, aos accionistas, o direito de fazer aditar novos pontos à ordem de trabalhos e de apresentar propostas de deliberação (n.º 1);
- tais direitos podem ser submetidos, pelos Estados-Membros, à detenção de certa percentagem de capital social, desde que não superior a 5% (n.º 2);
- o direito de aditar novos pontos deve ser exercido num prazo único, antecedendo a assembleia geral; o direito de apresentar propostas pode ser submetido a essa mesma regra (n.º 3).

Todavia, quanto às propostas apresentadas pelos accionistas: elas devem ser previamente divulgadas, junto de todos – 5.º/4, d).

II. Perante isto, o anteprojecto da CMVM vem, também em síntese:

- propor um aditamento ao CVM, que permitiria, a accionistas detentores de 2% do capital social, nas sociedades cotadas, fazer incluir novos assuntos na ordem do dia; actualmente, exigem-se 5%, para todas;

– propor uma alteração ao CSC que faculte, a qualquer accionista, apresentar propostas; actualmente, a lei não é explícita.

III. Vamos atentar mais precisamente quanto ao CSC, aqui em análise. O texto actual dispõe:

Artigo 379.º
Participação na assembleia

1. Têm o direito de estar presentes na assembleia geral e aí discutir e votar os accionistas que, segundo a lei e o contrato, tiverem direito a, pelo menos, um voto.

(...)

Preconiza o anteprojecto:

Artigo 379.º
Participação

1. Têm o direito a apresentar propostas de deliberação, a estar presentes na assembleia geral e aí discutir e votar os accionistas que, segundo a lei e o contrato, tiverem direito a, pelo menos, um voto.

(...)

IV. No tocante à preconizada alteração ao CVM (baixar de 5 para 2% a cifra de capital necessária para requerer o aditamento de assuntos à ordem do dia), adiantamos, como se concluiu noutro local, que a mesma não é favorável para as empresas portuguesas.

Desde logo, a Directriz não o exige: permite manter a exigência, para todas as sociedades, nos 5%. De seguida, não vemos vantagens nenhumas: os detentores de 2% terão, apenas, de se agrupar para alcançar os 5%. Se não o conseguirem, muito menos terão hipóteses de fazer passar, em assembleia, seja o que for.

O legislador nacional deve abandonar posturas fundamentalistas. O Direito português vai ser julgado por contraposição aos outros Direitos europeus e no plano da tutela das empresas e da sua funcionalidade. Estamos no campo de leis comerciais: não das leis de tutela dos consumidores que, embora da maior importância, dispõem de outras sedes.

33. *O direito de apresentar propostas; o actual CSC*

I. Segundo a justificação de motivos que acompanha o anteprojecto da CMVM, o CSC será omisso quanto ao direito, dos accionistas, de apresentar propostas. A matéria é mais complexa do que o que poderá parecer, não se resolvendo com "basismos". Além disso, não parece aceitável partir para uma reforma legislativa sem conhecer a prática das sociedades, nesse domínio.

II. O CSC não é totalmente omisso, no tocante à apresentação de propostas. Assim:

- as propostas de deliberação a apresentar pela administração, bem como os relatórios ou justificações que as devam acompanhar devem ser facultadas à consulta dos accionistas nos 15 dias anteriores à assembleia geral – 289.º/1, c);
- as propostas de eleição de membros dos órgãos sociais, acompanhados por uma série de elementos devem, também, respeitar esses 15 dias – 289.º/1, d);
- todos esses elementos devem ser enviados por carta a determinados accionistas (289.º/3) e disponibilizados no sítio da Internet (289.º/4);
- as propostas de alteração dos estatutos devem acompanhar a convocatória (377.º/8).

III. No tocante a propostas de accionistas, o 377.º/8 limita-se a ressalvar a possibilidade de, estando em causa propostas de alteração de cláusulas estatutárias, na própria assembleia, eles apresentarem propostas de "redacções diferentes para as mesmas cláusulas". Esta hipótese tem sido interpretada (muito) restritivamente, sob pena de se não poder conjugar com a primeira parte do preceito: ela não respeita qualquer antecedência, podendo apanhar de surpresa os ausentes; por isso, estaria em causa apenas a "redacção" e não propostas inovatórias.

IV. Infere-se, ainda, do CSC, na sua actual redacção, que os accionistas não podem apresentar propostas sobre uma série de assuntos. Designadamente, não lhes é permitido:

- propor soluções quanto ao relatório de gestão, as contas de exercício e a aplicação de resultados; apenas a administração o pode fazer, salvo se os accionistas rejeitarem as contas, em assembleia – 376.º/1, a) e b) e 68.º/1;
- propor a nomeação de ROCs ou SROCs: as propostas cabem ao órgão de fiscalização – 420.º/2, b), 423.º-F, m), 441.º, m) e 446.º/1;
- propor no tocante à gestão da sociedade – 373.º/3;
- propor fora da ordem do dia – 56.º/1, a): sobre o tema ausente da ordem do dia, a assembleia é tida por não convocada.

Ficam pois, para os accionistas:

– propostas de candidatura aos órgãos;
– propostas de alteração dos estatutos;
– propostas de destituição;
– propostas de responsabilização;
– propostas de autorizações diversas;
– propostas de rejeição de contas.

Tudo isto deve ser tratado com calma e com seriedade, evitando-se propostas de última hora, ou sob a excitação do momento.

34. *Aspectos práticos*

I. O direito de apresentar propostas tem uma série de implicações práticas, que o legislador não deve ignorar.

Numa grande sociedade anónima, a larga maioria do capital social está presente, na assembleia geral, através de representantes. Estes, em regra advogados, têm instruções dos seus representados. Por seu turno, os representados são, com frequência, entidades colectivas, com processos de decisão internos complexos e que optam depois de fazer estudar as propostas e as opções por especialistas. Em suma: não é possível surpreendê-los, em cima da hora, com propostas novas. Sobre elas, os representantes não têm instruções. Não é satisfatório retorquir que, então, votarão contra: porquê, se podem ser boas propostas? Haveria, sim, que prever um esquema adequado que permita a sua análise, em tempo útil.

II. Temos, ainda, o problema dos votos por correspondência, em regra já formulados, antes da assembleia. Será correcto marginalizá-los com propostas surgidas já depois de eles terem sido formulados? E será justo convolá-los para votos contra quando, de facto, o votante até poderia aderir à nova proposta, se a conhecesse?

III. Cumpre, depois, recordar as realidades de uma assembleia com algumas centenas de participantes. Qualquer nova proposta, que aí surja, obriga à sua distribuição, ao seu estudo e ao seu debate. Há que providenciar novos boletins de voto. Uma proposta pode ter dezenas de páginas; a aceitar-se uma, terão de admitir-se todas as demais, sem limites.

Em suma: uma assembleia com centenas de presenças ficaria bloqueada se, a propósito de diversos assuntos, pudessem aparecer algumas propostas *in loco*. Todos têm o direito de intervir: mas temos de reconhecer que, numa anónima moderna, as propostas são preparadas por especialistas, em gabinetes de estudos e auditadas pelos prismas jurídico e de gestão, antes de serem postas à assembleia. Em regra, aliás, elas são concertadas entre vários accionistas. Nada disto é pensável em plena assembleia.

IV. É importante sublinhar que a própria Directriz 2007/36, no seu artigo 5.º/4, b), *in fine*, prescreve que as propostas dos accionistas sejam aditadas, logo que possível, aos documentos a apresentar à assembleia geral. Obviamente: para permitir o seu estudo e a preparação de decisões de voto, por representante ou por correspondência. Devem, pois, surgir com uma antecedência razoável.

V. Por tudo isto e por contrariar a própria Directriz a transpor, deve-se afastar totalmente a hipótese de, na própria assembleia, surgirem propostas. A prática seguida, perante tais "propostas" é a da não-aceitação, pela mesa da assembleia, a pretexto de se tratar de "assuntos novos", sujeitos ao regime do 378.º: requerimento subscrito por 5% do capital social e dirigido ao presidente da mesa nos cinco dias seguintes à última publicação da convocatória respectiva.

35. *A proposta do novo 379.º/1; uma alternativa*

I. A proposta da CMVM, quanto ao artigo 379.º/1, do CSC, ao firmar o direito a propor, aparentemente a favor de todos os accionistas, sem fazer precisões irá, por certo, levantar muitos mais problemas do que os que resolve.

II. Temos os condimentos seguintes:

– a Directriz 2007/36 reporta, efectivamente, o direito de propor a todos os accionistas, mas admite que os Estados-Membros exijam até 5% do capital social para o exercício desse direito;
– a mesma Directriz exige que as propostas de accionistas sejam divulgadas *antes* da assembleia;
– a prática e as suas exigências requerem que o direito de efectuar novas propostas exija, no seu exercício, um mínimo de representatividade e que seja possível divulgar antecipadamente o seu teor, preparando espaço, na assembleia, para a sua discussão e votação.

III. Perante isto, melhor seria não intervir, para já, legislativamente: a prática continuaria a realimentar o tema. Mas a entender-se necessária essa clarificação absoluta, proporíamos:

Artigo 378.°-A
(Propostas de accionistas)

1. O accionista ou accionistas que satisfaçam as condições exigidas pelo artigo 375.°, n.° 2, podem apresentar propostas relativas a assuntos incluídos na ordem do dia.

2. A admissão das propostas referidas no número anterior deve ser requerida por escrito, ao presidente da mesa da assembleia geral, sendo acompanhada por todos os elementos justificativos, previstos por lei ou seleccionados pelos proponentes.

3. As propostas em causa devem dar entrada, na sociedade, com uma antecedência mínima de 15 dias, relativamente à data da assembleia.

4. Aos documentos previstos nos números anteriores aplica-se o disposto no artigo 289.°, número 3.

V – Conclusões

36. *Recomendações*

I. A concluir, apresentamos um panorama global sob a forma de recomendações. E a primeira é, desde logo, a necessidade de, quanto antes, dar início a uma reforma global do Direito português das sociedades, que permita uma simplificação radical fazendo, dele, um Direito modelar e competitivo, na União Europeia do futuro. Tal reforma exigirá tempo: mas deve processar-se com determinação.

II. No tocante à proposta da CMVM, temos 4 grupos de casos:

– propostas de fundo que devem ser totalmente repensadas, à luz dos Direitos europeu e nacional: acções próprias (316.°, 323.° e 325.°) e propostas de accionistas (379.°/1);
– propostas de alteração pontual que são ora desaconselháveis (374.°/5, 413.°, 414.°/1, *c*), 423.°-B, 434.° e 441.°-A), ora prematuras (374.°-A e 414.°), ora dispensáveis (377.°, 397.°/5, *b*) e 448.°);
– propostas de alteração pontual úteis (384.°, 414.°-A e 445.°), mas melhoráveis (392.°);
– propostas de correcção de lapsos, que podem aguardar: 349.°, 357.°, 393.°, 423.° e 437.°.

III. Como núcleo para a (pequena) reforma ora pensada ficariam:

– o regime das acções próprias, mas na linha da transposição da Directriz 2006/68, que é inverso do ora sugerido;
– o regime das novas propostas de accionistas; adiantámos uma ideia, nesse sentido.

Complementarmente, poderiam ser inseridas as "propostas úteis" e a correcção dos lapsos.

IV. Finalmente: as propostas de alteração do CVM, que se prendem directamente com a transposição da Directriz 2007/36, deveriam ser repensadas. Em especial, sublinha-se que, *ex natura*, elas pertenceriam mais ao CSC do que ao CVM.

Trata-se de matéria a que regressaremos em breve.

Da nacionalização do BPN

PROF. DOUTOR ANTÓNIO MENEZES CORDEIRO

SUMÁRIO: *I – Antecedentes: 1. A crise financeira; 2. O caso português; 3. Reacções em cadeia e actuações perversas; 4. A nacionalização do BPN. II – A Lei n.º 62-A/2008, de 11 de Novembro; 5. Occasio legis; 6. Estrutura básica; crítica. III – O regime jurídico das nacionalizações: 7. Base constitucional; 8. Finalidade e procedimento; 9. Indemnização; 10. As consequências da nacionalização; 11. Segue; a gestão e a destituição dos administradores; 12. As novas administração e fiscalização; 13. Aspectos subsequentes. IV – Dogmática geral das expropriações: 14. Generalidades; 15. Nota histórica, até 1974; 16. Após 1974; 17. A justa indemnização e a sua finalidade; 18. O momento do cálculo da indemnização; 19. Os elementos a atender no cálculo da indemnização; 20. O valor do mercado; o destino dos bens. V – Dogmática geral das nacionalizações: 21. Dados históricos; 22. Contraposição perante a expropriação; 23. A natureza; 24. A indemnização. VI – A nacionalização do BPN: 25. A justificação; 26. A eficácia; 27. Balanço.*

I – Antecedentes

1. *A crise financeira*

I. A crise financeira iniciada em meados de 2007 fora anunciada com anos de antecedência. Estudos económicos e obras de divulgação, desde a banca à energia, apontavam a desregulação do mercado global de capitais como uma bomba de relógio, assente na pura crença de uma expansão ilimitada, sem bases económicas. O próprio detonador – a crise dos créditos hipotecários norte-americanos com reavaliação dos activos, concedidos a famílias de escassos recursos e apenas na base do valor de mercado da casa de família, conhecidos como *sub-primes* – tinha sido apontado concretamente, também com antecedência, como o ponto mais fraco do sistema.

Não é exacto que nada tenha sido feito. O eclodir da crise foi retardado com injecções maciças de liquidez, particularmente por parte da reserva federal norte-americana. Mas não se atacaram os fundamentos do problema: a desarticulação das supervisões bancária e mobiliária, a paralisia dos governos democráticos em intervir, com eficácia, contra um ambiente de euforia e a própria fraqueza da economia subjacente, atingida, no momento mais delicado e a somar ao resto, por uma crise petrolífera de origem especulativa.

II. Desde os finais do século XIX, é conhecida a relativa fraqueza do liberalismo, particularmente nos Estados Unidos. A livre concorrência conduz a sucessivas fusões e à destruição dos mais fracos, de tal modo que, no limite, apenas sobreviverá uma única empresa monopolista: é o fim do próprio mercado. O Direito deve intervir, acudindo à livre concorrência em perigo. Assim surgiu o *Sherman Act*, de 1890, base de toda uma sucessiva legislação *anti trust*. Quanto à necessidade de supervisão bancária e mobiliária: ela sempre foi reconhecida. O grande problema que a Humanidade enfrenta é simples de enunciar e não foi descoberta recente: a uma economia global, com problemas globais e um sistema financeiro também global, não foi de todo possível contrapor um Governo Planetário e um ordenamento da Terra.

III. Não há estudos sérios e credíveis que permitam, na base da crise financeira ora em curso, encetar o *requiem* pela economia de mercado ou anunciar "quedas do muro de Berlim do capitalismo" ou, até, o regresso ao marxismo e à economia de tipo soviético. Pelo que sabemos, a alternativa coloca-se, antes, entre ou a possibilidade de montar uma supervisão global ou o regresso às fronteiras pré-globalização, com o que isso implicará de retrocesso no domínio da paz, do ambiente e do progresso.

2. *O caso português*

I. Pequena economia aberta ao exterior, o espaço nacional encetava uma tímida recuperação quando foi apanhado pela crise financeira internacional. Em termos práticos, tal crise traduz-se, num primeiro momento, na destruição da moeda bancária, destruição essa que só muito parcialmente é compensada por injecções de liquidez outrora impensáveis, por parte dos bancos centrais. O mercado de capitais inter-bancário caiu vertiginosamente, impedindo a banca nacional de se refinanciar no estrangeiro. Há cortes no crédito: seja inter-bancário, seja à economia de base. Tal como nos outros países, o grande drama da presente crise é o contágio (também previsto há muito!) da doença: de financeira, a crise passa a económica, encetando uma estagnação que, a não ser eficazmente combatida, conduzirá a uma depressão com graves consequências sociais e políticas.

II. Que fazer? O País perdeu a soberania monetária: depende das medidas tomadas pelo Banco Central Europeu. Este, obcecado com um pretenso risco de inflação, demorou em reagir à crise financeira: mantinha (e subia!) juros altos e retardava a emissão de moeda, numa ocasião em que a destruição da moeda bancária estava à vista. Quando a crise chegou à nossa banca, quedavam remédios de intervenção. Foram aprovadas algumas medidas e, designadamente:

- o Aviso do Banco de Portugal de 14-Out.-2008[1], quanto a fundos próprios;
- a Lei n.º 60-A/2008, de 20 de Outubro, que estabeleceu a possibilidade de concessão extraordinária de garantias pessoais, pelo Estado, no âmbito do sistema financeiro; esta Lei foi regulamentada pela Portaria n.º 1219-A/2008, de 23 de Outubro;
- o Decreto-Lei n.º 211-A/2008, de 3 de Novembro, que veio reforçar os deveres de informação e de transparência no âmbito do sector financeiro e que veio elevar, de € 25.000 para € 100.000, o limite de cobertura do Fundo de Garantia de Depósitos e do Fundo de Garantia do Crédito Agrícola Mútuo;
- a Lei n.º 62-A/2008, de 11 de Novembro, que nacionalizou o BPN e que será objecto de análise neste escrito;
- a Lei n.º 63-A/2008, de 24 de Novembro, que estabeleceu medidas de reforço da solidez financeira das instituições de crédito no âmbito da iniciativa para o reforço da estabilidade financeira e da disponibilização de liquidez nos mercados financeiros: um diploma complexo, a examinar ulteriormente.

Outras medidas estão em estudo, para acudir ao mercado mobiliário, tais como as atinentes a acções próprias ou as que irão permitir a adopção de acções sem valor nominal.

---

[1] DR II Série, n.º 202, de 17-out.-2008, 42500-42503; este Aviso republica, em Anexo, o Aviso n.º 12/92.

III. Estas iniciativas, conquanto que avulsas, têm em comum uma reacção à crise financeira, dentro do sistema. Ou seja: salvo no caso da nacionalização do BPN, estamos perante medidas que visam reanimar o mercado, dentro da lógica liberal do capitalismo. Provavelmente, elas terão de ser seguidas por novas medidas, quer no campo financeiro, quer nos domínios económico e social.

3. Reacções em cadeia e actuações perversas

I. Como foi dito, a crise financeira induzida do rebentamento da bolha global provocou um início de crise económica. A falta de liquidez do mercado coarcta os investimentos das empresas e o consumo das famílias. Há que cortar despesas, o que provoca novas quebras económicas a jusante. O pessimismo e a baixa confiança nas instituições de crédito limitam a actuação dos agentes económicos: desde a grande empresa ao pequeno consumidor. Não se assumem riscos; não se aposta no futuro; não se investe. O mercado mobiliário soma mínimos sucessivos, num movimento que é acompanhado pelo imobiliário: apenas menos visível, por ser menos líquido.

II. Neste quadro geral, surgem como agravantes perversas o sensacionalismo de certa imprensa e o arrastar de antigos processos de investigação. Quanto ao sensacionalismo: logo no início, o público sensível foi literalmente massacrado com notícias alarmantes que, como hoje é reconhecido, aceleraram um processo ainda reversível. Tivesse havido mais algum tempo e as medidas seriam eficazes. Além disso, o multiplicador do pessimismo não ajuda: antes complica.

III. Também surge perverso, no nosso meio, o ataque sistemático aos supervisores, particularmente ao Banco de Portugal. Numa altura em que urge restabelecer a confiança nas instituições financeiras e no próprio sistema de mercado – sistema para o qual, até hoje, ninguém aponta alternativas – a demolição do regulador, na busca da sensação fácil ou do intangível ganho político, é mais um factor gratuito de crise. O Banco de Portugal não podia ter evitado a crise, tal como não o puderam fazer as mais poderosas instituições de regulação do Globo: apenas uma concertação planetária lá poderá chegar.

Os ataques ao regulador são, de resto, peça de um populismo que pretende, nos administradores das empresas, ver outros dos responsáveis pela crise. Tudo isso mina, sem vantagem, a credibilidade de instituições para as quais não se dão alternativas.

IV. Curiosamente, num movimento de autodestruição que irá alimentar os cientistas sociais dos próximos anos, as próprias instituições visadas participam no cortejo de desânimo e desincentivo. Temos em vista o arrastamento de processos como os relativos ao BCP, que nada têm a ver com a crise e que, por falta de decisões claras e na base de permanentes fugas de informação, só contribuem para a descrença. Também não parece oportuno vir, neste momento, aumentar os encargos que pesam sobre a banca e sobre as empresas, com medidas de tutela de consumidores que, rapidamente, deixarão de consumir antes de lucrarem com uma protecção abstracta. Temos em mente as preconizadas alterações ao CVM e ao CSC[2].

4. *A nacionalização do BPN*

I. Neste enquadramento, a nacionalização do BPN ocorre como um fenómeno atípico. Como vimos, a crise financeira tem sido combatida dentro do sistema. Os diversos Estados procuram injectar liquidez e restabelecer a confiança no mercado. Tenta-se, num movimento que aguarda as iniciativas de Barack Obama, como Presidente norte-americano, montar uma supervisão mundial, que acompanhe a globalização financeira. No meio disso, a publicização da economia tem estado fora da ordem do dia.

II. A situação do BPN, segundo as notícias vindas a público e, de certo modo, oficialmente inseridas no artigo 2.º/1 da Lei n.º 62-A/2008, de 11 de Novembro, não tem directamente a ver com a crise financeira. Na verdade, terão ocorrido, antes da actual administração, em funções desde 2008, diversas irregularidades não retratadas nos documentos de prestação de contas. Essas irregularidades provocaram perdas ocultas muito consideráveis.

III. Podemos admitir que o BPN, em condições normais, seria deixado à sua sorte: provavelmente, num clima de expansão e até que fossem localizadas as perdas avultadas, ele lograria encontrar parceiros ou investidores que garantissem manter a sua actividade. Na conjuntura de crise financeira, tais alternativas não se adivinhavam fáceis, tanto mais que, nos meios financeiros, come-

---

[2] *Vide* os nossos *A Directriz 2007/36, de 11 de Julho (accionistas de sociedades cotadas): comentários à proposta de transposição*, ROA 2008, 503-554 e *Uma nova reforma do Código das Sociedades Comerciais?*, RDS 2009, 11-55.

çava a constar a existência de problemas revelados, entretanto, pelas auditorias determinadas pelo conselho de administração do próprio BPN.

IV. O Governo optou pela intervenção: a liquidação de uma instituição de crédito poderia, numa conjuntura geral fragilizada, ter efeitos de sistema muito para além do concreto banco em causa. E dentro das hipóteses de intervenção, escolheu a via da nacionalização.

Em suma: podemos apresentar o caso BPN não como uma consequência directa da crise financeira, mas como um episódio ao qual a crise deu uma configuração mais vincada.

II – A Lei n.º 62-A/2008, de 11 de Novembro

5. *Occasio legis*

I. Como foi referido, teriam sido apuradas irregularidades, cometidas no âmbito da anterior Administração do BPN, de que teriam resultado perdas muito consideráveis. Já anteriormente a Caixa Geral de Depósitos acudira, ao BPN, com financiamentos elevados, de modo a assegurar o seu funcionamento. Todavia, notícias vindas a público davam conta de uma situação mais grave do que a conhecida, situação essa que poria em causa o seu funcionamento.

II. A *occasio legis* foi, pois, constituída pelas irregularidades cometidas e pelas perdas ocultas delas resultantes. O todo foi agravado pela crise a qual, todavia e isoladamente tomada, não pode ser considerada como a causa da medida. Damos conta, nesta sequência, do artigo 2.º da Lei n.º 62-A/2008, de 11 de Novembro:

> 1. Verificados o volume de perdas acumuladas pelo Banco Português de Negócios, S. A., doravante designado por BPN, a ausência de liquidez adequada e a iminência de uma situação de ruptura de pagamentos que ameaçam os interesses dos depositantes e a estabilidade do sistema financeiro e apurada a inviabilidade ou inadequação de meio menos restritivo apto a salvaguardar o interesse público, são nacionalizadas todas as acções representativas do capital social do BPN.

Temos, sucessivamente:

(a) o volume de perdas acumuladas pelo BPN;
(b) a iminência de uma situação de ruptura de pagamentos;

(c) a ameaça para os interesses dos depositantes e para a estabilidade do sistema financeiro;
(d) a inviabilidade ou inadequação de meio menos restritivo apto para salvaguardar o interesse público.

III. Podemos sintetizar, na visão do legislador, elementos atinentes ao BPN, aos depositantes e ao sistema e ao interesse público.

6. *Estrutura básica; crítica*

I. A Lei n.º 62-A/2008, de 11 de Novembro, abrange três artigos:

1.º Regime jurídico da apropriação pública;
2.º Nacionalização do Banco Português de Negócios, SA;
3.º Entrada em vigor.

O artigo 1.º aprova, em anexo à Lei, o regime jurídico da apropriação pública por via da nacionalização, em execução do artigo 83.º da Constituição.
O artigo 2.º, em onze números, nacionaliza as acções do BPN e dispõe quanto à sua administração, em termos que, depois, serão examinados.
O artigo 3.º determina a entrada em vigor: 12 de Novembro de 2008.

II. O regime jurídico da apropriação pública por via de nacionalização surge, em anexo à Lei n.º 62-A/2008. Trata-se de um texto em quinze artigos epigrafados e que pretende constituir um diploma geral sobre nacionalizações.

III. A Lei n.º 62-A/2008 tem, como logo se vê, uma estrutura surrealista. Procede a uma nacionalização pontual nos termos de um regime geral que surge, depois, em anexo. É óbvio que, quer lógica quer dogmaticamente, deveria ter sido aprontado um diploma geral, sob a forma de Lei da Assembleia e, em obediência ao mesmo, por decreto-lei separado, dar-se-ia a nacionalização pretendida. Podemos atribuir o total insólito registado à urgência da medida. Mas mesmo assim: a humildade académica deve prevalecer, ainda quando importe decidir com prontidão.

IV. De qualquer forma, para efeitos de análise, temos de reconstituir a boa ordem sistemática. Primeiro, iremos ponderar a Lei; de seguida, passaremos à nacionalização do BPN, em concreto.

III – O regime jurídico das nacionalizações

7. Base constitucional

I. Na versão original, a Constituição compreendia um artigo 82.º que dispunha:

Artigo 82.º
(Intervenção, nacionalização e socialização)

1. A lei determinará os meios e as formas de intervenção e de nacionalização e socialização dos meios de produção, bem como os critérios de fixação de indemnizações.

2. A lei pode determinar que as expropriações de latifundiários e de grandes proprietários e empresários ou accionistas não dêem lugar a qualquer indemnização.

A primeira revisão constitucional, adoptada pela Lei Constitucional n.º 1/82, de 30 de Setembro, deu nova redacção ao n.º 1, que passou a corpo do artigo e suprimiu o n.º 2, nos termos seguintes:

Artigo 82.º
(Intervenção, nacionalização e socialização)

A lei determinará os meios e as formas de intervenção e de nacionalização e socialização de meios de produção, bem como os critérios de fixação de indemnizações.

A segunda revisão constitucional, derivada da Lei Constitucional n.º 1/89, de 8 de Julho, fez passar o preceito a artigo 83.º, com nova epígrafe e nova redacção do corpo do artigo, nos termos seguintes:

Artigo 83.º
(Requisitos de apropriação colectiva)

A lei determinará os meios e as formas de intervenção e de apropriação colectiva dos meios de produção e solos, bem como os critérios de fixação da correspondente indemnização.

Finalmente, a quarta revisão constitucional, introduzida pela Lei Constitucional n.º 1/97, de 20 de Setembro, deu, à epígrafe e ao corpo do artigo a sua redacção actual e que é a seguinte:

Artigo 83.º
(Requisitos de apropriação pública)

A lei determina os meios e as formas de intervenção e de apropriação pública dos meios de produção, bem como os critérios de fixação da correspondente indemnização.

II. A expressão "nacionalização" desapareceu daquele preceito, como se vê, com a Lei Constitucional n.º 1/89, de 8 de Julho. Ela veio a ser repristinada, passados quase 20 anos, pela Lei n.º 62-A/2008, que fala em "apropriação pública, por via de nacionalização".

III. Verifica-se, ainda, que a Lei n.º 62-A/2008 foi aprovada com base no artigo 161.º, c), da Constituição, o qual atribui, ao Parlamento, a competência para fazer leis sobre todas as matérias, salvo as reservadas pela Constituição ao Governo. O artigo 165.º/1, *l*), a propósito da reserva relativa de competência da Assembleia da República, comete, a esta, a aprovação dos:

> Meios e formas de intervenção, expropriação, nacionalização e privatização dos meios de produção e solos por motivo de interesse público, bem como critérios de fixação, naqueles casos, de indemnizações;

Na versão original, o então artigo 167.º, na sua alínea *q*), previa, como sendo da competência relativa da Assembleia, os:

> Meios e formas de intervenção e de nacionalização e socialização dos meios de produção, bem como critérios de fixação de indemnizações;

Esse preceito passaria, na primeira revisão constitucional, a artigo 168.º, *l*), recebendo a redacção actual na segunda revisão.

Todavia, a Lei n.º 62-A/2008 não fez referência a tal norma, antes se bastando com o citado artigo 161.º, c). Mas não quedam dúvidas de que a Constituição admite a figura da nacionalização.

8. *Finalidade e procedimento*

I. O regime aprovado pela Lei n.º 62-A/2008 não visa nacionalizações em geral. O artigo 1.º reporta-se à:

> (…) apropriação pública, por via de nacionalização, no todo ou em parte, [de] participações sociais de pessoas colectivas privadas (…)

Estão na mira "participações sociais" e, portanto, sociedades: e não, directamente, os bens ou os patrimónios que se pretenda colocar no sector público.

II. A tradição nacional não é unívoca. Aquando da nacionalização do Banco de Portugal, levada a cabo pelo Decreto-Lei n.º 452/74, de 13 de Setembro, determinou-se (artigo 1.º/2) que as acções representativas do capital social dessa instituição, que não estivessem já na titularidade do Estado, se considerariam transmitidas para ele, independentemente de quaisquer formalidades e livres de ónus ou de encargos.

Já aquando da nacionalização da banca comercial, o Decreto-Lei n.º 132-A/75, de 14 de Março, veio dispor, simplesmente (1.º/1):

> São nacionalizadas, todas as instituições de crédito com sede no continente e ilhas adjacentes, com excepção (...)

Idêntica linguagem foi usada pelo Decreto-Lei n.º 135-A/75, de 15 de Março, quanto às companhias de seguros.

O regime aprovado pela Lei n.º 62-A/2008, de 11 de Novembro, é mais cuidado. Ao nacionalizar participações sociais (em vez de, directamente, as próprias instituições), o Estado fica com maior liberdade de, às sociedades visadas dar, depois, o destino que entender. Uma nacionalização directa da própria instituição envolveria a imediata constituição de uma empresa pública.

III. A nacionalização exige (1.º, 2.ª parte) que:

> (...) por motivos excepcionais e especialmente fundamentados, tal se revele necessário para salvaguardar o interesse público.

O acto de nacionalização opera por decreto-lei (2.º/1). Trata-se de uma solução que permite o controlo pelo Presidente da República, a quem cabe promulgar. E os tribunais? Materialmente, o acto de nacionalização é administrativo. Assim se compreende, de resto, a necessidade de fundamentação, expressa do artigo 2.º/2:

> O decreto-lei referido no número anterior evidencia sempre o reconhecimento do interesse público subjacente ao acto de nacionalização, com a observância dos princípios da proporcionalidade, da igualdade e da concorrência.

Estamos perante regras que fazem lembrar o artigo 266.º/2, da Constituição (princípios fundamentais da Administração Pública), enquanto o artigo 268.º/4, da mesma Lei Fundamental, garante, aos administrados,

(…) tutela jurisdicional efectiva dos seus direitos ou interesses legalmente protegidos, incluindo, nomeadamente, o reconhecimento desses direitos ou interesses, a impugnação de quaisquer actos administrativos que os lesem, independentemente da sua forma (…)

O decreto-lei que determine uma concreta nacionalização é, pois, materialmente, um acto administrativo, submetido ao controlo dos tribunais administrativos. E além disso – porque é um decreto-lei – sujeita-se à sindicância do Presidente da República e do Tribunal Constitucional. Dada a gravidade da medida, todos estes controlos parecem adequados, perante a lógica de um Estado de Direito.

IV. O procedimento regulado no artigo 3.º pode ser esquematizado nalguns tópicos:

- o decreto-lei de nacionalização deve conter todos "os elementos e as condições das operações a realizar" (n.º 1): quer isso dizer que, fora do diploma em causa, nada mais pode ser acrescentado, o que bem se compreende, até para efeitos de controlo jurídico e político;
- quando as participações nacionalizadas pertençam a uma sociedade cotada, deve (em princípio) a CMVM suspender a negociação das acções a ela relativas (…) *a partir do momento do anúncio público de nacionalização, por forma a acautelar os interesses dos investidores e o regular funcionamento do mercado* (n.º 2); compreende-se o alcance da medida, que já poderia advir das regras gerais.

9. *Indemnização*

I. Resulta do artigo 165.º/1, *l*), da Constituição, que a Assembleia da República, quando defina os meios e formas de nacionalização, deve determinar os critérios da indemnização. A necessidade dessa indemnização, de resto, nunca poderia oferecer dúvidas:

- ela resulta do princípio da igualdade – 13.º/1;
- ela emerge da garantia da propriedade privada (62.º/1) e da sujeição da expropriação por utilidade pública ao pagamento de justa indemnização (62.º/2).

A ideia, ainda presente na versão original da Constituição, de que poderia haver certas nacionalizações sem indemnização foi abandonada nas subsequentes revisões constitucionais.

II. O artigo 4.º/1, 1.ª parte, refere o direito à indemnização reconhecido:

– aos titulares das participações sociais nacionalizadas;
– aos eventuais titulares de ónus ou encargos constituídos sobre as mesmas.

Os titulares das participações vão ser privados da sua titularidade; os titulares de ónus ou encargos perdem os seus direitos, uma vez que as acções nacionalizadas passem para o Estado totalmente libertas (6.º/1).

"Quando devidas", diz o mesmo artigo 4.º/1. *Summo rigore*, a indemnização é sempre devida. Todavia, ela não terá valor algum quando outro tanto suceda às próprias participações nacionalizadas.

III. Quanto ao montante da indemnização: o diploma, em discutível técnica legislativa, dispersou as regras pertinentes pelo artigo 4.º/1 e 2, 2.ª parte, 4.º/2 e 5.º. São elas:

– a indemnização tem por referência o valor dos respectivos direitos;
– avaliados à luz da situação patrimonial da sociedade na data em vigor da nacionalização (4.º/1, 2.ª parte);
– apurados tendo em conta o efectivo património líquido (4.º/2).

No fundo, o legislador fixou a data a reter para efeitos de avaliação – a da entrada em vigor da nacionalização – e mandou atender à diferença entre o activo e o passivo ("o efectivo património líquido").

IV. O artigo 5.º fixa um processo de avaliação. Simplificando:

– o Ministro das Finanças designa duas entidades independentes para a avaliação (5.º/1);
– a qual deve estar concluída em 30 dias, prorrogáveis por igual período, a pedido justificado das avaliadoras (5.º/2);
– em cuja base o Ministro das Finanças fixa, no prazo de 15 dias e após ouvir os representantes das acções nacionalizadas, a indemnização.

Este processo é deficiente. Devia-se ter previsto uma arbitragem, ainda que rápida, dando a possibilidade, por exemplo, aos titulares desapossados, de indicar, também, um avaliador. Tal como está, a Lei viola o acesso ao Direito e aos Tribunais, garantido no artigo 20.º/1, da Constituição. Será, também por isso, sempre admissível o recurso da fixação feita pelo Ministro das Finanças, nos termos gerais.

V. O artigo 5.°/4 e 5, manifestamente influenciado pelo caso concreto do BPN, vem dispor:

– que o diploma de nacionalização possa prever que o despacho que designe os avaliadores determine a resolução dos actos prejudiciais para a massa, segundo o modelo do CIRE (n.° 4);
– que o direito ao pagamento de indemnização se suspenda quando estiverem em curso, contra os antigos titulares, directos ou indirectos, das participações sociais,

> (…) processos judiciais ou inquéritos, por indícios de práticas lesivas dos interesses patrimoniais da pessoa colectiva e até decisão judicial com trânsito em julgado, da qual não resulte a sua condenação.

Ambos os preceitos são inconstitucionais, sendo lamentável a sua consignação em Lei do nosso Parlamento, em pleno século XXI. O Governo não pode, por despacho, "resolver actos": além do mais, estaria a atingir, sem compensação, direitos de terceiros, procedendo a uma composição de interesses: matéria reservada, pelo artigo 202.°/1 e 2 da Constituição, aos tribunais. É certo que sempre se poderia recorrer contenciosamente do despacho do Ministro: mas isso iria, na prática, inutilizar os actos, numa saída que só se admite por via judicial.

VI. O n.° 5 engendra uma presunção de culpabilidade, perante a mera existência de "processos judiciais ou inquéritos por indícios de práticas lesivas". Tais "processos" e "inquéritos" podem surgir sem a mínima base. Aguardar uma decisão judicial transitada vai paralisar a indemnização durante anos. São violados os artigos 32.°/2 (presunção de inocência), 62.° (propriedade privada) e 165.°/1, l) (indemnização nas nacionalizações).

É evidente que, pela lei geral, a indemnização devida poderia ser sempre objecto de arresto, quando o titular desapropriado incorresse nas situações que legalmente a tanto conduzissem. Apenas pelo entusiasmo do momento se pode entender semelhante desvio à lógica do Estado de Direito.

10. *As consequências da nacionalização*

I. O artigo 6.° considera transmitidas para o Estado as participações sociais nacionalizadas (n.° 1). Trata-se de uma transmissão *ipso iure*, livre de ónus ou encargos: para todos os efeitos e independentemente de qualquer formalidade (n.º 1), sendo oponível a terceiros sem dependência de registo (n.º 2). Veremos que se trata de uma transmissão originária.

Ulteriormente, as participações adquiridas pelo Estado podem ser transferidas dentro do sector público (6.º/3).

II. As personalidade e natureza jurídica da sociedade, cujas participações sejam nacionalizadas, não se alteram (7.º/1). Trata-se de uma consequência lógica de a nacionalização recair sobre participações sociais e não sobre o próprio acervo patrimonial em si; de todo o modo, a Lei optou por deixar claro esse aspecto. A continuidade da instituição nacionalizada não impede subsequentes operações de fusão (7.º/2): como também já resultaria das regras gerais.

A regra da continuidade do ente nacionalizado reflecte-se na manutenção dos seus direitos e obrigações, com especial focagem nas situações laborais (8.º).

III. A nacionalização atinge as participações sociais. Daí o resultar intacta a composição dos órgãos da sociedade. Perante isso, o artigo 9.º dispõe:

– caso a nacionalização atinja a totalidade ou a maioria das participações sociais, consideram-se dissolvidos os respectivos órgãos sociais e os das sociedades que, com ela, se encontrem em relação de domínio ou de grupo (n.º 1);
– que os membros cessantes se mantenham em funções até à designação de novos membros, devendo prestar a estes todas as informações (n.º 2).

O n.º 1 deve ser corrigido pela interpretação, sob pena de inconstitucionalidade. É evidente que uma mera relação de grupo não justifica a dissolução dos órgãos sociais, nos casos em que o Estado não adquira, pela nacionalização, a maioria dos votos. Chegar-se-ia, por aí, ao *absurdum* de o Estado dissolver, por lei, certos órgãos sem, depois, ter votos para designar outros. O preceito só funciona, pois, em situações nas quais o grupo redunde em domínio e seja nacionalizada a sociedade dominante.

11. *Segue; a gestão e a destituição dos administradores*

I. Decretada a nacionalização, os membros dos órgãos sociais que se mantenham em funções,

(...) não podem praticar quaisquer actos ou celebrar contratos susceptíveis de alterar a situação patrimonial da pessoa colectiva que não se reconduzam à sua gestão corrente, sob pena de nulidade dos actos e contratos em causa e da responsabilidade pessoal pelos danos resultantes daqueles.

Compreende-se a ideia do legislador. Consumada a nacionalização, os titulares conservam-se em funções, a título provisório; apenas até serem reconduzidos ou substituídos. Por isso, devem ficar "em gestão", despachando apenas assuntos correntes. Se o não fizerem, são pessoalmente responsáveis pelos danos, o que faz todo o sentido.

Já a (...) *nulidade dos actos e contratos* (...) não é adequada. Tais actos deveriam ser meramente ineficazes, se não forem ratificados pela nova administração. Basta ver: a administração cessante pode fazer um excelente negócio, para a instituição e para o próprio Estado, agora accionista. Porque não aproveitá-lo?

Também aqui, pela interpretação, poderemos suprir a precipitação legislativa: mau grado a nulidade, os actos em jogo são sanáveis, pela nova administração. Foi pena não se ter previsto um esquema de o próprio Ministro das Finanças poder autorizar os actos em causa.

II. Mais dúvidas levanta o artigo 9.º/4, que alarga a limitação à gestão corrente:

(...) aos actos de execução de decisões tomadas antes da dissolução dos órgãos sociais.

A nacionalização de uma sociedade não a pode isentar do cumprimento das suas obrigações. É, de resto, o que determina (e bem) o artigo 8.º/1 do diploma. Assim sendo, deve interpretar-se esse preceito com reportando-se a decisões de tipo programático, que ainda não tenham dado azo a actos vinculativos perante terceiros. Perante estes, queda a "resolução em benefício da massa" (5.º/4), com as dúvidas que já acima deixamos expressas.

II. O artigo 9.º/5 prevê, reportando-se à dissolução dos órgãos:

A dissolução a que se refere o n.º 1 não confere direito a qualquer indemnização, não obstante disposição contratual em contrário.

Os administradores podem ser destituídos a todo o tempo, pela assembleia geral (403.º/1, do Código das Sociedades Comerciais). Todavia, se a destituição operar sem justa causa, o administrador (403.º/5):

(...) tem direito a indemnização pelos danos sofridos, pelo modo estipulado no contrato com ele celebrado ou nos termos gerais de direito (...)

O artigo 9.º/5 é claramente inconstitucional. A sua presença deriva de se ter legislado "a quente", sem atentar em regras inultrapassáveis. Com efeito, pode o administrador destituído pela nacionalização não tem incorrido em nenhuma justa causa. Porquê privá-lo de indemnização, legal ou contratual? São violados os artigos 13.º/1 (igualdade) e 62.º/1 (propriedade), ambos da Constituição.

Apenas quando se mostre justa causa para a destituição (o que não se presume), poderá não haver indemnização.

12. As novas administração e fiscalização

I. Segundo o artigo 10.º do diploma,

> Em caso de nacionalização parcial, o Estado pode proceder à designação de um ou mais membros para os órgãos de administração ou de fiscalização da pessoa colectiva, sem necessidade de observância do limite estatutário à composição daqueles órgãos.

Dúvidas: uma nacionalização parcial, que conduza a uma participação minoritária, não pode permitir ignorar os estatutos dos órgãos. Estamos numa área em que deve ser observado o princípio da proporcionalidade. O artigo 10.º só deverá ser aplicado quando a participação do Estado, mau grado o ser minoritária (ou cairíamos na dissolução do artigo 9.º/1), ainda tenha um volume que justifique administradores ou fiscalizadores por parte do Estado.

II. A gestão da sociedade nacionalizada pode ser atribuída a uma entidade pública, mediante condições a fixar por despacho do Ministro das Finanças; a essa entidade caberá designar os membros dos órgãos sociais da sociedade em causa (11.º/1).

Ainda essa entidade pode ser incumbida de fixar os objectivos de gestão da sociedade nacionalizada, mediante prévia aprovação do Ministro das Finanças (11.º/2). Este ponto é importante: pode encarar-se uma gestão que relance a empresa, com novas contribuições de capital; pode preferir-se a sua fusão por absorção; ou pode optar-se pela liquidação dos negócios.

O artigo 11.º/3 visa facilitar a indicação de membros de órgãos sociais de empresas públicas para a administração das sociedades nacionalizadas: não se lhes aplica o capítulo IV do Estatuto do Gestor Público. Este diploma, aprovado pelo Decreto-Lei n.º 71/2003, de 27 de Março, fixa algumas incompatibilidades, que agora se levantam. Estarão em causa as funções vedadas pelo princípio da exclusividade (20.º/2, do Estatuto do Gestor Público); mas não as relativas a cargos, p. ex., em autoridades reguladoras (22.º/1). De novo houve precipitação legislativa, num ponto que deve ser aferido caso a caso, à luz de uma interpretação sistemática.

13. *Aspectos subsequentes*

I. Quando, da nacionalização, resulte uma maioria de capital social do Estado ou, a favor deste, o direito de designar ou destituir a maioria dos órgãos de administração ou de fiscalização, a sociedade passa a anónima de capitais públicos (artigos 12.º/1 e 3.º/1 do Decreto-Lei n.º 558/99, de 17 de Dezembro, republicado pelo Decreto-Lei n.º 300/2007, de 23 de Agosto). O Governo aprovará então, por decreto-lei e no prazo de 30 dias, os novos estatutos da sociedade.

O Ministro das Finanças recebe os poderes para tomar as medidas mais convenientes, podendo delegá-los (artigo 13.º).

II. O reconhecimento do interesse público previsto no decreto-lei de nacionalização dispensa a resolução fundamentada do 128.º/1, do CPTA, de modo a prevenir suspensões (14.º). Com efeito, a nacionalização é uma medida de especial interesse público e político, que não pode ser bloqueada: o que não impede, *a posteriori*, o seu controlo legal.

III. Finalmente: o regime aplica-se ao sector social e cooperativo.

IV – **Dogmática geral das expropriações**

14. *Generalidades*

I. Dispomos, neste momento, de um panorama geral do novo regime das nacionalizações. Antes de encarar a situação concreta do BPN, cumpre recordar os aspectos dogmáticos gerais das nacionalizações.

Trata-se de um tema interessante, mas que coloca dúvidas e dificuldades. Na verdade, as nacionalizações têm operado esporadicamente, ao longo da História, sobretudo nas conjunturas revolucionárias, em que se pretendia uma rápida alteração da propriedade de meios produtivos. Assim, elas foram levadas a cabo sem preocupações de legalidade e, mesmo, por vezes, à margem das leis então vigentes. Não correspondem a vectores pré-elaborados e às teorizações subsequentes têm mais a ver com as consequências do que com a sua ocorrência em si.

II. As falhas dogmáticas das nacionalizações podem ser complementadas, pelo menos em parte, com a teoria das expropriações. Por isso, iremos começar por recordar as grandes linhas evolutivas deste instituto.

15. *Nota histórica, até 1974*

I. A tradição liberal ensinava que, no Direito romano, não havia ainda a figura da expropriação, por utilidade pública. Desde o início do século XX, estudos romanísticos parecem demonstrar a presença, já no tempo dos jurisprudentes, de figuras próximas, pelo menos, da expropriação[3].

No que toca ao período intermédio, por seu turno, parecem frequentes as ocorrências de resgates e confiscos. Tais ocorrências, porém, comuns a toda a Idade Média, não correspondiam ao espírito da expropriação por utilidade pública, tal como viria mais tarde a ser conhecida. Apenas nos burgos, e como modo de defesa contra o feudalismo, teriam surgido formas de extinção de direitos semelhantes à actual expropriação[4].

A expropriação por utilidade pública é, assim, um instituto liberal[5].

II. Em Portugal, é possível, no período intermédio, apontar vários casos de expropriação, por iniciativa do Rei[6]. Visava-se, nesses casos, o desenvolvimento de diversas obras de interesse público vindo sempre a entregar-se, ao expropriado, uma indemnização considerada justa.

---

[3] Cf. VITTORIO SCIALOJA, *Teoria della proprietà nel diritto romano* / Lezioni ordinate curate edite da PIETRO BONFANTE, vol. 1.º (1933), 316 ss., bem como UGO NATOLINI, *Espropriazione per pubblica utilità (storia)*, ED 15 (1966), 802. Entre nós vide, em especial, FERNANDO ALVES CORREIA, *As garantias do particular na expropriação por utilidade pública* (1982), 16 ss..

[4] Cf. MICHELE ROSSANO, *L'espropriazione per pubblica utilità*, 1.º (1964), 1 ss. e *L'espropriazione per pubblica utilità*, NssDI 6 (1963), 938; também NATOLINI, *Espropriazione* cit., 803.

[5] Cf. o modelo expropriativo "originário" italiano, resultante da Lei n.º 2359, de 25-Jun.-1865, em DOMENICO SORACE, *Espropriazione per pubblica utilità*, no *Digesto delle discipline pubblicistiche*, vol. VI (1991), 178-205 (186 ss.).

[6] Cf. MARTINS DE CARVALHO, *Subsídios para a história da expropriação em Portugal*, BMJ 21 (1950), 5-36, especialmente 20.

A regulamentação, geral e abstracta, da expropriação por utilidade pública deve-se aos reformadores liberais. A Constituição de 1822 só a permitia perante a necessidade pública urgente. A Carta Constitucional limitar-se-ia, porém, a exigir o "bem público"[7]. Em 23 de Julho de 1850, surge uma lei de expropriações: recheada de cautelas, ela veio tornar a expropriação numa operação dispendiosa e demorada.

A partir dessa ocasião e até aos dias de hoje, a expropriação tem vindo a facilitar-se: a sua fase administrativa tem ganho terreno em relação à judicial[8], num fenómeno justificado através do pendor social dos ordenamentos actuais[9]. Trata-se de um fenómeno presente, já, em diplomas como a Lei n.º 2:030, de 22 de Junho de 1948, e nos seus sucessivos regulamentos, aprovados pelos Decretos n.ºs 37.759, de 22 de Fevereiro de 1950 e 43.587, de 8 de Abril de 1961.

Além disso, há que contar com diplomas de excepção que, em certos casos, permitiram processos expropriativos muito sumários. Tal o exemplo paradigmático do Decreto-Lei n.º 19:502, de 20 de Março de 1931, relativo a estradas e caminhos.

Em geral, pode considerar-se que a expropriação por utilidade pública funciona como um instituto corrente do Direito do urbanismo[10], embora ela ocorra noutras áreas, com relevo para o sector das vias de comunicação.

16. *Após 1974*

I. Depois de 25 de Abril de 1974, as tendências, já antes denotadas, vieram a acentuar-se. O regime aprovado pelo Decreto-Lei n.º 71/76, de 27 de Janeiro, fruto de um relatório apresentado em 7 de Julho de 1975, veio pretender, essencialmente:

– abreviar o processo judicial;
– simplificar o acto de declaração de utilidade pública;

---

[7] Cf. MARCELLO CAETANO, *Manual de Direito Administrativo*, 2.º vol., 9.ª ed. (1972), 997 ss., com diversa bibliografia. Desse Autor refira-se, também, o escrito *Em torno do conceito de expropriação por utilidade pública*, O Direito 81 (1949), 212. Algumas considerações históricas podem, ainda, ser confrontadas em RLx 13-Out.-1987 (ALBUQUERQUE SOUSA), CJ XII (1987) 4, 145-152 (150).
[8] Vide, também, MARQUES GUEDES, *Natureza jurídica do acto de declaração de utilidade pública ou equivalente*, RFDUL 6 (1949), 331.
[9] FRANCESCO BARTOLOMEI, *L'espropriazione nel diritto pubblico*, 1.º vol. (1965), 434.
[10] Cf., p.ex., FEDERICO SPANTIGATI, *Diritto urbanistico* (1991), 195 ss., GIANCARLO ROLLA em *Manuale di diritto urbanistico*, org. NICOLA ASSINI (1991), 173 ss. e GIAN CARLO MENGOLI, *Manuale di diritto urbanistico*, 3.ª ed. (1992), 471 ss.

– restringir ao máximo o direito de reversão;
– permitir a posse administrativa.

II. Seguir-se-ia, depois, o Decreto-Lei n.º 845/76, de 11 de Dezembro, que aprovou o Código das Expropriações. Este diploma, não muito diverso do anterior, veio explicitar com mais cuidado os direitos dos administrados e harmonizar o seu teor com a Lei dos Solos, entretanto aprovada pelo Decreto-Lei n.º 794/76, de 5 de Novembro.

III. Passados quinze anos, foi aprovado, pelo Decreto-Lei n.º 438/91, de 9 de Novembro, um novo Código das Expropriações. Trata-se de um Código de tipo liberal avançado. Procura que, antes da expropriação, as partes cheguem a acordo, em termos privatísticos. Acautela, em geral, as posições dos particulares e reintroduz, devidamente, o direito de reversão.

Finalmente, a Lei n.º 168/99, de 18 de Setembro, veio aprovar um novo Código das Expropriações. Foram, desta feita, aperfeiçoados diversos aspectos de Direito administrativo. Este diploma foi sucessivamente alterado pelas Leis n.º 13/2002, de 19 de Fevereiro, n.º 4-A/2003, de 19 de Fevereiro, n.º 67-A/2007, de 31 de Dezembro e n.º 56/2008, de 4 de Setembro, que o republicou em anexo, em versão consolidada.

IV. A aplicação corrente da expropriação pelos tribunais tem normalizado o instituto.

No grande trama de interesses contrapostos, que se agitam na expropriação, alguns fantasmas têm sido removidos. Questiona-se, assim, que o interesse público possa ser propugnado sobre os escombros dos direitos dos particulares: parece seguro que a defesa dos interesses legítimos das pessoas é, também, de interesse público, enquanto uma expropriação razoável pode, com oportunidade, vir beneficiar, também, interesses privados.

O equilíbrio deve, pois, ser encontrado sobretudo no binómio expropriação/justa indemnização, sob sindicância dos tribunais. Parece clara, a tal propósito, a actual tendência para considerar contrárias à Constituição as diversas normas que delimitavam as indemnizações, sem atenderem ao valor real dos bens em causa.

17. *A justa indemnização e a sua finalidade*

I. A natureza da indemnização devida ao expropriado já tem sido objecto de análise e discussão. Hoje, podemos dizer que há um consenso. Todavia, para efeitos de análise, tem interesse reconstituir o debate.

Uma posição clássica, presente, por exemplo, em Cunha Gonçalves, entendia a expropriação por utilidade pública como uma venda forçada; a indemnização teria, então, a natureza de um preço[11]. Esta construção está, contudo, superada: a compra e venda tem, como aspecto mais incisivo, a sua sujeição à autonomia privada; ora esta falta, por definição, na expropriação[12]. A expropriação seria, pois, um instituto de Direito público.

Houve ainda uma teoria de transição, segundo a qual a expropriação, embora pública, implicaria uma transmissão para a expropriante: este adquiriria, assim, a título derivado[13].

Domina hoje, no entanto, a construção que vê, na expropriação, por um lado, um modo de extinção de direitos do particular atingido e, por outro, a constituição originária de um direito novo, na esfera do expropriante[14]. Esta orientação tem efeitos práticos, explicando, por exemplo, como opera a adjudicação "livre de ónus ou encargos" – artigo 44.º do Código das Expropriações (de 1976).

II. Estes elementos permitem abordar, agora, a natureza da indemnização atribuída, por lei e pela Constituição, ao expropriado.

Não se trata de uma verdadeira indemnização, uma vez que não deriva do funcionamento do instituto da responsabilidade civil.

Também se deve afastar a hipótese de um preço, uma vez que foi repudiada a construção da expropriação como "venda forçada".

Tão-pouco esclarece a afirmação da presença de uma conversão de bens em dinheiro: trata-se de uma fórmula descritiva que não pretende, por certo, sugerir a aplicação de nenhum particular instituto civil.

---

[11] Cf. CUNHA GONÇALVES, *Tratado de Direito Civil*, vol. XII (1937), 189-190; *vide* MORAES CARVALHO, *Da expropriação por utilidade pública* (1878), 13.
[12] P.ex., MANUEL GONÇALVES PEREIRA, *Expropriações por utilidade pública*, BMJ 109 (1961), 106; cf. GUIDO LANDI, *Espropriazione per pubblica utilità*, ED 15 (1966), 806 ss. e PASQUALE CARUGNO, *L'espropriazione per pubblica utilità* (1950), 23.
[13] CARUGNO, *L'espropriazione* cit., 24 ss.; cf. ROSSANO, *L'espropriazione* cit., 166-167.
[14] Cf. MARCELLO CAETANO, *Manual de Direito Administrativo*, 2.º vol. cit., 996, MANUEL BAPTISTA LOPES, *Expropriações por utilidade pública* (1968), 15-16 e MENEZES CORDEIRO, *Direitos Reais*, 2.º vol. (1979), 802. Uma aplicação prática desta doutrina pode ser confrontada em RPt 1-Out.-1992 (CARLOS MATIAS), CJ XVII (1992) 4, 242-245 (243): dando a expropriação lugar a um direito originário, ele pode ser registado independentemente dos registos dos antecessores.

III. A Ciência do Direito actual inclina-se para fazer derivar a indemnização do princípio da igualdade[15].

As diversas Constituições, designadamente nos Estados de Direito, consagram o princípio da igualdade, nas suas várias facetas. Entre elas, conta-se o dever de contribuir para o bem público: todos devem fazê-lo, na medida da sua capacidade. Ora tal princípio seria gravemente perturbado pela expropriação, que atingiria selectivamente as pessoas, sem consideração pelo seu património global.

A indemnização visa, pois, restabelecer a igualdade perdida: através dela, o expropriado deve ser colocado na precisa situação em que se encontram os seus concidadãos que, tendo bens idênticos, não foram atingidos.

18. *O momento do cálculo da indemnização*

I. Procurando referenciar os parâmetros a que obedece o cálculo da "justa indemnização" cabe referir, primeiro, a directriz temporal: a que data reportar o seu cálculo?

O momento do cálculo da indemnização levantou conhecidas dúvidas, no domínio do Código de 1976, sendo possível citar jurisprudência em abono das mais diversas soluções. Assim, tal momento tem sido localizado:

– na data da arbitragem[16];
– na data da posse administrativa[17];
– na data da avaliação dos peritos[18];
– na data da sentença[19].

---

[15] MENEZES CORDEIRO, *Direitos Reais* cit., 2.º vol., 804. Trata-se da posição comum na actual jurisprudência portuguesa; assim, p.ex., RLx 24-Abr.-1984 (VAZ DE SEQUEIRA), CJ XI (1986) 2, 129-131 (131) e RPt 6-Jun.-1991 (ARAGÃO SEIA), CJ XVI (1991) 3, 252-254 (254). OLIVEIRA ASCENSÃO, *Direito Civil / Reais*, 5.ª ed. (1993), 395, fala, a esse propósito, em repartição equitativa dos sacrifícios.

[16] RPt 7-Jun.-1983 (FERNANDES FUGAS), CJ VIII (1983) 3, 259-264 (260), que refere jurisprudência anterior.

[17] Citada em vários acórdãos como, por exemplo, no da RLx 18-Fev.-1988 e no da RPt 1-Abr.-1986, citados *infra*.

[18] RLx 18-Fev.-1988 (RIBEIRO DE OLIVEIRA), CJ XIII (1988) 1, 138-141 (140), RPt 18-Fev.-1986 (PINTO FURTADO), CJ XI (1986) 1, 187-188, RPt 22-Mai.-1986 (LOPES FURTADO), CJ XI (1986) 3, 199-203 (200) e RLx 23-Jun.-1987 (ZEFERINO FARIA), CJ XII (1987) 3, 120-123.

[19] RLx 24-Abr.-1986 (VAZ DE SEQUEIRA), CJ XI (1986) 2, 129-131 (130), RPt 1-Abr.-1986

II. Embora as questões de ordem científica não possam, de modo algum, ter uma solução quantitativa, parece claro que a maioria dos arestos mais recentes tem optado por alguma das duas últimas orientações.

Nesse sentido argumenta-se, designadamente, com a necessidade de atender à data mais recente que pode ser tida em conta pelo tribunal, nos termos dos artigos 663.º do Código de Processo Civil[20] e porque o "... ressarcimento apenas tem lugar, em rigor, se o montante da indemnização corresponder ao daquele valor no próprio momento do pagamento ao expropriado"[21]. Trata-se de argumentos ponderosos e que não se mostram rebatidos.

III. A indemnização deve corresponder ao valor dos bens expropriados, seja qual for a forma depois usada para o calcular. Ora esse valor não se mantém estático, ao longo do tempo: ele evolui, desde o momento da declaração de utilidade pública, até ao do provimento de eventual recurso.

Assim sendo, o expropriado só ficará colocado em posição de igualdade com todas as outras pessoas se, no momento em que é pago, o valor recebido for justo. Receber 100 por uma coisa, no momento da declaração de utilidade pública, poderá ser justo, quando as coisas semelhantes fossem vendíveis por esse preço; mas recebê-los anos depois é injusto, sempre que as coisas semelhantes já valham 200 ou 300: repare-se que o expropriado, se tivesse recebido os 100 no passado, teria podido comprar, na altura, coisa idêntica, assim ficando em igualdade com os demais; recebendo agora, terá de perceber o valor actual.

IV. A indemnização terá de ser aferida no momento em que o expropriado a vai, efectivamente, receber. Só assim, segundo se pensa, ficará plenamente assegurado o objectivo mesmo da indemnização.

O Tribunal deverá, pois, atender ao mais recente valor possível que será, normalmente, o indicado pelos peritos; quando, porém, tenha outros elementos atendíveis actuais, poderá ir mais além, até ao momento da decisão.

Quando os elementos disponíveis sejam anteriores, o Tribunal deverá operar a correcção monetária, de acordo com a doutrina excelente do já citado acórdão da RLx 18-Out.-1990.

(Martins da Costa), CJ XI (1986) 2, 184-188 (185) e RLx 5-Mar.-1987 (Costa Raposo), CJ XII (1987) 1, 58-61.
[20] RLx 18-Fev.-1988 (Ribeiro de Oliveira) cit., CJ XIII, 1, 140, 1.ª col.
[21] RPt 1-Abr.-1986 (Martins da Costa) cit., CJ XI, 2, 185, 2.ª col.

V. O Código de 1991 resolveu o problema. Segundo o seu artigo 23.º:

1. O montante da indemnização calcula-se com referência à data da declaração de utilidade pública, sendo actualizado à data da decisão final do processo de acordo com a evolução do índice de preços no consumidor, com exclusão da habitação.

Essa regra manteve-se no artigo 24.º/1, do Código em vigor, de 1999 e republicado em 2008.

Perante o que acima ficou consignado, torna-se possível apresentar este preceito como interpretativo: ele aplica-se, assim, às causas que se rejam pelo Código de 1976.

19. Os elementos a atender no cálculo da indemnização

I. O artigo 62.º/1 da Constituição exige, para a expropriação, uma "justa indemnização"[22]. A ideia de justa indemnização tem sido trabalhada nas leis, cabendo citar o artigo 28.º/1 do Código das Expropriações de 1976:

A justa indemnização não visa compensar o benefício alcançado pelo expropriante, mas ressarcir o prejuízo que para o expropriado advém da expropriação. O prejuízo do expropriado mede-se pelo valor real e corrente dos bens expropriados, e não pelas despesas que haja de suportar para obter a substituição da coisa expropriada por outra equivalente.

O Código de 1991 manteve a primeira proposição, acrescentando depois, com referência à justa indemnização:

(...) medida pelo valor do bem expropriado, fixada por acordo ou determinada objectivamente pelos árbitros ou por decisão judicial, tendo em consideração as circunstâncias e as condições de facto existentes à data da declaração de utilidade pública.

II. A ideia da justiça da indemnização implica o afastamento de indemnizações irrisórias ou desproporcionadas[23], a recusa de indemnizações simbólicas

---

[22] Cf. REv 7-Jan.-1988 (CARDONA FERREIRA), CJ XIII (1988) 1, 254-257 (256) e RPt 21-Set.-1989 (FERNANDES MAGALHÃES), CJ XIV (1989) 4, 200-202.
[23] RCb 17-Fev.-1997 (PIRES DE LIMA), CJ XII (1987) 1, 58-61.

ou expropriativas[24]; além disso, deve atender-se, por exemplo, à localização do prédio em aglomerado urbano[25] e ao custo médio da construção possível normal[26]; além desses, outros factores deverão ser tidos em causa, sendo certo que, em última análise, a bitola mais segura é o valor de mercado dos bens em jogo[27].

III. O Código das Expropriações de 1976 vinha estabelecer determinados limites, ao cálculo das indemnizações. De entre eles, salientava-se o artigo 30.º/1, pelo qual os terrenos situados fora dos aglomerados urbanos eram indemnizados atendendo, exclusivamente, ao seu destino como prédio rústico. O n.º 2 desse preceito fixava o valor de terrenos em zona diferenciada de aglomerado urbano, insusceptível de rendimento como prédios rústicos e o artigo 33.º/1 determinava, como limite para os terrenos situados num aglomerado urbano, 15% do custo provável da construção.

IV. As limitações à indemnização, previstas no referido artigo 30.º/1, entre outros aspectos, despojavam, à partida, o expropriado, do *jus aedificandi*, pelo qual nunca haveria qualquer indemnização; ora tal saída, além de brigar com o princípio da justa indemnização, iria colocar os expropriados em desigualdade com as restantes pessoas: violava, pois, os artigos 13.º/1 e 62.º/2 da Constituição, como foi repetidamente reconhecido pelos tribunais, acabando por ser declarado inconstitucional, com força obrigatória geral, pelo acórdão do Tribunal Constitucional n.º 131/88, de 8 de Junho[28]. Igual destino e por razões muito similares teve o n.º 2 desse mesmo artigo 30.º, declarado inconstitucional, com força obrigatória geral, pelo acórdão do Tribunal Constitucional n.º 52/90[29].

---

[24] REv 30-Jan.-1992 (CORTEZ NEVES), CJ XVII (1992) 1, 269-272 (271), citando TC n.º 52/90, de 7-Mar.-1990.
[25] RPt 3-Fev.-1987 (ALEXANDRE HERCULANO), CJ XII (1987) 1, 216-218.
[26] REv 6-Fev.-1986 (PEREIRA CARDIGAS), CJ XI (1986) 1, 240-243.
[27] RPt 14-Fev.-1989 (MIRANDA GUSMÃO), CJ XIV (1989) 1, 189-191, RPt 21-Fev.-1989 (FERNANDES MAGALHÃES) cit., CJ XIV, 4, 201 e RPt 25-Jun.-1992 (BRITO CÂMARA), CJ XVII (1992) 3, 343-347 (345).
[28] TC n.º 131/88 de 8 de Junho (JOSÉ MARTINS DA FONSECA; vencido MÁRIO DE BRITO), DR I Série n.º 148, de 29 de Junho de 1988, 2649-2651. Cf., p.ex., RPt 28-Mai.-1987 (MÁRIO CANCELA), CJ XII (1987) 3, 173-175, RLx 24-Mar.-1988 (IANQUEL MILHANO), BMJ 375 (1988), 439 e RPt 21-Set.-1989 (FERNANDO MAGALHÃES) cit., CJ XIV, 4, 201.
[29] TC n.º 52/90 (VITOR NUNES DE ALMEIDA; vencido: MÁRIO DE BRITO), DR I Série n.º 75, de 30-Mar.-1990, 1516-1522 = BMJ 395 (1990), 91-105 (99). Na mesma linha, p.ex., RPt 17-Mar.-1988 (PAIS DE SOUSA), BMJ 375 (1988), 447.

Sorte paralela viria a caber aos artigos 33.º/1[30] e 36.º/3[31], bem como a outras normas limitativas anteriores, com exemplo no artigo 10.º/2 da Lei n.º 2:030[32], ou o artigo 9.º/1 do Decreto-Lei n.º 576/70, de 24 de Novembro[33]. Finalmente, têm vindo a cair regras que, embora de tipo processual, se mostram limitativas: tal o caso do artigo 83.º/2, que impunha restrições à indemnização em função dos laudos periciais[34] e do artigo 84.º/2 que permitia, em certos casos, um pagamento em prestações[35].

20. O valor do mercado; o destino dos bens

I. Perante o movimento de fundo, acima consignado, tendente à supressão, por inconstitucionalidade, das limitações impostas pelo Código das Expropriações de 1976, impõe-se recorrer ao denominado valor do mercado ou valor real[36].

A determinação de tal valor impõe, contudo, a adopção de uma filosofia muito diferente da pressuposta pelo Código de 1976.

Este diploma fora elaborado ainda no rescaldo de uma Revolução que, em determinado momento do seu percurso, se assumiu como colectivista. Isso explicará um certo pendor restritivo, por ele apresentado, no tocante às indemnizações. Mas apenas em parte: seria de uma postura *naïf* imputar as limitações dos artigos 30.º, 33.º e outros, do Código de 1976, a uma intenção espoliativa do poder. O caso – em nossa opinião – era, antes, o seguinte: o Código das Expropriações de 1976 procedia a uma determinação administrativa do valor dos bens a expropriar[37].

---

[30] Assim, RPt 14-Fev.-1989 (MIRANDA GUSMÃO) cit., CJ XIV (1989) 1, 189-191.
[31] Assim RPt 15-Out.-1991 (MATOS FERNANDES), CJ XVI (1991) 4, 263-264 (264) e RCb 30-Jun.-1992 (CARDOSO DE ALBUQUERQUE), CJ XVII (1992) 3, 135-139 (139).
[32] Assim, RLx 23-Fev.-1989 (IANQUEL MILHANO), CJ XIV (1989) 1, 130-140.
[33] TC n.º 184/92, de 20-Mai. (MESSIAS BENTO), BMJ 417 (1992), 217-226.
[34] TC n.º 316/92, de 6-Out. (BRAVO SERRA), BMJ 420 (1992), 80-89.
[35] TC n.º 108/92, de 19-Mar. (ALVES CORREIA), BMJ 415 (1992), 244-253, que atingiu, também, o Assento do STJ 13-Jul.-1988.
[36] Além da jurisprudência acima citada, cf. RLx 24-Mar.-1994 (EDUARDO BAPTISTA), CJ XIX (1994) 2, 98-106 (103), que recorda, aliás, ser essa a solução da Lei n.º 2030, aqui repristinada.
[37] O Código vigente, de 1991, não se emancipou, totalmente, desse modelo, como resulta, por exemplo, do seu artigo 25.º. Não será de admirar que se venham a multiplicar declarações de inconstitucionalidade.

II. Vamos desenvolver essa ideia-chave. O Código das Expropriações de 1976, mais do que reducionista, era um diploma ainda filho de uma época em que as virtualidades do mercado eram oficialmente condenadas. Assim, o legislador prescrevia, pura e simplesmente, as margens – máxima, mas, implicitamente, também mínima – para a indemnização.

Os terrenos fora de aglomerados urbanos ou em zona diferenciada eram estimados de acordo com o rendimento efectivo e possível ou médio – artigo 30.º/1 e 2, do Código das Expropriações de 1976. Na posse desses elementos, procedia-se à sua capitalização: o valor era matemático.

Os terrenos situados em aglomerados urbanos eram avaliados na seguinte base – artigo 33.º: calculava-se o volume e o tipo de construção que seria possível erigir no local; apurava-se o seu custo provável; estimava-se o valor do terreno numa percentagem, limitada a 15%, desse custo.

A prática consolidou estas directrizes: perante um terreno dito em aglomerado urbano, idealizava-se uma construção ou urbanização, calculava-se esse custo e, mediante a aplicação de uma percentagem, surgia o valor do terreno. O cálculo era feito em abstracto: só assim o sistema fazia sentido.

III. Mas o mercado não funciona assim. Ele é determinado pela lei da oferta e da procura, para a qual é – ou poderá ser – rotundamente indiferente o custo da construção hipotética, a erigir num terreno.

O mercado, antes do mais, vai preocupar-se com a potencialidade concreta do terreno e não com a abstracta. Ninguém vai desembolsar milhões de euros por um terreno excelente se souber, de antemão, pelos antecedentes como pela situação, que nunca conseguirá fazer aprovar um projecto que lhe permita, com lucros apresentáveis, amortizar o investimento realizado.

Depois, funcionam as alternativas. Havendo imensos escritórios por vender no centro da cidade – por hipótese – ninguém constrói para escritórios. Se a classe média procura viver fora da cidade – por hipótese – ninguém vai construir, no centro, para essa mesma classe. O valor dos terrenos baixa: o único limite é zero. E inversamente: se houver uma corrida a uma instância na moda, os preços disparam, tanto se lhes dando o volume e o custo de hipotéticas edificações.

IV. Este o drama do actual Direito português das expropriações: as peritagens e as arbitragens ponderam tudo em abstracto, na base de fórmulas e números irreais, sem estudos de mercado.

Tudo continua na base do Código de 1976, mas, agora, sem os limites. Conhecemos casos de avaliações que assentaram numa construção (hipotética) em banda contínua, sem qualquer intervalo, com muitas centenas de metros de extensão, indiferente ao facto de nenhuma autarquia ir aprovar semelhante monstruosidade e de ninguém – salvo por preço vil – pretender, aí, fazer a sua casa.

V. O apelo ao mercado pode dar lugar a indemnizações muito mais elevadas: é verdade. O que, de todo, não nos parece correcto é apelar ao mercado, para ganhar dinheiro e pedir amparo às fórmulas de cálculo administrativo, para precaver prejuízos. E vice-versa: o Estado, como paradigma dos expropriantes, não pode apelar ao mercado, quando os preços estejam baixos e refugiar-se com limites máximos impostos, quando os preços subam.

É nossa conclusão a de que as tradicionais peritagens, assentes em taxas de urbanização, em áreas de construção e em preços/m2 deverão ser substituídas por estudos de mercado. A construção civil deve deixar o lugar à economia.

VI. A viragem para o preço real ou de mercado é, antes do mais, uma viragem para o cálculo, em concreto, do valor dos terrenos. Nesse cálculo, os Tribunais deparam com uma enorme dificuldade: os autos que lhes chegam, e sobre os quais terão de decidir, vêm preenchidos com cálculos em abstracto. A tarefa da concretização torna-se, assim, complexa.

Mas alguns passos podem e têm sido dados. Deles, o mais significativo é o de atender ao destino concreto dos bens em jogo. Esse destino concreto é definido, antes do mais, pelas leis aplicáveis.

Trata-se, por exemplo, de uma situação ponderada a propósito da expropriação de terrenos incluídos na Reserva Agrícola Nacional (RAN). À partida, poderia parecer que tais terrenos teriam, inevitavelmente, de ser avaliados como puramente agrícolas. A jurisprudência, porém, tem entendido que a inclusão na RAN não impede, em absoluto, a construção: apenas a condiciona; há, pois, uma potencialidade de construção, que deve ser tida em conta[38]. Na mesma linha, perante um prédio que se destine a fins industriais, há uma valoração particular, a ter em conta[39].

VII. Vamos prosseguir com outro exemplo: o da inclusão de toda uma área em Reserva Ecológica Nacional (REN). Tal medida – que, em regra, atinge zonas (antes) muito valorizadas, pelas suas potencialidades turísticas – implica,

---

[38] RPt 12-Dez.-1989 (LACERDA TINOCO), CJ XIV (1989) 5, 205-207 (206), REv 11-Mar.-1993 (ANTÓNIO MANUEL PEREIRA), CJ XVIII (1993) 2, 261-264 (263, 2.ª col.) e RPt 4-Jan.-1994 (METELLO DE NÁPOLES), CJ XIX (1994) 1, 189-192 (191).
[39] REv 12-Mai.-1994 (BRITO CÂMARA), CJ XIX (1994) 3, 269-274 (272-273).

quase totalmente, a ablação do *jus aedificandi*: salvo numa margem muito pequena, que tem a ver com aproveitamentos agrícolas, não mais se pode construir, no local: apenas se poderão gerir as construções já existentes.

Na hipótese de uma expropriação de prédio incluído em REN, não se vê como imaginar construções: o mercado nunca iria adquirir, como urbanizável, um terreno que se saiba, de antemão, nunca mais poder ser construído. Os juristas devem estar atentos aos sinais dos tempos. Cada vez mais será difícil construir *ex novo*. As exigências de espaços verdes, de preservação da natureza e a própria quebra na natalidade levam a opinião pública a rebelar-se contra a excessiva concentração urbana. Os legisladores sabem-no. Ninguém compra um terreno, a preços "urbanos", na expectativa do desaparecimento de uma REN: as reservas ecológicas vão, sim, aumentar: nunca regredir.

Mas então: estabelecida uma REN, todos os proprietários abrangidos perdem dinheiro. Assim é. Provavelmente, ficam em aberto os pressupostos da responsabilidade do Estado pelo exercício da sua actividade legislativa. Todos os proprietários atingidos poderiam aspirar a uma indemnização, a pedir em sede própria. O que não faria sentido era indemnizar, apenas, o proprietário que viesse a ser expropriado. Desta feita, os próprios princípios de igualdade, que exigem uma indemnização justa, obrigariam a indemnizar o real: o terreno agrícola, com apetência ecológica.

VIII. O valor real ou de mercado é, pois, um valor concreto, determinado, entre outros aspectos, pelo destino dos bens. Tal destino deve ser lícito: no cálculo da indemnização, vai partir-se do princípio que o legislador é responsável e que a Administração Pública é justa, íntegra e competente. Releva, em suma, o mercado oficial, sério e transparente e nunca o mercado negro.

A expropriação por utilidade pública é um momento de justiça. Não é um pretexto para espoliar os particulares nem para, a estes, facultar um ganho que os seus congéneres, com terrenos similares não expropriados, nunca teriam.

V – Dogmática geral das nacionalizações

21. *Dados históricos*

I. A dogmática geral das expropriações, acima sumariada, está estabilizada. Vamos ver em que medida ela pode ser aproveitada para as nacionalizações. Estas, que não dispunham de lei geral e que não ocorriam, no País, há mais de trinta anos, levantam problemas complexos.

Vamos começar por recordar a sua ocorrência.

II. Aquando da queda do Estado Novo, em 25-Abr.-1974, o programa do MFA logo anunciou uma política anti-monopolista. Além disso, ele previa a nacionalização dos bancos emissores. Esta ocorreu em Setembro de 1974, sendo atingido o Banco de Angola, o Banco Nacional Ultramarino e o Banco de Portugal, respectivamente pelos Decretos-Leis n.ºs 450/74, 451/74 e 452/74, todos de 13 de Setembro.

III. Depois dos acontecimentos de 11-Mar.-1975, que levaram a uma radicalização do poder revolucionário, criaram-se condições políticas para a prossecução de uma política de nacionalizações. Assim, o Decreto-Lei n.º 132-A/75, de 14 de Março, nacionaliza as instituições de crédito e o Decreto-Lei n.º 135-A/75, de 15 de Março, as companhias de seguros. A importância destes dois diplomas é enorme, uma vez que as empresas bancárias e seguradoras controlavam muitas outras empresas que foram, assim, indirectamente nacionalizadas.

IV. Um mês depois e na sequência do Decreto-Lei n.º 203/75, de 15 de Abril, que aprovava as "bases gerais dos programas de medidas económicas de emergência", em que se previam outras nacionalizações, foram tomadas novas providências. Uma série de Decretos-Leis de 16 de Abril (205-A/75 a 205-G/75) nacionalizaram as empresas petrolíferas (Sacor, Petrosul, Cidla e Sonap), empresas de transporte (CP, Companhia Portuguesa de Transportes Marítimos, Companhia Nacional de Navegação e TAP), a siderurgia e várias empresas energéticas. Posteriormente, chegaria a vez dos cimentos e da celulose (Decretos-Leis n.ºs 221-A/75 e 221-B/75, ambos de 9 de Maio) e, depois, de várias empresas de transportes (Decretos-Leis n.ºs 280-A/75 a 280-C/75, todos de 5 de Junho).

A instabilidade governativa, entretanto instalada, provocou uma pausa, terminada em meados de Agosto, com numerosas outras nacionalizações, de que salientamos a petroquímica (Decretos-Leis n.ºs 453/75 e 456/75, de 21 e 22 de Agosto, respectivamente), a indústria cervejeira (Decreto-Lei n.º 474/75, de 30 de Agosto), a Setenave (Decreto-Lei n.º 478/75, de 1 de Setembro) e a CUF (Decreto-Lei n.º 532/75, de 25 de Setembro).

V. Meses volvidos, e embora visando motivações diversas, seriam ainda nacionalizados os meios de radiodifusão e a RTP (Decretos-Leis n.ºs 674-C/75 e 674-D/75, ambos de 2 de Dezembro), bem como diversos jornais (Decreto-

-Lei n.º 639/76, de 29 de Julho). Desta feita pretendeu-se pôr cobro ao extremismo da comunicação social.

VI. A questão das indemnizações arrastou-se por mais de duas décadas. Surgiram múltiplos diplomas com esse objectivo, com relevo para a Lei n.º 80/77, de 26 de Outubro e o Decreto-Lei n.º 343/80, de 2 de Setembro, ratificado pela Lei n.º 36/81, de 31 de Agosto. Seguiram-se diversas alterações, com relevo para o novo processo de cálculo aprovado pelo Decreto-Lei n.º 332/91, de 6 de Setembro. Houve, igualmente, diplomas específicos para a reforma agrária.

Nos finais dos anos 90, ainda eram publicados despachos normativos sobre questões de indemnizações.

Em boa verdade, embora o princípio da indemnização fosse reconhecido, os titulares de bens nacionalizados, no âmbito das nacionalizações de 1974/1975, nunca foram integralmente indemnizados. Como foi reconhecido pelo Prof. Cavaco Silva, quando primeiro-ministro: o Estado não tinha meios suficientes para o efeito.

22. *Contraposição perante a expropriação*

I. A nacionalização distingue-se da expropriação pela sua finalidade política. Enquanto a expropriação visa resolver questões pontuais de interesse público, a nacionalização procura alterações de tipo social e económico.

Nesta linha, a expropriação atinge imóveis, de modo a prosseguir a construção de escolas, de hospitais, de vias de comunicação ou de equipamentos sociais, enquanto a nacionalização atinge empresas e, designadamente, as participações sociais das entidades que lhes dêem suporte jurídico.

II. Em termos jurídicos, a nacionalização actua, em regra, através de um diploma legislativo, enquanto a expropriação pressupõe um acto administrativo. A expropriação é mais objectiva, no sentido de traduzir um interesse público imediato, enquanto a nacionalização se torna mais subtil: arranca de uma visão política do que seja o interesse público, estando, em regra, ligada a uma ideologia de tipo colectivista.

III. A expropriação pode ter entidades privadas como sujeitos activos; a nacionalização funciona apenas em prol do Estado. A indemnização devida pela expropriação é calculada e auditada nos termos previstos nos Códigos das

Expropriações, enquanto a derivada da nacionalização tem conhecido flutuações diversas.

Finalmente: a expropriação por utilidade pública segue o Código das Expropriações de 1999, republicado em 2008, enquanto a nacionalização observa o novo diploma, anexo à Lei n.º 62-A/2008, de 11 de Novembro. Esta Lei provocou uma certa aproximação da nacionalização à expropriação, designadamente ao retirar-lhe as suas conotações ideológicas. Em bom rigor: ela trata de requisições (expropriação de níveis) e não de nacionalizações.

23. *A natureza*

I. A nacionalização mantém-se, todavia, como um *plus*, em relação à expropriação por utilidade pública. Tanto basta para concluir, *a fortiori*, que ela tem uma eficácia extintiva em relação aos direitos atingidos, fazendo surgir novos direitos na esfera do Estado.

II. A demonstração deste fenómeno pode ser feita à luz da Lei n.º 62-A/2008, de 11 de Novembro. Assim:

– a titularidade das acções nacionalizadas surge, na esfera do Estado, livre de "ónus ou encargos" (6.º/1, *in fine*): ora a transmissão comum leva consigo as limitações existentes na esfera do alienante;
– operada a nacionalização, as participações passam para o sector público, aplicando-se-lhes um regime próprio, diverso do anterior;
– a vontade dos titulares nacionalizados não é considerada.

Em suma: a nacionalização é criativa, na medida em que faz surgir um novo regime e é extintiva, por pôr cobro ao anterior.

III. É certo que o artigo 6.º do regime geral das nacionalizações fala em "transmissão". Trata-se, todavia, de um modo de dizer: a aquisição pelo Estado é originária, em nada dependendo das titularidades anteriores; a perda, pelos nacionalizados, é definitiva, nada havendo a invocar.

24. *A indemnização*

I. Também aqui, a indemnização decorre do princípio da igualdade. O particular cujas participações sejam nacionalizadas vê-se despojado de um direito patrimonial privado, enquanto os outros concidadãos, donos de bens equivalentes, não são molestados. A indemnização, constitucionalmente assegurada, deve restabelecer a igualdade perturbada.

II. Assim sendo, podemos aqui retomar as considerações acima tecidas quanto à expropriação. A indemnização deve ser calculada com referência ao real valor dos bens, tendo em conta a sua apetência para futuros negócios, não se quedando por cálculos abstractos. Além disso, ela deve ser actualizada com referência ao momento do efectivo pagamento.

As medidas "retaliatórias" previstas na Lei n.º 62-A/2008 não são aceitáveis, num moderno Estado de Direito. De resto e como vimos: elas são inconstitucionais.

VI – A nacionalização do BPN

25. *A justificação*

I. Após este périplo, podemos regressar ao tema da concreta nacionalização do BPN. E o primeiro ponto a considerar prende-se com a justificação para a nacionalização. Esta não pode, num País dotado de uma Constituição que define o Estado como sendo de Direito, surgir apenas em termos de pura discricionariedade ou de mero arbítrio. Recorde-se, de resto, que o regime geral das nacionalizações exige *motivos excepcionais e especialmente fundamentados*, em termos necessários para *salvaguardar o interesse público* (1.º). Além disso, o decreto-lei de nacionalização deveria *evidenciar o interesse público*, com *observância dos princípios da proporcionalidade, da igualdade e da concorrência* (2.º/2, ambos do regime geral).

II. Começa, aqui, um certo embaraço. Não houve um decreto-lei de nacionalização mas, antes, uma Lei: a própria que, em anexo, contém um regime geral.

Quanto à justificação: foram apontados diversos óbices, não quantificados, que afectariam o BPN sem, todavia, explicitar a dimensão e o sentido do interesse público.

Iremos ultrapassá-lo em termos formais: uma vez que a nacionalização do BPN operou por lei formal e não por decreto-lei, ela estará submetida apenas à Constituição. De resto, o próprio artigo 2.º/2 da Lei n.º 62-A/2008 explicita que o nele disposto prevalece sobre o regime jurídico da nacionalização, aprovado em anexo.

III. Com a apresentação legal, o controlo possível sobre o bem fundado da nacionalização do BPN pouco mais poderá ser do que político. No fundo, ela terá resultado de uma intuição dos dirigentes do País, que todos desejam tenha sido a mais correcta. Fica uma pergunta: não teria sido possível prever um regime de intervenção que permitisse assegurar o funcionamento do BPN, enquanto se estudava a melhor solução para o interesse público?

26. *A eficácia*

I. O artigo 2.º da Lei n.º 62-A/2008, de 11 de Novembro, contém diversas regras quanto à eficácia da concreta nacionalização do BPN. Assim (n.º 3 e n.º 4):

– consideram-se "transmitidas" para o Estado, através da Direcção-Geral do Tesouro e Finanças, todas as acções representativas do capital social do BPN;
– livres de quaisquer ónus ou encargos;
– *ipso iure* e sendo oponível a terceiros, independentemente de registo.

II. Quanto à pós-nacionalização (n.ºs 5 a 8):

– o BPN passa a ter a natureza de sociedade anónima de capitais exclusivamente públicos, vindo a reger-se (pela ordem de aplicação):

   (a) pela Lei n.º 62-A/2008;
   (b) pelas regras sobre o sector empresarial do Estado;
   (c) pelas disposições legais que regulam a respectiva actividade;
   (d) pelos seus estatutos;

– a gestão do BPN é atribuída à Caixa Geral de Depósitos, à qual cabe designar os membros dos seus órgãos sociais;
– cabe à Caixa proceder, em 60 dias, à definição dos objectivos de gestão do BPN, acautelando:

   (a) os interesses dos depositantes;
   (b) os interesses patrimoniais do Estado;
   (c) os interesses dos contribuintes;
   (d) os interesses dos trabalhadores;

– sendo tais objectivos aprovados pelo Ministro das Finanças.

III. A Caixa Geral de Depósitos terá de injectar elevada liquidez no BPN, de imediato. As inerentes operações, até à aprovação dos objectivos de gestão, beneficiam da garantia geral do Estado (2.º/9). Tal garantia não prejudica o limite máximo estabelecido para as garantias do Estado (2.º/10): tem-se em vista a Lei n.º 60-A/2008, de 20 de Outubro.

IV. Finalmente, o artigo 2.º/11 permite que o acto do membro do Governo que fixe a indemnização possa resolver, em benefício da massa, determinados actos prejudiciais: uma saída sobre cuja (in)constitucionalidade já nos pronunciámos.

V. Os estatutos do BPN foram aprovados pelo Decreto-Lei n.º 5/2009, de 6 de Janeiro. Segundo o seu artigo 5.º/3, as acções do BPN só podem pertencer ao Estado e são integralmente detidas pela Direcção-Geral do Tesouro e Finanças.

27. Balanço

I. A nacionalização do BPN radica na situação dessa instituição de crédito, potenciada pela crise financeira de 2007/2009. Ela surgiu em momento de especial pressão, assim se explicando a natureza algo precipitada de algumas das soluções envolvidas.

II. Apesar da sua natureza de excepção e das anomalias que envolve, quer a nacionalização em si, quer o diploma geral que a acompanha são enquadráveis no Direito português, podendo, com recurso a inconstitucionalidades pontuais, dar lugar a um regime compatível com o Estado de Direito.

III. Particularmente delicados são os problemas das indemnizações, da subsistência de actos celebrados com terceiros e da situação dos administradores que, porventura, venham a ser destituídos sem justa causa. Mas também para eles o Direito nacional contém soluções: as normas limitativas resultantes da Lei n.º 62-A/2008, de 11 de Novembro, são inconstitucionais, por violação, entre outros, dos artigos 13.º/1, 32.º/2, 62.º/1 e 165.º/1, *l*), da Constituição.

Nos termos gerais, essas inconstitucionalidades podem ser suscitadas pelos particulares interessados, nos competentes processos, dando azo a uma fiscalização concreta (280.º) ou podem ser abstractamente apreciadas pelo Tribunal Constitucional, a pedido do Presidente da República, do Presidente da Assembleia da República, do Primeiro-Ministro, do Provedor de Justiça, do Procurador-Geral da República, de um décimo dos deputados ou dos órgãos regionais (281.º/2, ambos da Constituição).

Doutrina

Os credores e o governo societário: deveres de lealdade para os credores controladores?

DR.ª ANA PERESTRELO DE OLIVEIRA

> SUMÁRIO: *1. Colocação do problema. 2. O controlo através dos contratos de financiamento: em especial, a leveraged finance e os covenants. 3. O domínio pelos credores: relevância à luz do sistema jurídico-societário positivo. 4. Mecanismos de tutela alternativos: sujeição dos credores controladores a deveres de lealdade?*

1. Colocação do problema

O modelo actual do financiamento societário e a dissipação substantiva da separação formal entre financiamento externo e financiamento interno, em resultado das amplas possibilidades de influência que os contratos de crédito oferecem ao credor, seja em termos formais (*v.g.*, *covenants*) ou meramente fácticos, obrigam à construção de um sistema de «*corporate governance* externa»[1] e à identificação de mecanismos de limitação da actuação e responsabilização dos credores controladores. O problema pode ser generalizado, é certo, a outras hipóteses de controlo levado a cabo por sujeitos exteriores à sociedade (*v.g.*, contratos de franquia, licença). Tomamos, todavia, como paradigma de análise os contratos de financiamento, que, não raramente, conferem um poder de influência especialmente intenso, que tem levado alguns a ponderar a configu-

---

[1] Esta necessidade torna-se clara à luz dos mecanismos de supervisão da gestão levada a cabo pelos credores e da sua participação da tomada de decisões empresariais. Paradigmaticamente sobre o tema, cfr. a análise completa levada a cabo por SERVATIUS, *Gläubigereinfluss durch covenants*, Tübingen, 2008, 1 ss..

ração dos credores controladores como administradores de facto da sociedade devedora. Mesmo que não se enverede por esta via de análise, certo é, no que toca aos financiadores, que a tradicional distinção entre proprietários e não--proprietários da empresa perde razão de ser, deixando de ser possível afirmar que os primeiros têm o controlo sobre a sociedade, ao contrário dos segundos (que cada vez menos são «financiadores silenciosos» e passivos), e tornando necessário encontrar mecanismos de responsabilização destes últimos.

Se, entre nós, o tema não tem conhecido desenvolvimento significativo, ele é, desde há muito, estudado, por exemplo, nos ordenamentos alemão e, em particular, norte-americano. De facto, bem pode dizer-se que se há área que tem merecido impulso (quiçá excessivo!) no ordenamento norte-americano[2] essa é a do controlo por credores sociais, em especial por instituições bancárias: a *lender liability* – trabalhada, sobretudo, a partir das ideias de controlo e de boa fé – tem originado múltiplas publicações e decisões jurisprudenciais nos Estados Unidos, tendo já sido considerada uma das mais significativas áreas do Direito[3]. A fixação das respectivas linhas rectoras (*good faith, fraud, duress, tortious interference, breach of fiduciary duties*) permanece, não obstante, em aberto: não há, em rigor, uma noção clara e precisa de *controlo pelo credor*[4], nem há uma mas sim várias teorias da responsabilidade do credor. Também no Direito alemão o tema não foi encerrado.

---

[2] Sobretudo a partir de final dos anos 80 do séc. XX, quando começa a ser considerada uma «área favorita do Direito» [WERNER F. EBKE/JAMES R. GRIFFIN, *Good faith and fair dealing in commercial lending transactions from convenant to duty and beyond*, 49 Ohio St. L. J. (1989) 1237-1249], captando a atenção dos práticos como poucos temas conseguiram [WILLIAM L. LAWRENCE, *Lender control liability: an analytical model illustrated with applications to the relational theory of security financing*, 62 Southern California L. Rev. (1989) 1387-1447]. Para uma significativa visão da jurisprudência, cf. WILLIAM N. MEDLOCK, *Stemming the tide of lender liability: judicial and legislative reactions*, 67 Denver University L. Rev. 453.

[3] CONNELL ALSUP, *The creditor's two toughest battlefields in lender liability: the duty of good faith and its effect on the control liability theories and the awarding of damages*, 1990 Det. C. L. Rev. (1990) 479-511 (479). Cf. também BLUMBERG/STRASSER/GEORGAKOPOULOS/GOUVIN, *Blumberg on corporate groups*, 2.ª ed., s/l, 2005, vol. V, §§ 174-3.

[4] Se o conceito de controlo não é, já em geral, unívoco, particulares dificuldades é susceptível de assumir neste caso, dada a ausência de institucionalização jurídico-societária, entendendo-se, por vezes, que o controlo pelo credor apenas relevará no caso de exercício efectivo e não face à mera possibilidade de influência não efectivamente aproveitada. Assim, *v.g.*, MELISSA CASSEDY, *The doctrine of lender liability*, 40 U. Fla. L. Rev. (1988), 165-207 (206 e 207). Afirmada em termos gerais, a tese não convence: a mera susceptibilidade de influência deve ser considerada, ainda que, naturalmente, para efeitos determinados se deva exigir um exercício efectivo. Sobre o ponto, WILLIAM L. LAWRENCE, *Lender control* cit., 1390.

A relevância deste campo problemático é clara: o controlo «excessivo» do credor sobre a sociedade aproxima-o, significativamente, do accionista controlador (*quasi-controlling shareholder*)[5], transformando-o em *insider*[6] e fazendo-o incorrer em deveres e responsabilidades (*v.g.* deveres fiduciários) equivalentes aos do verdadeiro e próprio sócio controlador. Sendo, tipicamente, o credor uma instituição bancária, com interesses empresariais próprios, não subsistem dúvidas sobre a existência de um perigo para a sociedade devedora e os seus accionistas e demais credores em tudo equivalente ao «perigo do grupo» (*Konzerngefahr*) (como, aliás, as sentenças norte-americanas na matéria largamente comprovam), com frequentes pedidos de responsabilização dos credores controladores pelas dívidas e actuações lesivas do devedor[7]. O desalinhamento de interesses que tipicamente ocorre nas hipóteses em estudo justifica o seu aprofundamento teórico.

---

[5] É bem expressiva, a este respeito, a frase, já antiga e que pretende expressar um conselho de senso comum dirigido aos directores financeiros, que afirma que «quando uma sociedade recebe um empréstimo de $ 10 000 de um banco, arranjou um banqueiro. Mas quando a mesma sociedade recebe um empréstimo de $ 10 000 000 de um banco, não só tem um banqueiro, como tem algo de parecido com um sócio» [em JEFFREY JOHN HAAS, *Insights into lender liability: an argument for treating controlling creditors as controlling shareholders*, 135 U. Pa. L. Rev. (1987), 1321-1363 (1321)].

[6] BLUMBERG/STRASSER/GEORGAKOPOULOS/GOUVIN, *Blumberg on corporate groups* cit., V, §§ 174-3.

[7] A responsabilidade pode inclusivamente exceder o valor do crédito concedido, com indemnizações multimilionárias a serem concedidas pelos júris, de tal maneira que «o pensamento desta – lê-se numa publicação da banca – "causa arrepios na espinha do banqueiro"» [JAMES C. WINE, *Lender liability under Iowa Law*, 39 Drake L. Rev. (1989/1990), 645-687]. A tendência de desenvolvimento excessivo da responsabilidade do banqueiro, que funciona como *deep pocket* (KENNETH W. CURTIS, *The fiduciary controversy: injection of fiduciary principles into the bank-depositor and bank-borrower relationships,* 20 Loyola of Los Angeles L. Rev. 795) – qualificada como «preocupante» [FREDERICK TUNG, *The new death of contract: creeping corporate fiduciary duties for creditors*, 57 Emory L.J. (2008) 809-869] – choca com os princípios económicos básicos subjacentes: a sua compreensão, segundo DANIEL R. FISCHEL, *The economics of lender liability*, 99 Yale L.J. (1989) 131- -154 (154), levaria a uma redução drástica do nível de exposição à responsabilidade dos credores e ao estabelecimento de uma estrutura de incentivos capaz de assegurar contratos de empréstimo economicamente eficientes. Na verdade, ao limitarem os mecanismos de redução do risco ao dispor do credor, os tribunais fazem com que o sistema de distribuição do risco do capital deixe de funcionar eficientemente, com um acréscimo das taxas de juro [cfr. JAMES R. BORDERS, *The growth of lender liability: an economic perspective,* 21 Ga. L. Rev. (1987) 723-754 (754)]. Defendendo que «o mundo empresarial está melhor sem se desencorajar os credores do exercício de controlo substancial sobre os devedores em má situação financeira», cfr. J. DENNIS HYNES, *Lender liability: the dilemma of the controlling creditor,* 58 Tenn. L. Rev. (1991), 635-668 (667).

2. O controlo através dos contratos de financiamento: em especial, a *leveraged finance* e os *covenants*

São, hoje, múltiplas as constelações de domínio da sociedade pelos credores, particularmente nos casos de *leveraged finance*, tal como de *mezzanine finance* ou aquisição de dívida *distressed, inter alia*. Este tipo de financiamento, particularmente quando se tenha em vista a tomada de controlo de uma sociedade, gera uma ligação entre o fornecedor de capital externo e a empresa superior à ordinariamente verificada nas hipóteses de financiamento clássico. Trata-se – recorde-se – do financiamento com fundos superiores aos que seriam considerados normais para a sociedade, gerando uma dívida superior à usual e implicando, portanto, um risco também ele mais elevado, com custos de financiamento acrescidos. Por isso, semelhante tipo de financiamento dirige-se, normalmente, à obtenção de objectivos temporários (*v.g.*, aquisições, *buy-outs*, reaquisição de acções, distribuição de lucros), envolvendo, tipicamente, dois tipos de produtos: os *leveraged loans*, com elevadas taxas de juro, que reflectem o risco mais elevado, e *high-yeld/junk bonds*, obrigações de alto risco (e de alto rendimento, qualificadas como especulativas), cujo *rating* é inferior ao grau de investimento (*investment grade*). Deve lembrar-se que, apesar de a percentagem de *junk-bonds* emitidas na Europa ser inferior aos Estados Unidos, o mercado em causa é considerado, aqui, como mercado em expansão[8].

Instrumento alternativo frequente de *leveraged finance* – particularmente, em *leveraged buy-outs* – é representado pela dívida *mezzanine* ou dívida *in between*. O endividamento intermédio *(mezzanine debt capital)* surge como financiamento subordinado (*second lien*) – apenas tendo lugar a restituição após o reembolso de todas as tranches da dívida *senior* (correspondente ao empréstimo clássico) –, com um prazo alargado (normalmente 5 a 10 anos), de tal maneira que se fala, a este respeito, em «quase capitais próprios»: este tipo de financiamento encontra-se, em rigor, a meio caminho entre o financiamento por capitais próprios e o financiamento por dívida externa. A dívida subordinada inclui, portanto, cláusulas tendentes a permitir que o valor principal a restituir (e, eventualmente, também os juros) só seja restituído após o completo pagamento de algumas ou de todas as outras dívidas da sociedade. Naturalmente que, para compensar a subordinação, a taxa de juro é superior àquela que seria paga num financiamento não subordinado. Para aumentar a atractividade do investimento, convencionam-se frequentemente opções de compra de acções e direi-

---

[8] Cf., por todos, Eilís Ferran, *Principles of Corporate Finance Law*, Oxford, 2008, 519.

tos de conversão. Como refere, com razão, EILÍS FERRAN[9], a dívida subordinada é similar ao capital accionista na medida em que é graduada atrás das outras dívidas e, caso existam opções de compra (*share options*) ou direitos de conversão (*conversion rights*), oferece a faculdade de participar em aumentos de capital.

A rentabilidade do capital *mezzanine* é assegurada não apenas através do juro mas também da aposição de *kickers,* variando a sua intensidade na razão inversa um do outro. O *kicker* pode aparecer sob diversas formas, seja através de um direito de subscrição ou opção (*warrant*) de obrigações, seja através de uma opção «virtual» que defina uma *as-if-participation* (ou *als-ob-Beteiligung*), designada *virtual equity kicker* ou *phantom warrant,* ou ainda através de um direito de conversão da dívida em capital (*debt-equity swap*), designado *equity kicker,* podendo, finalmente, convencionar-se o pagamento de um prémio no vencimento (*back-end fee*).

Mecanismo de controlo dos credores sobre a sociedade que não pode, neste âmbito, deixar de ser ponderado é, pois, a aquisição de dívida *distressed.* A expressão dívida *distressed* (aproveitando o original inglês: *distressed debt*) é utilizada muitas vezes com significado pouco preciso. Em termos gerais, trata-se de dívida de sociedade em situação financeira difícil, que apresenta, portanto, elevado risco de incumprimento e, em contrapartida, uma elevada taxa de juro[10]. Bom exemplo são, justamente, as mencionadas *junk bonds.* Outro exemplo claro é dado pelas hipóteses de empréstimo feito directamente à sociedade, com elevada taxa de juro e *covenants* financeiros que atribuem o controlo ao credor, em caso de incumprimento. Devido ao risco elevado de incumprimento, os investidores compram a dívida a um valor inferior ao valor nominal (com um desconto de 20%, 60% ou mesmo 80%), procurando rentabilizar o investimento através de estratégias diversas: estratégias de curto prazo (com horizontes de investimento inferiores a um ano), que implicam, em princípio, a revenda da dívida, e estratégias de longo prazo, que podem obrigar o credor a aguardar o vencimento da dívida ou traduzir-se no exercício do poder de influência do credor para obter a aquisição de capital em troca de dívida

---

[9] *Principles* cit., 58 e 59
[10] Sobre a origem histórica da compra deste tipo de dívida, cf., *v.g.,* MICHELLE M. HARNER, *The corporate governance and public policy implications of activist distressed debt investing* (30 de Outubro de 2008), Fordham Law Review, vol. 77, 2008, 108, disponível em SSRN: http://ssrn.com/abstract=1125082. Sobre a origem e evolução do mercado da dívida *distressed* (*distressed debt market*), cf., *v.g.,* JOHN FLOOD, *The vultures fly East: the creation and globalisation of the distressed debt markets, Adapting legal cultures,* D. Nelken (ed.), 257-278 (268 ss.), disponível em SSRN: http://ssrn.com/abstract=949581.

(*debt-for-equity exchange*), ocorrendo o *debt-equity swap* no âmbito de um processo de reestruturação da empresa. O investidor pode visar, através de estratégias de longo prazo, a aquisição do controlo da sociedade, quer como titular da dívida, quer como titular de capital, através deste processo de conversão dos créditos em capital.

O poder concedido pela titularidade da dívida de alto risco é evidente: como refere Michelle M. Harner[11], «a sociedade precisa de dinheiro para sobreviver. Este facto elementar cria um universo de oportunidades para o investidor em dívida *distressed*», que encontra nos pedidos de financiamento adicional, *waivers* etc., amplas oportunidades para tomar o controlo sobre a sociedade. A medida do poder de influência depende das características da dívida (*maxime*, dos montante e tipo de dívida), bem como dos direitos estatutários e contratuais utilizados como *leverage* nas negociações com a sociedade.

Assim se vê que actuação dos investidores institucionais com o objectivo de aquisição e exercício de influência sobre a sociedade não tem apenas lugar através do investimento directo no capital, antes ocorrendo também através da aquisição da respectiva dívida: ao lado do controlo accionista (*shareholder control*) importa, pois, ponderar o controlo pelo credor ou titular de dívida (*debtholder control*). Nos Estados Unidos, onde o fenómeno se encontra mais disseminado e mais estudado, costumam ser apontados como exemplos os casos de insolvência do capítulo 11 do *Bankruptcy Code*. É paradigmático o caso *Allied Holdings, Inc.*, no qual o investidor Yucaipa Companies comprou cerca de 66% da dívida não garantida das empresas Allied, utilizando depois a posição adquirida para influenciar o resultado do processo de reestruturação, de tal maneira que, no plano aprovado, a sociedade investidora surgiu como accionista maioritária da Allied. Perante constelações deste tipo, a doutrina norte-americana tem apontado o impacto desta nova forma de exercício de influência sobre as reestruturações empresariais, no âmbito das quais tendem, agora, a ser os grandes credores (mais do que os directores da sociedade devedora) a tomar as decisões-chave. Trata-se de tendência particularmente clara, como apontávamos, nos Estados Unidos, onde as leis de insolvência são geralmente vistas como leis favoráveis ao devedor, permitindo-lhe permanecer no controlo da sociedade durante o processo de recuperação (a ponto de chegar, no passado, a ser vista como medida defensiva contra OPAs hostis), em oposição ao sistema do Reino Unido, conhecido pelo seu processo *creditor-friendly*. Bem se vê, portanto, a mudança de paradigmas envolvida nesta nova tendência de aquisição e exercí-

---

[11] *The corporate governance* cit., 125.

cio do controlo, cujas vantagens e desvantagens têm gerado significativa discussão: ao lado daqueles que apontam a importância desta forma de financiamento da sociedade e da própria cooperação de devedor/credor (*relationship lending*) para a obtenção de plano de recuperação aceitável, boa parte dos analistas vê, no tipo de investimento aqui considerado, meramente a busca do controlo do credor sobre o devedor à custa deste e dos outros *stakeholders*, qualificando o investidor (o *distressed debt investor*) como «abutre» (*vulture*)[12].

As hesitações sobre o papel da aquisição da dívida *distressed* é particularmente clara quando os investidores em causa são *hedge funds,* que constituem, de resto, o tipo de investidor institucional mais activo do mercado da dívida *distressed*. Têm sido apontadas diferenças do activismo dos *hedge funds* face ao activismo dos investidores institucionais tradicionais, nomeadamente o facto de aquele se dirigir a modificações significativas nas sociedades, envolver custos mais elevados e ser estratégico e *ex ante* (e não intermitente e *ex post*). Razão de ser das divergências apontadas serão a diferente estrutura de incentivo dos gestores dos *hedge funds,* as menores barreiras regulatórias, entre outros factores que tornam mais lucrativo o activismo dos investidores[13].

---

[12] Sobre o tópico, cf. MICHELLE M. HARNER, *Trends in distressed debt investing. An empirical study of investor's objectives.* American Bankruptcy Institute Law Review, vol. 16, n.º 69, 2008, disponível em SSRN: http://ssrn.com/abstract=1147643.

[13] Assim, MARCEL KAHAN/EDWARD B. ROCK, *Hedge funds in corporate governance and corporate control*, University of Pennsylvania, Institute for Law & Economy Research Paper No. 06-16; NYU, Law and Economics Research Paper No. 06-37; ECGI - Law Working Paper No. 76/2006. University of Pennsylvania Law Review, Vol. 155, No. 5, 2007, disponível em SSRN: http://ssrn.com/abstract=919881. A valoração do papel dos *hedge funds* não é uniforme. Significativa é, neste tocante, esta passagem de KAHAN/ROCK, *Hedge funds* cit., 2: «*what shall we make out of the spate of shareholder activism by hedge funds? Are hedge funds the "Holy Graal" of corporate governance – the long sought-after shareholder champion with the incentives and expertise to protect shareholder interests in the publicly held firm? Or do they represent darker forces, in search for quick profit opportunities at the expense of other shareholders and the long-term health of the economy?*». As dúvidas quanto à avaliação do papel dos *hedge funds* são comuns à actuação de outros investidores institucionais, não sendo claro, de resto, o que esperar destes no contexto do governo corporativo, questionando-se, nomeadamente, qual a sua vocação para intervir como accionistas empenhados no governo da sociedade, compatibilizando o seu papel de investidores (com a obrigação de maximizar a rendibilidade dos seus investimentos em favor dos beneficiários finais dos fundos que administram) com o papel de accionistas, comprometidos com o futuro da sociedade. Assim, CARLOS FRANCISCO ALVES, *Os investidores institucionais e o governo das sociedades: disponibilidade, condicionantes e implicações,* Coimbra, 2005, 15 ss. e, em especial, 54 ss. e 75 ss.. Se é complexa a compatibilização de interesses entre accionistas institucionais e os demais, assim como entre aqueles e os seus clientes, a actuação dos *hedge funds* é particularmente problemática do ponto de vista dos conflitos de interesses que gera, devido à sua actuação ocorrer no interesse dos seus

Seja como for, deve, então, sublinhar-se o papel assumido pelos investidores institucionais em dívida *distressed* no âmbito do processo de reestruturação empresarial em situações de insolvência. Mas, mais relevante do que esse papel no âmbito do processo judicial de insolvência, é a sua actuação no contexto de processos de reestruturação informais (*out-of court restructuring*), que surgem como alternativas do mercado – porventura mais eficientes na preservação de valor para a sociedade e os *stakeholders* – ao longo e dispendioso processo judicial, no qual, aliás, o espaço conferido à recuperação de empresas é, entre nós, diminuto.

São diversas as formas de influência sobre os assuntos sociais tipicamente exercidas pelos *debtholders*: os administradores são normalmente substituídos após o processo de reestruturação, obtendo o investidor representação maioritária no órgão de gestão; altera-se a estrutura de propriedade da empresa, com o investidor a forçar, nos termos apontados, *debt-for-equity exchanges;* o investidor procura aumentar valor para si, que pode, todavia, não coincidir com a criação de valor para a sociedade e para os sócios e *stakeholders*. O administrador fica, então, colocado perante um conflito de difícil solução entre o interesse do *controlling debtholder*, que pode *inclusive* tornar-se accionista controlador da sociedade e os interesses dos accionistas e outros *stakeholders*.

O poder de controlo é particularmente intenso, quer em empréstimos individuais quer em empréstimos sindicados (*syndicated loans*), no caso dos disseminados *covenants*, com origem no espaço anglo-americano, que permitem aos credores determinar contratualmente a condução dos assuntos sociais dos respectivos devedores, atribuindo-lhes, por seu lado, as situações de incumprimento o poder (*leverage*) para renegociar um controlo ainda mais intenso dos devedores confrontados com dificuldades financeiras[14]. Nesta última hipótese,

---

investidores independentemente de as estratégias seguidas beneficiarem os accionistas em geral e os demais *stakeholders* (*hedging related conflicts*). O seu activismo ao nível do controlo societário (*corporate control activism*) é claro, quer quando o *hedge fund* é accionista do adquirente, caso em que actua frequentemente para evitar a consumação da transacção (*blocking acquirers*), quer quando é accionista da sociedade-alvo, conseguindo melhores condições de transacção (*blocking targets*), quer ainda quando procura ele próprio a aquisição da sociedade, lançando ofertas de aquisição (cfr., sobre estas dimensões da actuação do *hedge fund*, KAHAN/ROCK, *Hedge funds* cit., 8 ss.). Tanto basta para tornar claro o papel deste tipo de investidor no mercado do controlo das sociedades. Cf. sobre o conceito e origem dos *hedge funds*, GABRIELA FIGUEIREDO DIAS, *Regulação e supervisão de hedge funds: percurso, oportunidade e tendências*, em AAVV, *Direito dos valores mobiliários,* VIII, Coimbra, 2008, 65-149.

[14] Sobre as situações em que tipicamente são estabelecidos *covenants*, cf. SERVATIUS, *Gläubigereinfluss* cit., 33 ss.

os credores controladores ocupam a posição central no governo societário. Tradicionalmente, não só a inclusão, nos contratos de financiamento, das cláusulas em análise é menos frequente na Europa continental, por confronto com o Reino Unido ou os Estados Unidos[15], como, mesmo quando negociado, o *covenant package* apresenta menores virtualidades protectoras naqueles ordenamentos jurídicos[16]. Não obstante, a integração dos mercados financeiros e o processo de globalização têm vindo a alterar esta tendência[17], tornando inequívoca a importância da análise desta forma de controlo interempresarial e dos problemas derivados do desalinhamento de interesses entre empresa controladora e empresa controlada, o qual é, aqui, particularmente claro, como a teoria da agência aplicada aos *covenants* (*agency theory of covenants*) demonstrou.

Os *covenants* – tipicamente divididos em *positivos* e *negativos*, consoante impliquem imposições ou proibições para o devedor – podem incluir limitações aos níveis de endividamento da sociedade, restrições ao pagamento de dividendos, cláusulas *negative pledge*, pelas quais a sociedade se compromete a não constituir novas garantias sobre a sua propriedade[18], limitações à faculdade de a sociedade dispor dos seus activos ou de efectuar mudanças significativas na natureza dos seus negócios, proibição de fusões, restrições ao investimento, restrições às transacções com filiais, *etc.*[19-20]. De forma sistematizada, podemos, então, distinguir, como acordos ou cláusulas[21] típicas: *(i)* cláusulas relativas ao

---

[15] EILÍS FERRAN, *Principles* cit., 328.
[16] Fazendo referência a esta verificação (crítica) no relatório da agência de *rating* Fitch Ratings, *Jumping the queue: ineffective European bond documentation's negative pledge and structural subordination-related provisions: Ratings Cliffs waiting to happen*, European Corporates Special Report (2003), 3-4, cfr. EILÍS FERRAN, *Principles* cit., 519.
[17] Sobre o exemplo alemão, cfr. SERVATIUS, *Gläubigereinfluss* cit., 33.
[18] Sobre estas, cf. JOANA PEREIRA DIAS, *Contributo para o estudo dos actuais paradigmas das cláusulas de garantia e/ou segurança: a* pari passu, *a* negative pledge *e a* cross default, em *Estudos em Homenagem ao Professor Doutor Inocêncio Galvão Telles,* IV, 2003, 879-1029.
[19] Por todos, cf. EILÍS FERRAN, *Principles* cit., 57.
[20] Estas cláusulas são tendencialmente mais restritivas nos contratos de empréstimo do que na emissão de obrigações, já que, nestes casos, seria difícil obter o consentimento de um número elevado e disperso de grupos de investidores para a renegociação das cláusulas (*maxime*, no caso de incumprimento). No entanto, têm surgido estruturas dirigidas a mitigar os problemas derivados da necessidade de negociar com grupos alargados de obrigacionistas. Cf., sobre estas, EILÍS FERRAN, *Principles* cit., 517 ss..
[21] Os *covenants* podem surgir como contratos acessórios ou como cláusulas do contrato de financiamento (*inclusive*, implícitas). Sublinhe-se, ainda, por outro lado, como JOANA PEREIRA DIAS, *Contributo* cit., 905, que, apesar de o termo *covenant* apontar para a ideia de um acordo que vincula ambas as partes, na verdade, na grande maioria dos casos, não encontramos nenhuma obri-

fornecimento de informação (*reporting covenants*), que exigem ao devedor a entrega de cópias dos documentos de prestação de contas e outros documentos relevantes para a monitorização da actividade da sociedade, bem como a comunicação de eventos relevantes (*v.g.* modificações na estrutura accionista; factos que possam pôr em risco a satisfação do cédito: *material adverse change-clause*); *(ii)* cláusulas tendentes a garantir a solvência da sociedade (*financial covenants*), *maxime* assegurando que esta é capaz de pagar imediatamente a dívida (*cash-flow solvency*), o que implica que os bens excedam, razoavelmente, as responsabilidades (*working capital covenant*) e que exista solvência também em sentido contabilístico (*tangible networth covenant*)[22]; *(iii)* cláusulas proibindo a disposição de bens sociais (*disposal of assets covenant*), incluindo reafectações intragrupo (*v.g.*, transferência de bens da sociedade-mãe devedora para outras sociedades do grupo); *(iv)* cláusulas que visam preservar a identidade da sociedade devedora durante a vigência do empréstimo (*change of business covenant)*; *(v)* cláusulas que proíbem a alteração da estrutura de propriedade da empresa (*ownership clause*) e, bem assim, no caso de recuperação informal da empresa, cláusulas que determinam modificações ao nível do órgão de gestão; *(vi)* cláusulas que impedem a constituição de novas garantias (*negative pledge covenant);* finalmente, *(vii)* cláusulas que implicam o vencimento da obrigação em caso de incumprimento *(events of default),* incluindo este o não pagamento da dívida ou a violação de outra obrigação contratualmente estabelecida com o credor, valorando-se frequentemente também comportamentos das filiais, no caso da sociedade devedora ser uma *holding;* por vezes atribui-se relevância a situações de «incumprimento cruzado», surgindo, assim, hipóteses em que o incumprimento de outras obrigações financeiras da sociedade (perante terceiros) permite considerar que houve incumprimento do *covenant* (*cross-default*)[23]. Regra

---

gação do mutuante perante o mutuário, mas apenas obrigações deste perante o mutuante, de tal maneira que seria preferível o termo *undertakings*. Utilizamos, todavia, a expressão *covenant*, mais comum.

[22] Este tipo de cláusula implicará, frequentemente, que, para a realização de novos investimentos, a sociedade recorra a novos fundos próprios e não a financiamento externo adicional, que implicaria uma redução da garantia do crédito primitivo. Estes contratos podem também envolver, como referido no texto, cláusulas a limitar a distribuição de bens aos accionistas, as quais são mais comuns nos Estados Unidos do que na Europa (incluindo no Reino Unido). Uma explicação possível – analisada por Eilís Ferran, *Principles* cit., 332 e 333, é a existência, nos diversos ordenamentos europeus, de restrições legais à distribuição de lucros, impostas pela II Directiva. Cfr. também *ob cit.*, 333, sobre as vantagens e desvantagens das cláusulas limitadoras da distribuição de lucros (*maxime,* no que toca ao seu impacto sobre o investimento).

[23] Seguimos a sistematização de Eilís Ferran, *Principles* cit., 329 ss..

geral, a antecipação do vencimento do empréstimo não surge como consequência automática e não é, na prática, feita actuar pelo credor (que concede um *waiver*), que, como vimos, antes utiliza o incumprimento para renegociar o *covenant*, em termos que mais intensamente favoreçam o respectivo controlo sobre a sociedade[24].

Uma justificação para a presença destas cláusulas nos contratos de financiamento (em especial, nos empréstimos obrigacionistas) é fornecida pela teoria da agência – a *agency theory of covenants* (ATC) –, desenvolvida por Jensen/Meckling (1976), Myers (1977) e Smith/Warner (1979), que parte da consideração do conflito de interesses existente entre *stockholders* ou *equityholders* e *bondholders*, resultante de muitas condutas favoráveis aos interesses dos accionistas (*v.g.*, distribuições de lucros) prejudicarem os interesses dos obrigacionistas: a ATC assenta na premissa de que existem incentivos para os administradores agirem no interesse dos accionistas, aumentando os riscos de comportamentos lesivos para os interesses dos credores; simplesmente, segundo a ATC, estes sujeitos antecipam tal comportamento oportunístico por parte dos administradores, atribuindo o preço à dívida em conformidade. Assim, os accionistas pagam *ex ante* (quando a dívida é emitida) qualquer «expropriação» levada a cabo *ex post*. Como os accionistas suportam os custos de agência da dívida, têm incentivos para minimizar os custos do financiamento, acordando nas restrições típicas dos *covenants*, que implicam, como dito, constrangimentos voluntários à actuação da administração (impondo determinados comportamentos e proibindo outros)[25-26-27]. A influência sobre a administração torna-

---

[24] A supervisão do cumprimento do contrato e, portanto, a avaliação da existência de eventuais incumprimentos pode ser feita em termos diversos: em especial sobre o *maintenance test* e o *incurrence test*, cfr. SERVATIUS, *Gläubigereinfluss* cit., 44 ss..
[25] Uma vez que os custos de agência são inversamente proporcionais à situação financeira, quanto mais gravosa é a situação da sociedade, maior a probabilidade de identificação destes acordos.
[26] Cf. MICHAEL BRADLEY/MICHAEL R. ROBERTS, *The structure and pricing of corporate debt covenants* (13 de Maio de 2004), disponível em SSRN: http://ssrn.com/abstract=466240, apresentando dados estatísticos destinados a corroborar as conclusões da ATC; sobre as diversas explicações para o recurso ao instrumento em estudo, cfr. FLAVIO BAZZANA, *A bank covenants pricing models* (Maio de 2008), disponível em SSRN: http://ssrn.com/abstract=11363660; SUDHEER CHAVA/MICHAEL R. ROBERTS, *How does financing instruments impact investment? The role of debt covenants* (Agosto de 2007), AFA 2007 Chicago Meetings Paper, disponível em SSRN: http://ssrn.com/abstract=854324, distinguindo entre *covenants* para prevenir reduções de valor da sociedade em resultado da conduta dos administradores e *covenants* definindo direitos de controlo, *i.e.*, regulando as circunstâncias em que os credores podem intervir na gestão. Neste tipo de convénios, a transferência de direitos de controlo funciona como incentivo à boa gestão

-se particularmente intensa no caso – frequente[28] – de incumprimento dos acordos. Por essa razão se fala em *loaning to own*[29], aludindo, sobretudo, à capacidade de o credor tomar o controlo da sociedade em caso de incumprimento, *maxime* tornando-se mesmo accionista (controlador), através de *debt-equity swaps* contratualmente acordados[30].

(«bom» comportamento significa manter o controlo e benefícios associados ao controlo; «mau» comportamento implica a perda do controlo e inerentes benefícios). Os acordos em estudo funcionam, em termos práticos, como alternativas à protecção legal dos credores, em boa medida insuficiente. Cf., *v.g.*, RAFAEL LA PORTA/FLORENCIO LOPEZ-DE-SILANES, *Creditor protection and bankruptcy law reform*, em World Bank Institute, *Resolution of Financial Distress. An international perspective on the design of bankruptcy laws*, Washington 2001, 65-90, alertando para as consequências de uma fraca protecção dos credores. Bem se vê, portanto, que, apesar dos conflitos de interesses que são susceptíveis de gerar, são inequívocas as vantagens económicas dos *covenants*. Para mais desenvolvimentos, cf., *v.g.*, SERVATIUS, *Gläubigereinfluss* cit., 48 ss..

[27] Uma das mais importantes conclusões da teoria da agência é, pois, aquela segundo a qual o recurso ao tipo de acordo em estudo reduz o custo do crédito (reduzindo a discricionariedade dos accionistas e dos administradores *ex post* reduz-se o custo da dívida *ex ante*). Deve, todavia, notar-se, com SADHEER CHAVA/PRAEVEEN KUMAR/ARTHUR WARGA, *Managerial moral hazard and bond covenants* (26 de Maio de 2007), disponível em SSRN: http://ssrn.com/abstract=989342, que a literatura normalmente se concentra apenas nos riscos de agência enfrentados pelos credores resultantes dos conflitos de interesses, apontados no texto, entre titulares do capital e credores, não considerando que a actuação dos administradores no sentido da maximização do *shareholder value* é desmentida pela tese da separação entre propriedade e controlo (recorde-se, particularmente, o fenómeno do *management entrenchment*). Nestes termos, os administradores, em caso de conflito de interesses, actuarão, potencialmente, em benefício dos credores (*v.g.*, obrigacionistas) e não dos accionistas. De qualquer modo, os credores, nas suas decisões respeitantes ao crédito, consideram e calculam esta possibilidade.

[28] ILIA DICHEV/DOUGLAS J. SKINNER, *Large-sample evidence on the debt covenant hypothesis* (Junho de 2008), disponível em SSRN: http://ssrn.com/abstract=2714), demonstram, com base em dados empíricos, a frequência das violações, a qual não tem, todavia, correspondência na actuação da consequência mais gravosa associada a essa violação (a retirada dos fundos, conducente à insolvência da sociedade). Típica é, todavia, a transmissão de direitos de controlo para os credores (cf., *v.g.*, CHAVA/ROBERTS, *How does finance* cit., *passim*), o que, designadamente, acarreta amplas consequências quanto ao investimento levado a cabo pela sociedade e, em geral, quanto à forma de tomada das decisões financeiras [cf. MICHAEL R. ROBERTS/AMIR SUTI, *Control rights and capital structure: an empirical investigation* (11 de Agosto de 2008), *9th Annual Texas Finance Festival, AFA 2008 New Orleans Meetings*, disponível em SSRN: http://ssrn.com/abstract=962131].

[29] MICHELLE M. HARNER, *The corporate governance* cit., 110.

[30] Repare-se que o controlo do credor não se circunscreve ao momento do incumprimento. Os *covenants* representam, já por si, ingerências significativas na gestão, as quais, de resto, nem sempre são suficientes para assegurar os direitos do credor, de tal maneira que este tende a exercer uma influência alargada sobre a gestão. Cf., em especial, WILLIAM H. MECKLING/MICHAEL C. JENSEN, *Theory of the Firm: Managerial Behavior, Agency Costs and Ownership Structure* (1 de Julho de 1976),

Por essa razão escreve de forma exemplar Eilís Ferran[31], «*covenants*, que são restrições contratuais aos termos em que o capital é fornecido, são, num sentido lato, o equivalente, em termos de financiamento por dívida (*debt finance*), ao controlo que os accionistas têm o direito de exercer através dos votos associados às respectivas acções». Esta estreita ligação entre os intervenientes, não obstante formalmente diversa, não se distingue substancialmente da ligação existente entre sócio e sociedade. Veremos, na realidade, que não é possível concordar com Servatius[32] quando escreve que não existe, entre sociedade mutuária e credor, uma conexão especial similar à conexão especial societária. Bem ao contrário, o que releva, como aliás reconhece o próprio Autor, é a posição funcional de controlo adquirida pelo mutuante e a intensa susceptibilidade de influência que faculta sobre a gestão da sociedade devedora, existam ou não *covenants*[33]. Por essa razão apontámos a necessidade de assumir a diluição da clássica distinção entre capital externo e capital interno, motivada por novas formas de financiamento e, mais amplamente, pelo poder de influência em geral adquirido pelo grande credor[34]. Pelo mesmo motivo se vulgarizou a

em MICHAEL C. JENSEN, A *Theory of the firm: governance, residual claims and organizational forms*, Harvard University Press, Dezembro 2000; Journal of Financial Economics (JFE), Vol. 3, n.º 4, 1976. Disponível em SSRN: http://ssrn.com/abstract=94043 ou DOI:10.2139/ssrn.94043. Os Autores, construindo uma teoria da estrutura de propriedade da empresa a partir das teorias dos direitos de propriedade, da agência e da finança, apontam, em relação aos *covenants*, que, em princípio, seria possível aos obrigacionistas incluir diversas cláusulas pelas quais fosse limitada a actuação da administração tendo em vista a protecção dos seus interesses. No entanto, segundo os Autores, estas provisões, para protegerem eficazmente os obrigacionistas, teriam que ser de tal maneira pormenorizadas e cobrir todos os aspectos operacionais da empresa, incluindo limitações ao grau de risco dos projectos empreendidos, que envolveriam custos de fiscalização (*monitoring costs*) muito elevados [incluindo custos de redacção das cláusulas, custos da sua implementação e a redução (potencial) da rendibilidade da empresa (devido a limitação da aptidão da administração para adoptar as decisões óptimas), associados às características da gestão como processo contínuo de tomada de decisões]. Assim, torna-se dificilmente praticável a satisfação das condições de protecção em causa sem que os obrigacionistas (ou outros credores) assumam eles próprios o controlo da sociedade.

[31] *Principles* cit., 57.
[32] *Gläubigereinfluss* cit., 3.
[33] Bem se compreende que o poder dos credores não resulte sempre de convenções dirigidas à sua institucionalização, directa ou indirecta. A simples posição fáctica que a disponibilização dos fundos necessários à sociedade faculta e a susceptibilidade de manipulação do momento e termos da sua restituição cumpre função equivalente.
[34] De acordo com a teoria económica da empresa, os capitais próprios seriam fornecidos pelos sócios, respondendo tais capitais pelas perdas que a sociedade sofresse, sendo certo que seria expectável que os sócios fossem capazes de influenciar a gestão, desenvolvida no seu interesse; já

separação, de entre os clássicos financiadores externos, entre os *adjusting creditors*, capazes de salvaguardar os seus interesses financeiros através da obtenção de direitos de informação e participação na sociedade financiada (aproximando-se da posição de proprietários da empresa), e os *non adjusting creditors*, que não dispõem desse poder. Os conflitos de interesses entre ambos ocorrem não raramente.

A licitude dos convénios que directa ou indirectamente atribuem o controlo da sociedade a uma empresa exterior deve ser ponderada à luz das regras e princípios jurídico-societários vigentes, sobretudo considerando que o Código das Sociedades Comerciais parece adoptar uma postura de restritividade, no que toca à deslocação do poder de direcção social[35]. Na verdade, apenas no caso de celebração de contrato de subordinação ou em situação de domínio total se confere formalmente à sociedade-mãe o poder de dar instruções à sociedade-filha; a sociedade dominante, fora destas situações, está, aparentemente, limitada no exercício do poder de influência de que é titular. Em particular, nas sociedades anónimas, o princípio da independência da administração é levado tão longe que mesmo os accionistas não podem dar instruções à administração[36]. Por seu lado, também os acordos parassociais não podem res-

---

os fornecedores de capitais externos não teriam qualquer poder de influência e não arriscariam a perda dos capitais. Simplesmente, o sócio pode contribuir com capitais externos (hipótese particularmente plausível nas sociedades anónimas, onde a identificação de suprimentos, na ausência de previsão legal, assume maior complexidade) e pode não ter qualquer poder de influência sobre a gestão; o terceiro, por seu lado, pode contribuir com capitais próprios (ou quase-próprios) e, sobretudo, pode obter poder de controlo sobre a administração. Noutros termos: nem todo o sócio tem poder de influenciar a gestão; nem todo o credor se abstém de exercer essa influência. Cf., por todos, SERVATIUS, *Gläubigereinfluss* cit., 18.

[35] Problema prévio é o da licitude das cláusulas individuais integrantes dos *covenants*, independentemente do poder de controlo que atribuem. Cf., sobre algumas destas cláusulas, JOANA PEREIRA DIAS, *Contributo* cit., 916 ss..

[36] Já no âmbito das sociedades por quotas, a assembleia geral encontra-se, como se sabe, legalmente autorizada a deliberar em matéria de gestão, podendo, designadamente, dar instruções à gerência, conforme resulta do artigo 259.º do CSC, que determina a necessidade de a gerência exercer as suas competências no «respeito pelas deliberações dos sócios», bem como do confronto com a regra do artigo 373.º/3 aplicável às sociedades anónimas, e ainda da índole geral das sociedades por quotas enquanto sociedades ainda próximas das sociedades de pessoas. Cfr., *v.g.*, RAÚL VENTURA, *Sociedades por quotas. Comentário ao Código das Sociedades Comerciais*, vol. II, Coimbra, 1989, 165; MENEZES CORDEIRO, *Manual de Direito das sociedades*, vol. II, Coimbra, 2006, 403 e 404. Não vigora, pois, nas sociedades por quotas o princípio de independência da administração face aos sócios que se identifica nas sociedades anónimas, onde as matérias de gestão se encontram excluídas da competência da assembleia geral, salvo quando a própria administração decida submetê-las a deliberação dos accionistas (artigo 373.º/2 e 3). Nestes termos, a sociedade que

peitar à conduta dos intervenientes no órgão de administração (artigo 17.º/2), tudo contribuindo para reforçar as dúvidas que os convénios agora em análise são susceptíveis de gerar. Maiores hesitações são justificadas à luz da inexistência de mecanismos de protecção semelhantes àqueles que encontramos no Título VI do CSC, quanto aos grupos de sociedades (*v.g.*, artigos 501.º-504.º), ou no artigo 83.º do CSC, no que toca à responsabilidade solidária do sócio que tem o direito de designar os administradores, por exemplo.

No ordenamento alemão, apesar das dúvidas suscitadas, a licitude do envolvimento na gestão tem sido reconhecida ao abrigo do princípio da liberdade contratual e não obstante a proibição da heteronomia societária. Em especial, seria possível o envolvimento de um «sócio oculto» (*stiller Gesellschafter*) nas decisões de administração[37] e, mesmo nos contratos de financiamento em geral, as

---

disponha de mais de metade do capital ou dos direitos de voto na assembleia geral de outra sociedade encontra-se, em princípio, em condições de alinhar a gestão da sociedade dependente com a sua própria gestão, criando a unidade de direcção que caracteriza o grupo (de facto). Obstáculo fundamental à gestão uniforme das sociedades agrupadas será, todavia, porventura, a insusceptibilidade de emissão de instruções desvantajosas, atendendo à inaplicabilidade à relação de domínio (ainda quando qualificado) do artigo 503.º, bem como do inerente sistema de protecção da sociedade dominante, credores e sócios, resultante dos artigos 501.º, 502.º e 504.º. Perante a omissão de regulamentação específica das relações de domínio, mantém-se naturalmente aplicável o Direito societário geral: a respectiva interpretação e aplicação – condicionadas pelo reconhecimento das relações de coligação no Título VI do CSC – devem, todavia, operar de forma favorável à extensão do espaço de operatividade do poder de direcção da sociedade dominante, dentro dos limites da compatibilidade com a tutela da sociedade dominada, dos seus sócios minoritários e credores, não devendo, por essa razão, os instrumentos de Direito societário geral constituir entrave ao exercício efectivo da influência dominante (nem, consequentemente, à gestão unitária que esta possibilita) para além da necessidade de tutela efectivamente reclamada pelos interesses em jogo: movendo-se embora a simples influência dominante prevista no artigo 486.º num perímetro operativo mais limitado que o poder de direcção unitária assente em participação totalitária ou em contrato de subordinação (artigos 488.º ss.) – *maxime* pela ilicitude da emissão de instruções desvantajosas (artigo 503.º/2) –, é, em todo o caso, lícita a construção de um espaço de legitimação jurídica do exercício do referido poder de facto, através da interpretação das normas jus-societárias gerais em sentido favorável à relevância da relação de domínio, num exercício a realizar caso a caso (*v.g.*: à definição do interesse social da sociedade dependente não é indiferente, dada a especial relação intersocietária, o interesse da dominante ou o «interesse do grupo»).

[37] A *stille Gesellschaft* (sociedade oculta) está regulada, hoje, nos §§ 230 ss. HGB, onde surge como sociedade de pessoas, sem personalidade jurídica, tendo em vista determinado escopo, incluindo o estabelecimento de uma relação qualificada de crédito: o associado não-aparente confia ao empresário um determinado valor, eventualmente adquirindo uma posição quase-empresarial, quando tenha envolvimento na actuação empresarial. Trata-se de figura que tem correspondência, entre nós, no contrato de associação em participação, regulado pelo Decreto-Lei n.º 231/81,

lacunas de regulação não excluiriam os *covenants,* apesar das dificuldades suscitadas pela falta de mecanismos legais de protecção dos interesses conflituantes.

Também no ordenamento português não deve rejeitar-se, em princípio, a admissibilidade destes contratos, sem prejuízo da necessidade de verificação casuística da compatibilidade das diversas cláusulas com as regras legais vigentes. Elas são, na sua configuração típica, lícitas, não extravasando os limites da autonomia privada e guiando-se por interesses legítimos de ambos os intervenientes (nos termos da ATC: a protecção dos credores; a redução dos custos do crédito para os devedores). Mesmo quando facultem, de facto, o controlo sobre a administração, não contrariam, quanto a nós, o Direito vigente. Existem, apenas, óbvias lacunas regulatórias, mas que nem sequer são exclusivas da área onde agora nos movemos, antes dela participando todo o Direito positivo dos grupos de sociedades. Noutros termos: tal como cabe reconhecer em relação ao controlo accionista não assente em contrato de subordinação ou em domínio total, também no caso de controlo por terceiro (*maxime,* financiador) não deve ver-se, na ausência de regulação, uma proibição de exercício da influência dominante mas antes o imperativo e a oportunidade para a construção de um sistema de protecção eficaz. Este falta, em absoluto, no Direito português – exclusivamente dirigido à protecção dos credores, seja no decurso da vida societária ou no processo de insolvência –, o qual ignora que os credores, em vez de *outsiders,* podem surgir como *insiders,* conforme sublinhámos introdutoriamente. Tendo em conta as vantagens económicas dos *covenants,* não se vê como defender, em termos paternalistas, uma genérica ilicitude dos *covenants* que importem, para o credor, poder de influência sobre a sociedade. Como escreve, na esteira de Fleisher, Servatius[38], «a sociedade deve decidir por si qual o seu melhor interesse», não sendo possível, quanto a nós, advogar a genérica ilicitude dos acordos por atribuírem o controlo sobre a empresa: ponto é que se descubra os mecanismos de protecção da sociedade, accionistas e demais *stakeholders* (*maxime,* outros credores: em princípio *non-adjusting creditors*)[39].

---

de 28 de Julho (artigos 21.º ss.), ainda que a nossa lei não acolha o esquema societário tipicamente alemão (tal como também não acolhe o esquema comutativo italiano). Cf. MENEZES CORDEIRO, *Manual de Direito comercial* cit., 627 e 628.

[38] *Gläubigereinfluss* cit., 82, 88.

[39] A propósito dos conflitos de interesses entre os diversos grupos de credores (*maxime, adjusting* e *non-adjusting creditors*) é significativa a expressão de MANKOWSKI, em LUTTER, *Das Kapital der Aktiengesellschaften in Europa,* 488 ss. (496), «o que é bom para um banco não tem, de forma alguma, que ser bom para o credor consumidor» (*apud* SERVATIUS, *Gläubigereinfluss* cit., 84).

3. O domínio pelos credores: relevância à luz do sistema jurídico-societário positivo

A licitude dos *covenants* não permite esconder a necessidade de encontrar mecanismos de limitação do poder dos credores controladores e de eventual responsabilização dos mesmos: a influência que podem exercer sobre a administração (e eventualmente sobre os próprios accionistas) faz com que a sua posição se aproxime de tal maneira da do accionista controlador que não se compreenderia que não se procurasse regular a forma e os limites da sua ingerência na sociedade controlada em termos paralelos àqueles que regem a actuação desse outro sujeito. E não se pense que não ocorrem conflitos de interesses relevantes neste caso: a prática estrangeira, mais familiarizada com os problemas do controlo, afasta radicalmente esta ideia, estando documentada a necessidade de encontrar mecanismos de protecção da sociedade devedora, dos seus sócios (em particular minoritários) e dos demais credores sociais. Encontramo-nos, inequivocamente, perante situação de conflito em tudo análoga à do «conflito do grupo» em sentido estrito.

Em rigor, não se justifica, pois, a diferenciação, de carácter meramente formal, entre a posição daquele que exerce o controlo em virtude de participação social ou de contrato de subordinação e a daquele que se encontra em situação análoga em virtude de contrato de financiamento ou de outro contrato civil ou comercial equivalente do ponto de vista dos efeitos. A diferença formal da fonte do controlo não afecta nem o âmbito nem as características e a intensidade da influência exercida (real ou potencialmente). Simplesmente, o controlo de tipo económico não é reconhecido como fonte de relação de domínio à luz do Código das Sociedades Comerciais e, ainda que se integrasse no artigo 486.º, ficaria por resolver o problema da protecção da sociedade controlada, dos seus accionistas e dos restantes credores da sociedade, dado o carácter lacunar que o sistema português de grupos de sociedades apresenta, em resultado da estratégia de regulação seguida. Na realidade, ao contrário da generalidade dos ordenamentos continentais – incluindo aqueles que constituíram as principais fontes do Título VI do CSC, relativo às sociedades coligadas[40] – o sistema normativo português dos grupos de sociedades não se encon-

---

[40] O Título VI do CSC teve como principais fontes a *Aktiengesetz* alemã de 1965 (cf. §§ 15-22 e §§ 291-328), os projectos de *IX Directiva das Sociedades Comerciais,* sobre grupos de sociedades (a qual, como é sabido, não chegou a ser aprovada, podendo o texto traduzido da última versão do projecto, de 1984, ser consultado em MENEZES CORDEIRO, *Direito europeu das sociedades,*

tra construído sobre o conceito de *controlo* ou de *domínio,* para o qual, aliás, não foi estabelecida qualquer disciplina de âmbito geral: ressalvados os deveres de publicitação e de comunicação e a proibição de aquisição de participações, previstos nos artigos 486.°/3 e 487.° (e 325.°-A e 325.°-B), respectivamente, o Código não associa um regime jurídico específico à situação de domínio, surgindo importantes lacunas na matéria. Omite, com efeito, a lei portuguesa qualquer tutela preventiva ou sucessiva das sociedades em relação de domínio, bem como dos respectivos sócios externos e credores – diferentemente do que sucede nas relações de grupo –, não obstante o perigo, potencial ou real, decorrente da susceptibilidade ou até efectividade da situação de controlo, capaz de permitir, à sociedade dominante, impor *de facto* a direcção unitária do «grupo» e assim colocar em crise a autonomia económico-patrimonial e organizativa da sociedade dominada, afectando a consistência dos direitos patrimoniais e participativos dos respectivos sócios livres, quebrando a igualdade entre estes e os sócios internos ou controladores, e esvaziando, do mesmo passo, a garantia patrimonial dos credores[41].

Na realidade, o controlo ou influência dominante legitima *de facto* – se não também *de jure* –, um poder de direcção unitária das sociedades coligadas, permitindo explicar que, em diversas legislações estrangeiras, se presuma a direcção unitária – e, por essa via, a existência de um grupo (de facto) – a partir da influência dominante. O mesmo não sucede na lei portuguesa[42]. Nesta, não se

---

Coimbra, 2005, 751 ss.), bem como a *Lei das Sociedades Anónimas* brasileira de 1976 (artigos 243.°-277.°) e ainda a Proposta de Lei *Cousté* francesa de 1978 [*Proposition de loi sur les groupes de sociétés et la protection des actionnaires, du personnel et des tiers,* cuja última versão data de 1978; o texto desta proposta, que não chegou a ser aprovada, está disponível em KLAUS HOPT, *Groups of companies in European laws,* em *Legal and Economic Analysis on Multinational Enterprises,* II (1982), 296-319]. Não obstante as inequívocas influências externas apontadas, o CSC concebeu um modelo original de regulação dos grupos, sem correspondência directa em qualquer das legislações apontadas.

[41] Sem esquecer que a própria posição dos sócios e credores da sociedade dominante não deixa de ser afectada.

[42] O CSC não enquadra normativamente a transição da relação de domínio para uma relação fáctica de grupo, *i.e.,* a passagem da mera susceptibilidade de exercício de uma direcção unitária para o efectivo exercício dessa direcção, geradora do grupo de facto. Longe nos situamos, pois, por exemplo, da solução da lei alemã das sociedades anónimas: na sequência do § 17 I da AktG, que define o conceito de sociedades dependentes com recurso à ideia de «influência dominante» *(beherrschenden Einfluss)* – que se presume, nos termos do § 17 II, quando uma das sociedades detém a maioria do capital da outra (§ 16) –, o § 18 determina que, havendo domínio, se presume a existência de um grupo *(Konzern),* ao qual se aplicam os §§ 311 a 318 se não existir contrato de subordinação *(Beherrschungsvertrag)* ou convenção de atribuição de lucros *(Gewinnabfüh-*

identifica a conexão genética entre *influência dominante* e *grupo* que permitiria, justificadamente, colocar o *controlo* no centro do sistema de grupos de sociedades, não obstante o artigo 486.º do CSC de 1986 ter previsto inovatoriamente uma noção de «relação de domínio» com alcance geral. A *influência dominante* surge, sinteticamente, como o poder que assiste à sociedade dominante de, imediata ou mediatamente[43], agir sobre o *governo* da dependente, determinando a sua vontade juridicamente relevante[44], seja pelo poder de directamente escolher os administradores (artigo 486.º/2, *c)*), seja pelo poder exercido sobre a assembleia geral da controlada e inerente «força persuasiva» sobre o comportamento dos administradores (artigo 486.º/3, *b)*), seja ainda por meio diverso: *v.g.*, as interconexões de pessoal, *maxime* administradores duplos ou comuns, participações minoritárias em contexto de dispersão do capital, ou

---

rungsvertrag) – grupo de facto *(faktischer Konzern)* – ou os §§ 292 ss., no caso contrário – grupo contratual *(Vertragskonzern)*. Por outras palavras, presume-se, *juris tantum*, no Direito alemão, que a sociedade *(rectius, empresa)* que dispõe da *potencialidade* de exercício da direcção unitária *(influência dominante)* a exerce *efectivamente (direcção unitária)*, constituindo, com as sociedades dominadas, um grupo. Também em França – mas apenas *de jure condendo* – a Proposta de lei *Cousté* fazia presumir a existência de um grupo (artigo 3.º/2) sempre que uma sociedade dispusesse, sobre outra, de uma «influência que permite exercer o poder de decisão» (artigo 1.º). Bem se vê que o papel central desempenhado, nestas regulamentações, pelo conceito de «influência dominante» ou de «controlo» não encontra paralelo na lei portuguesa. Nesta não se presume a existência da *direcção unitária* (nem, consequentemente, do *grupo*) a partir da simples verificação de uma situação de *domínio* ou *controlo*: só nos casos de domínio total (artigos 488.º-491.º) e de contrato de subordinação (artigos 493.º-508.º), bem como no de contrato de grupo paritário (artigo 492.º), é possível identificar um grupo de sociedades relevante para os efeitos do Título VI do CSC e, designadamente, quanto aos grupos de subordinação, para efeitos do direito de dar instruções (artigo 503.º), da responsabilidade por dívidas (artigo 501.º) e da obrigação de compensação das perdas da filial (artigo 502.º). Estas constituem, na realidade, o núcleo da disciplina das sociedades em relação de grupo, visando – não obstante as múltiplas falhas regulatórias detectadas – fornecer uma tutela efectiva à sociedade subordinada, sócios externos e credores sociais.

[43] A influência dominante pode ser directamente exercida por uma sociedade sobre outra, mas pode sê-lo, também, de forma tão-somente indirecta (conforme resulta dos artigos 486.º/1 e 483.º/2), através de «sociedade que dela seja dependente, directa ou indirectamente, ou com ela esteja em relação de grupo» ou ainda de pessoa (singular ou colectiva) que «seja titular por conta de qualquer dessas sociedades» (*v.g.* mandatário sem poderes de representação). O domínio indirecto concorre, mas não substitui nem elimina, o domínio directo, aplicando-se, nos vários níveis da cadeia de domínios, o regime jurídico respectivo. Diferente do domínio indirecto é o domínio conjunto (sobre este, cfr., em especial ENGRÁCIA ANTUNES, *Participações qualificadas e domínio conjunto – A propósito do caso "António Champalimaud - Banco Santander"*, Coimbra, 2000, 74 ss.).

[44] PAULA COSTA E SILVA, *Domínio de sociedade aberta e respectivos efeitos,* em AAVV, *Direito dos valores mobiliários,* vol. V, Coimbra, 2004, 325-342 (334).

também, naturalmente, a celebração de contratos de subordinação ou domínio[45]. Na realidade, a concretização da noção de «influência dominante», oferecida pelas presunções fixadas no n.º 2 do artigo 486.º, não permite esgotar o respectivo universo, nem esconde a necessidade de, ao critério puramente formal, se fazer sobrepor um critério material ou funcional de domínio, que atenda ao real equilíbrio de poderes na sociedade e não à formal detenção da maioria do capital ou dos direitos de voto (tomando em consideração, *v.g.*, o grau de dispersão do capital e consequente redução da percentagem de capital necessária ao controlo), relevando, pois, para efeitos do artigo 486.º, todos os meios capazes de facultar o poder de influenciar a gestão dos assuntos sociais. Exigir-se-á, contudo, que o domínio – localizado ao nível do órgão de gestão[46] – seja jus-societariamente organizado, traduzindo o tipo de conexão de que o Direito das sociedades se ocupa. Conforme tem sido entendido, o controlo económico não preenche esta exigência.

De facto, parece ser verdadeiramente problemática a admissibilidade de um controlo contratual de tipo exclusivamente económico, *i.e.*, não organizado institucionalmente, resultante dos instrumentos gerais do Direito civil e comercial[47], sendo frequente operar-se uma rígida separação entre o controlo contratual jus-societariamente organizado (fundado em contrato de domínio) e o controlo contratual fundado em contrato cujo objecto não é (directamente) a instituição do domínio, mas que indirectamente o origina. Apenas o primeiro seria relevante para efeitos do Direito das sociedades comerciais e não já o segundo.

A doutrina e a jurisprudência têm-se pronunciado, maioritariamente, contra a relevância do controlo económico: o Direito dos grupos protegeria a sociedade dependente face a tentativas jus-societárias de influência e não face

---

[45] A influência dominante diz-se *interna* quando resulta de uma participação social (controlo accionista) e *externa* quando resulta de contratos concluídos entre as sociedades (controlo contratual). No caso de celebração de contrato de subordinação ou domínio, cumulam-se as relações de domínio (artigo 486.º) e de grupo (artigos 493.º ss): inexistindo incompatibilidade de regimes, aplicam-se, simultaneamente, as regras previstas para uma e outra modalidades de coligação societária. A respeito da participação social como instrumento de influência dominante, cf., em especial, OSÓRIO DE CASTRO, *Participação no capital das sociedades anónimas e poder de influência*, RDES ano XXXVI, Out-Dez. 1994, 333-356.

[46] O controlo é, assim, influência sobre o órgão de administração e não sobre o órgão deliberativo: o controlo sobre a assembleia releva, pois, mas apenas indirectamente, enquanto instrumento de influência sobre o órgão de administração.

[47] Para alguns exemplos, cf., entre nós, ENGRÁCIA ANTUNES, *Os grupos* cit., 517.

a perigos de tipo puramente económico[48]. O problema é, todavia, mais complexo. Com efeito, se esta posição poderá prevalecer quando em causa está a definição do âmbito das relações de domínio previstas no artigo 486.º do CSC – atendendo à fisionomia das (escassas) consequências jurídicas associadas a esta modalidade de coligação –, o mesmo não sucede quando se trata de procurar mecanismos de equilíbrio e de protecção dos interesses em conflito. Não deve, pois, pensar-se que a regulação do controlo de base económica é apenas tarefa do Direito civil em geral ou do Direito da concorrência, desenquadrada da temática do grupo: as preocupações típicas trazidas pelo controlo interempresarial valem aqui, justificando-se ou impondo-se um tratamento integrado do conflito do grupo *stricto sensu* e das situações a ele análogas.

Cumpre, na realidade, reconhecer que o controlo que resulta, automaticamente, da detenção de participações sociais ou de contrato de domínio – permitindo dirigir a administração e as operações de diversas sociedades – pode ser atingido de forma igualmente eficiente através de outros acordos (*v.g.*, contratos de franquia, contratos de licença, contratos de crédito) que revelam um poder negocial desproporcionado da sociedade dominante, criando qualidades equivalentes, em termos de domínio e de subserviência, àquelas que caracterizam a relação entre a sociedade-mãe e as suas subsidiárias[49]: o imperativo de

---

[48] Seria tarefa do Direito da concorrência, bem como do Direito civil geral (*maxime*, do Direito das obrigações), manter o exercício do poder económico dentro de limites adequados (cf., *v.g.* LIEBSCHER, *GmbH-Konzernrecht. Die GmbH als Konzernbaustein,* München, 2006, 39; RAISER/VEIL, *Recht der Kapitalgesellschaften,* München, 2001, 822; ZEIDLER, em MICHALSKI, *Kommentar zum Gesetz betreffend die Gesellschaften mit beschränkter Haftung (GmbH-Gesetz),* vol. I, München, 2002, 430). Na jurisprudência alemã, assume relevância fundamental a sentença BuM do BGH de 26-Mar.-1984, BGHZ 90, 381. Cf. ainda as sentenças cit. por EMMERICH, em *Scholz Kommentar zum GmbH-Gesetz mit Anhang Konzernrecht,* vol. I, 10.ª ed., Köln, 2006, Anh. § 13, 828, nota 1. Circunstâncias de tipo económico já relevariam, todavia, para efeitos do Direito das sociedades comerciais em geral, e dos grupos de sociedades em particular, quando atribuam a um sócio minoritário um poder de influência equiparável ao de um sócio maioritário: *i.e.,* para demonstrar a existência da *influência dominante* são susceptíveis de relevar factores exógenos (de natureza extra-societária) que reforçam o poder do sócio minoritário. Assim, *v.g.,* LIEBSCHER, *GmbH-Konzernrecht* cit., 39 e 43; DECHER, em *Münchener Handbuch des Gesellschaftsrechts,* vol. III, *Gesellschaft mit beschränkter Haftung,* München, 2003, § 67, 1316.

[49] Assim, BLUMBERG/STRASSER/GEORGAKOPOULOS/GOUVIN, *Blumberg on corporate groups* I cit., suplemento 2007, §§ 1-3 e 6-11. No ordenamento italiano, há muito que é reconhecido que o controlo económico pode determinar estados de sujeição de uma empresa a outra com a intensidade necessária para a respectiva relevância jurídica à luz do artigo 2359 do *Codice Civile*: tal controlo é susceptível de permitir um verdadeiro e próprio poder de ingerência e de direcção da actividade da empresa, idóneo a incidir sobre a autonomia e a independência da gestão da

unidade valorativa obriga a procurar resposta uniforme para a generalidade das hipóteses de integração económica – real ou potencial – de empresas, independentemente da sua forma técnica de organização. Gerando a inter-relação económico-funcional das empresas sob controlo comum um perigo qualitativamente idêntico ao «perigo do grupo», deixa de ser possível negar a relevância do tema no contexto próprio do Direito dos grupos[50].

Noutros termos, como sinteticamente expõe Blumberg, «o Direito dos grupos de sociedades não se limita aos grupos empresariais compostos por sociedades-mães e por subsidiárias. Deixando de parte a questão das formas societárias, os factores que fundamentam a estreita ligação que caracteriza as empresas conduzidas colectivamente por empresas afiliadas encontram-se em numerosas outras relações económicas familiares envolvendo partes relacionadas dominante e dependente (...)»[51]. Serão esses factores *(i)* o «controlo» (assente embora em contrato e não em participação social), *(ii)* o desenvolvimento colectivo de actividade sob a forma de empresa economicamente integrada, *(iii)* o uso de uma imagem comum e *(iv)* a interdependência administrativa e financeira. Sempre que estes factores (indiciários) se verifiquem – real ou potencialmente – estão, pois, verificados os pressupostos que justificam o tratamento conjunto do controlo externo (exercido por não accionistas, numa base não institucional) e do controlo interno (exercido ou por accionistas controladores ou por via de contrato de subordinação), sem prejuízo da consideração da especificidade do controlo económico face ao controlo organizado em termos jus-societários.

A proximidade das situações é particularmente clara e típica não só no caso dos contratos de crédito de que aqui tratamos, mas também no caso da relação de *franchising*[52], como temos sublinhado: franqueador e franqueado encontram-

---

outra parte. Cf., por todos, LAMANDINI, *Il «controllo». Nozione e «tipo» nella legislazione economica*, Quaderni di GiurCom 155, Milão, 1995, 184 ss..

[50] Inaceitável é o entendimento segundo o qual o controlo económico é «controlo sobre a empresa» enquanto o controlo orgânico é «controlo sobre a sociedade» (assim, VALZER, *I potere di direzione e coordinamento di società tra fatto e contratto*, em *I Nuovo Diritto delle Società. Liber amicorum Gian Franco Campobasso*, vol. III, Torino, 2007, 833-885, 841). Não podemos compreender semelhante diferenciação.

[51] *The transformation of modern corporation law: the law of corporate groups*, 37 Conn. L. Rev. (2005) 605-615.

[52] Excelentes exemplos são referidos em BLUMBERG/STRASSER/GEORGAKOPOULOS/GOUVIN, *Blumberg on corporate groups* V cit., §§ 160-5 e 160-6: pense-se, por hipótese, nos negócios desenvolvidos pela *Hilton*, *Holiday inn* ou *Hertz*, em que o público não consegue distinguir se em causa estão empresas multinacionais organizadas nos termos tradicionais sociedade-mãe/sociedade-

se ligados por contrato de franquia que assegura ao primeiro uma posição dominante em assuntos operacionais e conexos, chegando a considerar-se que o contrato permite formar uma *empresa,* da mesma maneira que a relação de *propriedade* entre empresa-mãe e empresa-filha o permite[53-54]. Devido ao poder de controlo do franqueador e à potencial e provável ocorrência de conflitos de interesses entre este e o franqueado, o Direito dos grupos de empresas, em sentido amplo, não pode demitir-se da consideração da problemática decorrente da relação de franquia e outras relações análogas. O mesmo ocorrerá no âmbito dos contratos de licença, entre outros.

À luz do que escrevemos, o controlo económico é passível de gerar uma relação entre empresas suficientemente próxima e intensa para, em casos determinados, poder falar-se num grupo de facto, não obstante no ordenamento português esta categoria ser mais restrita do que a sua correspondente no Direito alemão: como resulta da análise anterior, no espaço jurídico germânico, os grupos assentes em participação totalitária não vêem legitimado o poder de direcção nem se encontram, em geral, sujeitos ao regime dos grupos contratuais[55]. Diferentemente, em Portugal, a relação de domínio total é considerada

---

filha ou se, diferentemente, se trata de unidades operacionais independentes de franqueados funcionando sob o «controlo» e nome e imagem de marca do franqueador, com extensa integração das operações objecto da franquia. Num caso real, decidido jurisprudencialmente [*Vaughan v. Columbia Sussex Corp.,* 1992 U.S. Dist. Ct. LEXIS 820 (S.D.N.Y. 1992)], tratou-se de um caso em que a cadeia *Holiday Inn* levava a cabo a sua actividade em Nova Iorque através de 6 hotéis operados por subsidiárias e 37 hotéis operados por franqueados. A diferença prática da intensidade e qualidade do «controlo» era irrelevante para os efeitos considerados na investigação.

[53] Assim, BLUMBERG/STRASSER/GEORGAKOPOULOS/GOUVIN, *Blumber on corporate groups* V cit., §§ 161-9.

[54] Sobre a dependência económica na relação de franquia, cf., entre nós, MARIA DE FÁTIMA RIBEIRO, *O contrato de franquia,* Coimbra, 2001, 82 ss..

[55] No ordenamento alemão, o domínio total, na ausência de «integração» de uma sociedade na outra (*Eingliederung*), inclui-se na categoria geral dos «grupo de facto» (*faktischer Konzerne*), regida pelos §§ 311 a 318 do AktG: a empresa dominante não pode exercer a sua influência em sentido prejudicial à sociedade dominada, devendo compensar a última pelos prejuízos causados em violação desta proibição. Diferentemente sucede no caso das «empresas integradas» (*eingeglierte Gesellschaften*): nestas a sociedade principal tem o direito de dar instruções à administração da sociedade incorporada, nos termos do § 323; segundo o § 324(3), a sociedade principal é obrigada a compensar qualquer prejuízo demonstrado no balanço da sociedade incorporada, na medida em que exceda o montante da reserva legal (norma que se aproxima do artigo 502.º), consagrando os §§ 321 e 322, respectivamente, o direito dos credores de exigirem caução e a responsabilidade solidária da sociedade principal para com os credores da sociedade integrada (norma paralela à do artigo 501.º do CSC). No projecto de IX Directiva, o domínio total não é, igualmente, autonomizado, incluindo-se a sociedade dominada no conceito geral de «socieda-

uma modalidade de grupo, submetendo-se às regras previstas para o contrato de subordinação (artigos 501.º a 504.º, *ex vi* do artigo 491.º): daí que seja preferível, entre nós, contrapor os «grupos de direito» (e não «grupos contratuais») aos «grupos de facto». Por outro lado, não pode esquecer-se que os grupos de facto correspondem, na lei portuguesa, a hipóteses de relações de domínio, o que nem por isso diminui o seu papel no Direito e no real panorama societário português.

Aparentemente, o CSC teria, porém, deixado muito pouco ou nenhum espaço para a criação ou institucionalização jurídica dos grupos de facto: ao não conter quaisquer disposições similares àquelas que, no Direito alemão, permitem às sociedades que detêm uma participação maioritária exercer uma influência dominante sobre as participadas num sentido prejudicial aos interesses destas, mediante compensação, a existência e o exercício de uma direcção unitária viveriam sempre balizados pela estrita observância dos princípios jurídico-societários mais gerais em matéria de governo e administração das sociedades independentes[56]. Simplesmente, esta circunscrição jurídica do âmbito de operatividade dos grupos de facto de modo algum é capaz de evitar a criação de grupos *de facto, i.e.,* de situações de controlo interempresarial em que é, efectiva ou facticamente, exercida uma direcção unitária, eventualmente num plano «antijurídico», o que nem por isso permite abdicar da busca de instrumentos de tutela (pense-se, *v.g.,* no caso dos grupos de facto qualificados). Os contratos de financiamento, entre outros mecanismos, constituem instrumentos idóneos à atribuição de semelhante controlo fáctico. A inaplicabilidade do Direito positivo dos grupos não nos dispensa, pois, da tarefa de procurar mecanismos de tutela da sociedade e, bem assim, dos seus sócios, credores e outros *stakeholders* alternativos ao Direito legislado[57].

---

des afiliadas», previsto no artigo 2.º, com consequente aplicação do regime geral de tutela da sociedade dependente (artigos 7.º a 12.º). Excepciona-se o caso em que tenha lugar a «declaração unilateral para a constituição de um grupo subordinado» (similar à *Eingliederung* alemã), consagrada nos artigos 33.º ss. (cfr. artigo 6.º), caso em que são aplicáveis, por remissão do art. 35.º, as regras dos artigos 24.º a 30.º (previstas para contrato de subordinação), as quais apresentam acentuadas similitudes com as regras dos artigos 501.º ss., aplicáveis ao grupo constituído por domínio total por força da remissão do artigo 491.º.

[56] Assim, ENGRÁCIA ANTUNES, *Os grupos de sociedades*, 2.º ed., Coimbra, 2002, 74 e 75, nota 103.
[57] Sobre a inaplicabilidade de princípio do artigo 83.º/4 do CSC a sujeitos distintos dos sócios, cf. RUI PEREIRA DIAS, *Responsabilidade por exercício de influência sobre a administração de sociedades anónimas,* Coimbra, 2007, 49 ss..

4. Mecanismos de tutela alternativos: sujeição dos credores controladores a deveres de lealdade?

Afastada a existência de mecanismos específicos de protecção dos interesses afectados pelo controlo exercido pelos credores, resta apelar aos instrumentos gerais do Direito das sociedades e do Direito civil, partindo da apontada proximidade ou equivalência funcional entre a posição do credor e a do sócio, que nos permitiu dizer que aquele surge verdadeiramente como *insider* e não como terceiro. Significa o que escrevemos que o credor não se assume, nas constelações em estudo, como simples terceiro perante a sociedade, devendo ficar sujeito a deveres acrescidos em relação àqueles que resultam do mandamento genérico do *neminem laedere*. A posição dos credores controladores em face da sociedade ultrapassa com clareza, na realidade, a intensidade própria do contacto anónimo e ocasional que caracteriza a área delitual. A intensidade do poder de influência de que dispõem os credores nas constelações em estudo torna premente a ponderação da susceptibilidade de afirmar a sua vinculação a deveres de lealdade tipicamente societários, entendidos estes – importa notar – como decorrência do princípio geral da boa fé.

Tendo em conta as tentativas de autonomização do princípio da lealdade e dos deveres dele decorrentes, esta última chamada de atenção assume particular relevância. A lealdade é – não pode esquecer-se – expressão societária da boa fé[58]. Trata-se de matéria consolidada no Direito civil. A autonomização dos deveres de lealdade neste último campo, apesar de ter sido tentada, não obteve apoio significativo, não obstante o trabalho de referência de Alfred Hueck[59] e a distinção aí operada entre três padrões de conduta (*Pflichtenmaßstäbe*), numa escala crescente de intensidade: os *bons costumes* (*guten Sitten*) – que actuariam independentemente de qualquer relação específica entre as partes e desempenhariam uma função essencialmente negativa –, a *boa fé* (*Treu und Glauben*) – a qual exigiria uma relação especial entre as partes e prescreveria também deveres positivos – e o *dever de lealdade* (*Treuegebot*) – que reclamaria, mais do que uma relação especial, uma relação comunitária-pessoal (*persönlichen Gemeinschaftsverhältnis*) –.

Se a distinção entre *bons costumes* e *boa fé* constitui contributo importante para a individualização do conteúdo dogmático da boa fé e para a separação

---

[58] MENEZES CORDEIRO, *A lealdade no Direito das sociedades*, ROA 66 (2006), 1034-1065.
[59] *Treuegedanke im modernen Privatrecht*, München, 1947, 1 ss..

desta face a figuras afins[60], o mesmo não pode dizer-se da diferenciação entre boa fé e lealdade e da consequente elevação desta última a princípio ético-jurídico autónomo. Semelhante autonomização não encontra apoio dogmático suficiente. Ela foi tentada, aliás, no campo jus-laboral mas seria abandonada. A via percorrida nesse esforço autonomizador – a configuração da relação de trabalho como relação comunitária-pessoal (e não meramente obrigacional) – fracassaria afinal: do contrato de trabalho nasceria uma comunidade empregador-trabalhador que daria corpo a uma relação de natureza pessoal, justificando deveres de lealdade (e, bem assim, de assistência) de intensidade superior à dos deveres resultantes da vulgar relação contratual[61]. Os deveres de lealdade[62] ascenderiam, mesmo, a «fórmula privilegiada de caracterização da situação jurídica laboral» e seriam assumidos como via para a própria autonomização do Direito do trabalho[63]. Com a falência da base comunitária-pessoal, a construção de Hueck, no seu aproveitamento tipicamente jus-laboral, viria a ser abandonada: estabelecido que, na sociedade actual, as relações de trabalho vivem dominadas pela massificação e pelo anonimato, não se vislumbraria que lealdade poderia ser exigida a não ser a lealdade ao contrato: «lealdade ao contrato é a exigência de cumprimento das obrigações assumidas: nada tem a ver com a lealdade reivindicada pela dogmática juslaboral clássica»[64]. A evolução determinaria, pois, a reintegração dos deveres de lealdade no âmbito de operatividade do princípio da boa fé: no Direito do Trabalho actual, eles surgem, dominantemente, como deveres acessórios decorrentes deste princípio, ínsito no próprio princípio geral do artigo 119.º do CT e no artigo 762.º/2, do CC[65].

---

[60] Cf. MENEZES CORDEIRO, *Da boa fé no Direito civil*, vol. II, Coimbra, 1984, 1161, apontando os méritos da construção de A. HUECK: esta «torna-se importante pelas precisões que adianta. Por norma, as remissões da boa fé para a Ética são vagas, pontuais e conduzem a uma indiferenciação com outras cláusulas, sobretudo, a dos bons costumes; desta feita tenta transcender-se essa incipiência, apresentando-se um sistema completo da ética no Direito, dotado de uma articulação interna. Tal tentativa é corroborável com algumas aplicações jurisprudenciais, embora se deva reconhecer a presença de decisões que a contraditam».
[61] Cf. MENEZES CORDEIRO, *Da pós-eficácia das obrigações*, Lisboa, 1984, 23 e *Da situação jurídica laboral; perspectivas dogmáticas do Direito do trabalho,* separata da ROA, Lisboa, 1982, 13 ss.. Para as críticas à concepção da relação laboral como relação comunitária-pessoal, *vd.* pp. 27 ss.. Cf. também MENEZES CORDEIRO, *Manual de Direito do trabalho*, Coimbra, 1999, 95 ss..
[62] Ou «deveres de fidelidade» (cf. ROMANO MARTINEZ, *Direito do trabalho*, 4.ª ed., Coimbra, 2008, 505).
[63] MENEZES CORDEIRO, *Da situação* cit., 42.
[64] MENEZES CORDEIRO, *Da situação* cit., 42 e 43.
[65] Sobre a configuração dos deveres de lealdade no Direito do trabalho actual, cf., por todos,

À semelhança do que se pretendeu no âmbito da relação laboral, também a relação de socialidade – a relação entre sócio e sociedade – seria vista, em aplicação da concepção de Hueck, como relação comunitária-pessoal, que ultrapassaria o âmbito geral da relação obrigacional, justificando deveres de lealdade intensificados em face dos deveres resultantes do princípio geral da boa fé: lealdade e boa fé, apesar de surgirem, ambas, como áreas de integração entre Ética e Direito, apresentar-se-iam com autonomia e a lealdade a que estão vinculados os sócios não seria, pois, decorrência da boa fé, antes surgindo ao lado dela e com exigências acrescidas.

Simplesmente, também no campo jus-societário não é admissível a configuração dos deveres de lealdade como autónomo princípio ético-jurídico assente na existência da referida relação pessoal-comunitária, a qual é desmentida tanto pela configuração normativa das sociedades como pela *praxis* societária, pelo menos no que toca às sociedades de capitais. Ora, negar a derivação da lealdade a partir da boa fé sem base dogmática para tal representa retrocesso científico inaceitável: só através do acervo fornecido pelo princípio da boa fé será possível, na realidade, atribuir eficácia operativa aos deveres de lealdade. A recondução destes deveres à boa fé constitui, assim, dado histórico que não pode, sem ligeireza, ser abandonado. De resto, também ela é repetidamente afirmada na literatura, desmentindo a (suposta) «consolidação» da autonomia dos deveres de lealdade societários[66-67].

Romano Martinez, *Direito do trabalho* cit., 504 ss., com indicações jurisprudenciais. O CT determina expressamente, no artigo 121.º/1, e), que o trabalhador deve «guardar lealdade ao empregador, nomeadamente não negociando por conta própria ou alheia em concorrência com ela, nem divulgando informações referentes à sua organização, métodos de produção ou negócios».

[66] Paulo Câmara, *Parassocialidade e transmissão de valores mobiliários,* diss. mestrado inédita, apresentada na FDL, 1996, 285, que escrevia que «a distinção entre boa fé e vínculos de fidelidade se pode considerar historicamente consolidada».

[67] Tanto em relação aos sócios como em relação aos administradores continua a ser afirmada, na doutrina germânica, a recondução dos deveres de lealdade ao princípio da boa fé, seja de forma exclusiva seja cumulativamente com fundamentos diversos, e seja com apelo ao § 242 ou ao § 241 II BGB, este último introduzido pela Reforma de 2001 do Direito das obrigações alemão. O actual § 241 II estabelece que «a relação obrigacional pode, mercê do seu conteúdo, vincular cada parte ao respeito pelos direitos, pelos bens jurídicos e pelos interesses da outra». À luz da redacção do preceito, o § 242 não seria fundamento dos deveres de lealdade mas antes concretização do seu conteúdo e âmbito (cfr., *v.g.,* Dirk Olzen, em *Staudingers Kommentar zum Bürgerlichen Gesetzbuch mit Einführungsgesetz und Nebengesetzen,* II, 12.ª ed., Berlin, 2005, § 241). Seja como for, cabe reter a fundamentação da lealdade na boa fé, reclamada na literatura jurídica especializada. Assim, por exemplo, Hennrichs, *Treupflichten im Aktienrecht,* AcP 195 (1995), 221-273 (228 ss.), após afirmar que, na fundamentação dogmática da lealdade, é possível distinguir três

pontos de partida – a relação comunitária de socialidade (*mitgliedschaftliche Gemeinschaftsverhältnis*), a obrigação de prossecução do fim (*Zweckforderungspflicht*) e a correlação poder-responsabilidade –, apresenta o princípio da boa fé, tal como consagrado no § 242 BGB, como base do dever de lealdade: este dever seria, pois, a expressão societária do dever geral de boa fé, ainda que pudesse encontrar também apoio no § 705 BGB e, portanto, na obrigação de prossecução do fim social. No confronto dos dois princípios, preferência deveria caber – segundo o Autor – ao princípio da boa fé, capaz de explicar o reconhecimento do dever de lealdade independentemente da forma societária. BRUNO KROPFF, *Ausgleichspflichten bei passiven Konzernwirkungen?*, em *FS für Marcus Lutter zum 70. Geburtstag*, Köln, 2000, 1133-1149, tratando especificamente do problema a propósito de constelações de grupos de sociedades, considera que os deveres de lealdade têm o seu fundamento no § 242 BGB, devendo, na concretização do princípio da boa fé, ter-se em conta os efeitos da mera possibilidade de exercício de uma influência dominante. Também WIMMER-LEONHARDT, *Konzernhaftungsrecht. Die Haftung der Konzernmuttergesellschaft für die Tochtergesellschaften im deutschen und englischen Recht*, Tübingen, 2004, aceita a possibilidade de a boa fé funcionar como ponto de partida flexível dos deveres de lealdade societários, ainda que não seja por si só suficiente para os fundamentar dogmaticamente. HÄSEMEYER, *Obstruktion gegen Sanierungen und gesellschaftrechtliche Treupflichten*, ZHR 160 (1996), 109-132, por seu lado, entende que os deveres de lealdade se retiram, também nas sociedades de capitais, do dever de promover o fim social (§ 705 BGB) bem como da susceptibilidade de influência sobre os direitos dos outros sócios, mas sempre de acordo com a cláusula geral do § 242. Em termos parcialmente divergentes, mas coincidindo quanto à relevância da boa fé, WINDBICHLER, *Treupflichtwidrige Stimmrechtsausübung und ihre rechtlichen Folgen*, em *Gesellschaftsrecht 1995*, Köln, 1996, 23 ss., 35 ss., considera que os diversos fundamentos dos deveres de lealdade apontados pela doutrina não se excluem mutuamente, antes representando diferentes aspectos do mesmo problema: o apelo ao § 705 BGB não deveria, todavia, ser desenvolvido, já que, nas sociedades de capitais, o tipo de conexão entre os sócios seria, para o efeito, excessivamente afastado. Preferível seria, pois, o recurso ao § 242 BGB, que desempenharia uma função de controlo de poder. Sublinhando também a relevância do princípio da boa fé, cf. KARSTEN SCHMIDT, *Gesellschaftsrecht*, 4.ª ed., Köln, Berlin, Bonn, München, 2002, 587 ss.: em toda a relação jurídica – e, portanto, em toda a sociedade – existem deveres de lealdade, com expressão no § 242 e concretizados em *Förderungs- e Interessenwahrungspflichten*; o dever de lealdade faria, portanto, parte da relação jurídica de socialidade, sendo complexo como a socialidade ela própria. Cf. ainda, sobre a lealdade dos sócios, BURGARD, *Die Förder- und Treupflichten des Alleingesellschafters einer GmbH*, ZIP 19/2002, 827-839 (834 SS.), defendendo que a lealdade societária se fundamenta, não no § 705 BGB, mas no § 242 BGB, padrão básico de todo o Direito privado. Outras posições favoráveis à recondução dos deveres de lealdade à boa fé poderiam ser apontadas: estas são, todavia, bastantes para negar que os deveres de lealdade se encontrem consolidados como instituto independente da boa fé. De resto, no que toca à lealdade dos membros dos órgãos sociais, deve notar-se que mesmo autores que negam a recondução do dever de lealdade ao dever de boa fé acabam por só dificilmente lograrem coerência com os respectivos pontos de partida. Escreve, por exemplo, KNAPP, *Die Treuepflicht der Aufsichtsratsmitglieder von Aktiengesellschaften und Directors von Corporations*, München, 2004 (185 ss.), que, como fundamento dogmático da lealdade, deve ser considerado o princípio da boa fé, consagrado no § 242 BGB e aplicável a todas as relações jurídicas (incluindo a relação do membro

Aqui chegados, cabe ponderar a hipótese de os credores controladores se encontrarem vinculados a deveres de lealdade paralelos àqueles que vinculam os sócios. A questão não deve causar estranheza: a resposta afirmativa seria coerente com a função desempenhada pelos deveres de lealdade no controlo da

do órgão com a sociedade), abrangendo diferentes estruturas de interesses típicos, incluindo contratos de troca (caracterizados por interesses contrapostos), contratos de cooperação (*v.g.* sociedade) ou contratos de manutenção do interesse (*v.g.* mandato). A lealdade dos administradores – surgindo como dever de manutenção do interesse da sociedade – estaria abrangida pelo § 242, já que a relação que tem com a sociedade representa uma conexão especial no sentido desta norma. Porém, ela transcenderia o âmbito do preceito, encontrando-se especialmente intensificada devido à relação de confiança acrescida existente. O fundamento dogmático da lealdade seria, pois, a posição orgânica e, com ela, o poder de influência, controlo e informação: o § 242 BGB (tal como os §§ 116 e 93 AktG) não seria, afinal, regra adequada para fundamentar os deveres de lealdade dos membros dos órgãos societários. Não se pode concordar – nem se compreende – a conclusão do Autor: para ser coerente com o próprio ponto de partida (*i.e.*, com o reconhecimento da susceptibilidade de enquadrar no § 242 BGB a relação do administrador com a sociedade), deveria o Autor concluir que a posição orgânica justifica a actuação do princípio da boa fé que, *in casu*, impõe deveres de lealdade especialmente intensos, conforme expomos no texto. Por outras palavras: fazer derivar da posição orgânica e da boa fé os deveres de lealdade dos membros dos órgãos sociais nada teria de contraditório. Entre nós, sublinha com particular clareza a susceptibilidade de conjugação de diferentes fundamentos dogmáticos, no que toca à lealdade dos administradores, MENEZES CORDEIRO. Como escreve o Autor, «na actuação dos administradores, está em causa uma gestão de bens alheios. Tal gestão pressupõe uma específica lealdade, à qual podemos atribuir natureza fiduciária: todos os poderes que lhes sejam concedidos devem ser exercidos não no seu próprio interesse, mas por conta da sociedade. Eles são dobrados pelo vínculo de confiança que dá corpo à lealdade», tudo no quadro mais amplo do princípio da boa fé, sem prejuízo das especificidades ditadas pelo Direito das sociedades (MENEZES CORDEIRO, *A lealdade* cit., 1062). A derivação dos deveres de lealdade dos administradores do princípio da boa fé é também assumida, sem dificuldades, por PAIS DE VASCONCELOS, *A participação social nas sociedades comerciais*, 2.ª ed., Coimbra, 2006, 312 ss. (no âmbito da sociedade, os sócios relacionam-se entre si e com a sociedade. Este relacionamento está sujeito ao princípio da boa fé. Os sócios, cada um dos sócios, devem, no seu relacionamento interno, agir com lealdade»), por CALVÃO DA SILVA, *«Corporate governance» – Responsabilidade civil de administradores não executivos*, RLJ 136 (Set./Out. 2006), 31-59, 53 [«E quanto à lealdade devida, – escreve o Autor – sabemos bem ser ela decorrente do princípio da boa fé e tutela da confiança: dever de nortear a gestão e a fiscalização pelo interesse da sociedade, servindo esta como fiduciário (*Treuhänder*) e não servindo-se dela»] e ainda por NUNO TRIGO DOS REIS, *Os deveres de lealdade dos administradores*, relatório de mestrado em curso de publicação, apresentado na Faculdade de Direito de Lisboa no ano lectivo de 2006-2007 [«cremos que (…) a lealdade se reconduz sempre a conceitos nucleares do Direito civil, como sejam a confiança e a correcção da conduta no cumprimento de promessas (…). E parece ser no regresso às proposições de base da boa fé, e à analogia com lugares paralelos no Direito civil, que serão encontradas as respostas para os problemas de fronteira»].

possibilidade de influência (*Einflussmöglichkeit*) dos sujeitos em posição de causar danos e que tem levado alguns autores a falar numa lealdade orientada pela produção de efeitos, um *Wirkungsbezogenen Treupflicht*[68]. E, sobretudo, a imposição de deveres de lealdade aos credores controladores surgiria como tradução do princípio geral, vigente no nosso ordenamento jurídico, da correlação *poder-responsabilidade*. As críticas formuladas ao apelo a este princípio – a respeito da fundamentação dos deveres de lealdade dos sócios – não colhem ou só colhem parcialmente. Seguramente não colhe a ideia de que as premissas desta concepção são ideológicas e não jurídicas[69]: em causa estaria uma visão de matriz liberal que veria na sociedade uma espécie de mercado, nos sócios os concorrentes e na situação estável de domínio um monopólio susceptível de pôr em risco o livre jogo do concurso de vontades (*i.e.*, o interesse social), estando subjacente uma desconfiança relativamente ao grande accionista, suspeito de intentar a instrumentalização da sociedade, em seu proveito e em prejuízo dos demais sócios. Semelhante modelo não valeria, de resto, no Direito português, uma vez que o Código das Sociedades Comerciais não conferiu relevo específico à relação de domínio, mesmo na situação mais grave em que o sócio dominante é uma sociedade.

Deve notar-se, todavia, que a apontada «desconfiança» em relação ao «grande accionista» (*Grossaktionär*) é fundada do ponto de vista jurídico (não ideológico!), e comprovada jurisdicionalmente[70], ao menos naqueles casos – que são

---

[68] Cf., *v.g.*, DREHER, *Treupflichten zwischen Aktionären und Verhaltenspflichten bei der Stimmrechtsbündelung*, ZHR 157 (1993), 150-171 (156): a lealdade, mais do que instrumento de protecção das minorias, vem contrabalançar o poder legal dos accionistas, que encontra a sua base na posição de socialidade; substitui-se, assim, um *mehreitbezogenen Treupflicht* por um *wirkungsbezogenen Treupflicht*; no fundo, substitui-se uma lealdade vinculada à maioria por uma mais ampla lealdade vinculada aos efeitos, que abrange accionistas maioritários mas também titulares de minorias de bloqueio ou os accionistas agrupados. Na medida em que continua a excluir o accionista isolado do campo dos deveres de lealdade, este *wirkungsbezogenen Treupflicht* sujeita-se a críticas (parcialmente) justas, ainda que seja inequívoco que é perante a susceptibilidade de causar danos, decorrente do poder de ingerência, que a lealdade cumpre a sua função.

[69] Cf. CASSIANO DOS SANTOS, *Estrutura associativa e participação societária capitalística*, Coimbra, 2006, 538 e 539.

[70] Não se trata, pois, de qualquer explicação ou entendimento da empresa de base ideológica. Em rigor, em causa está apenas um dado empiricamente verificado, sem necessidade de apelo a qualquer explicação teórica da empresa, seja às teorias económicas, seja às teorias políticas da empresa. Aproveite-se, de qualquer modo, para notar que, aplicadas aos grupos de sociedades, semelhantes bases teóricas acarretariam diferentes consequências ou perspectivas regulatórias: segundo a teoria económica da empresa, a organização surgiria como pura rede de relações de troca entre sujeitos portadores de recursos, em que a empresa surgiria como um dos extremos

aqueles que aqui estudamos – em que o sócio dominante é uma «empresa», prosseguindo interesses próprios, distintos e potencialmente em conflito com os da sociedade participada. De modo algum pode, por isso, concordar-se com a ideia de que o sócio dominante teria menos tendência para instrumentalizar a sociedade, prejudicando os demais sócios, na medida em que é ele quem arrisca mais nas operações sociais. Por outro lado, ao contrário do que se pretende, é inequívoco o relevo do princípio da correlação entre poder e responsabilidade no Direito português em geral e, em especial, no Direito codificado dos grupos de sociedades. A omissão de uma disciplina específica para a relação de domínio de modo algum serve de argumento em sentido contrário. Repare-se, de facto, que, no sistema do CSC, a simples influência dominante, aferida nos termos do artigo 486.º, não permite a emissão de instruções dirigidas à sociedade-filha, e muito menos consente a emissão de instruções desfavoráveis, as quais só são reconhecidas à sociedade directora ou totalmente dominante, nos casos de celebração de contrato de subordinação ou de participação totalitária (artigos 503.º e 491.º). Deste modo, a ausência de uma disciplina normativa específica para a (simples) relação de domínio apenas reflecte a visão do legislador português segundo a qual o poder de influência faltaria neste caso – ou pelo menos não poderia envolver prejuízos para as sociedades controladas –, de tal maneira que não haveria que associar ao seu exercício um regime especial de responsabilidade. Ali onde o CSC reconhece o referido poder de influência (i.e., nas relações de grupo: artigos 488.º ss.), prevê, efectivamente, um regime em que a correlação poder-responsabilidade resulta inequívoca: atente-se, no que toca aos poderes e deveres dos administradores, no artigo 504.º[71] ou, a res-

---

de um largo espectro de relações contratuais, que vão desde a simples transacção individual em mercado aberto até ao grupo empresarial multinacional: uma vez que a escolha da concreta estrutura é guiada por um critério de eficiência, «esta visão desafia a visão jurídica tradicional de acordo com a qual a criação do grupo de empresas se explica pela instrumentalização da empresa-filha no interesse da empresa-mãe ou traduz uma expressão da tendência para a concentração e monopólio»; já a teoria política da empresa, vendo o grupo de empresas como um fenómeno de poder, justificaria que «o programa político-jurídico de regulação deste fenómeno primacialmente orientado por uma finalidade crítica e de desmantelamento desta forma de poder ou, pelo menos, de legitimação e subordinação ao direito» [assim, TEUBNER, *O Direito como sistema autopoiético* (trad. port. da ed. alemã de 1989), Lisboa, 1993, 255 e 263].

[71] O reequilíbrio de poderes que a integração no grupo implica ao nível da gestão societária torna-se claro no artigo 504.º: ao acréscimo dos poderes da sociedade-mãe e dos seus administradores corresponde, naturalmente, um acréscimo dos deveres e da responsabilidade destes últimos (artigo 504.º/1 e 2), do mesmo modo que à compressão dos poderes dos administradores das sociedades subordinadas corresponde uma redução dos seus deveres e exclusão da sua res-

peito das responsabilidades da sociedade directora ou totalmente dominante, paradigmaticamente, nos artigos 501.º e 502.º.

Que não permaneçam dúvidas: o princípio da correlação poder-responsabilidade, expresso da velha máxima germânica *keine Herrschung ohne Haftung*, atravessa, de facto, o Direito português dos grupos. O que pode dizer-se – e com justeza – é que o legislador andou mal ao ignorar o controlo (quiçá, direcção unitária) exercido de facto, determinando um desfasamento entre a realidade jurídica e a realidade de facto e traçando, assim, um sistema incoerente, que desprotege os interesses em jogo. Mas cabe ao intérprete reconstruir o sistema normativo, restabelecendo ou reencontrando a correlação poder-responsabilidade que, afinal, se encontra na sua base.

Contra o apelo a este vínculo poder-responsabilidade quando se trata de fundamentar os deveres de lealdade não se diga também que assim se desvincula o sócio em geral, ou se estabelece a menor intensidade do seu dever sem fundamento aparente, quando se não trate de sócio maioritário: deve notar-se que, devido ao carácter transversal do princípio da boa fé, todo o sócio, pelo facto de o ser, vê a sua actuação limitada por deveres de lealdade, integrando estes o *status socii*. Simplesmente, a actuação *in concreto* do princípio da boa fé, enquanto regra de prevenção de danos, dá-se quando o sócio se encontra em posição de causar danos à sociedade ou aos sócios, *i.e.*, quando, no contexto societário, adquire uma posição intensificada de poder e, portanto, a possibilidade de ingerência na esfera jurídica alheia. Tendo em conta a função do princípio da boa fé e, assim, dos deveres de lealdade societários, não se vê que possa objectar-se à conclusão que se alcança. Pela mesma razão, não se compreende também a ideia de que o mesmo sócio poderia estar ou não vinculado por deveres de lealdade consoante o caso concreto em apreço ou a afirmação de que a concepção em causa deixaria por explicar o dever de boa fé em relação à sociedade[72]: o princípio da boa fé constitui princípio geral de Direito, naturalmente aplicável também no Direito societário, cuja eficácia operativa é alcançada quando se trata de prevenir danos na esfera dos sócios ou da sociedade, *maxime* decorrentes da posição de poder em que se encontra investido o sócio, na sua relação com os demais sócios ou com a própria sociedade.

Naturalmente que não basta, em termos dogmáticos, o apelo ao princípio da correlação poder-responsabilidade. É a existência de uma «ligação especial»

---

ponsabilidade (artigo 504.º/3). Cf. ANA PERESTRELO DE OLIVEIRA, *A responsabilidade civil dos administradores nas sociedades em relação de grupo*, Coimbra, 2007.

[72] CASSIANO DOS SANTOS, *Estrutura* cit., 540.

(*Sonderverbindung*) entre sócio e sociedade que justifica a imposição de deveres de lealdade, cujos ditames serão mais ou menos exigentes consoante a posição de poder em que o accionista em concreto se encontre. O reconhecimento destes deveres em nada depende da existência de uma relação de confiança: poderia pensar-se, na realidade, que fundamentaria a actuação da boa fé *in concreto* a existência dessa relação entre os sujeitos, equivalente àquela que, paralelamente, justificaria – segundo construção em declíneo[73] – os deveres de leal-

---

[73] No espaço jurídico germânico, lugar de origem, como dissemos, do tratamento dogmático e jurisprudencial da matéria, o desenvolvimento dogmático dos deveres de lealdade dos sócios resultaria, num primeiro momento, na esteira de A. HUECK e R. FISCHER, da *confiança* resultante da relação comunitária estabelecida *entre os sócios* e *com a sociedade* [aproveite-se para notar que não deve desvalorizar-se esta distinção de planos (deveres perante os outros sócios e deveres perante a sociedade), nem considerá-la «formalista» quando se trata de ponderar a fundamentação operativa dos deveres de lealdade, e isso ainda quando se conclua, a final, pela unidade fundamental da dogmática dos deveres de lealdade; não podemos, por isso, concordar com F. CASSIANO DOS SANTOS, *Estrutura* cit., 527, nota 892: é verdade que o interesse dos sócios só releva quando tem expressão social – *i.e.*, quando se trata de interesse dos sócio enquanto tal – mas, devido à interferência do *modo colectivo*, no sentido de MENEZES CORDEIRO, não existe coincidência entre interesse do sócio individualmente considerado e interesse social, como, aliás, aquele outro Autor reconhece]. A evolução da doutrina da lealdade (lealdade perante os sócios e lealdade perante a sociedade, insistimos) levaria ao abandono da confiança enquanto seu fundamento, em boa parte por necessidade de reconhecer a relevância dos deveres de lealdade também ali onde faltava essa relação de confiança. À medida que se foi avançando no reconhecimento dos deveres de lealdade nas sociedades de capitais, sobretudo nas sociedades por acções, a confiança foi dando lugar a outros fundamentos dogmáticos: assim, por exemplo, LUTTER, *Die Treupflicht des Aktionärs*, ZHR 153 (1989), 446-471, escreve que fundamento destes deveres não é a confiança entre accionistas mas a lei e o contrato e a necessidade de controlo da influência de que dispõem os accionistas; DREHER, *Treupflichten* cit., 154 ss., por seu lado, aponta que a relação de confiança não pode funcionar como fundamento ou critério da identificação dos deveres de lealdade, afirmando, na esteira de ZÖLLNER, que estes são «mais na medida da influência do que a medida da confiança pessoal»: na sociedade anónima a susceptibilidade de causar danos não é função da relação de confiança estabelecida entre as partes mas do poder que apresentam. Isso mesmo foi reconhecido pelo BGH, sendo paradigmática a conhecida sentença *Girmes* que, no culminar da evolução jurisprudencial iniciada com o caso *ITT* – e previamente anunciada pelo caso *Victoria* – reconheceu os deveres de lealdade dos accionistas maioritários devido ao poder que, em concreto, os mesmos assumiam na estrutura societária. Coerentemente, considera o Autor que, para saber se, num caso concreto, se deve admitir um dever de lealdade, deve atender-se ao critério da possibilidade de interferência nos interesses dos outros sócios, assentando a lealdade no poder do sócio ou accionista: a correlação poder-dever surge, pois, como razão de ser e critério de reconhecimento de deveres de lealdade, numa proposição constantemente reiterada na doutrina e jurisprudência germânica. Particular interesse, ainda segundo DREHER, teria o apelo a este princípio no domínio do Direitos dos grupos de sociedades, adaptando-se bem ao sistema pretendido pelo legislador, ao mesmo tempo que permitiria uma deri-

vação convincente da lealdade. Da cedência da confiança como base dogmática da lealdade de modo algum pode concluir-se qualquer perda de relevância autónoma da boa fé no domínio comercial, não sendo possível, designadamente, concordar com F. CASSIANO DOS SANTOS, *Estrutura* cit., 529, quando escreve que «o relevo da boa fé, ou, ao menos, o seu relevo autónomo, está obviamente associado à relação de proximidade social entre os sujeitos, transformando-se ou perdendo-se com a transição para a economia mercantil». As relações mencionadas pelo Autor (*relações especiais,* diríamos, no sentido germânico tradicional das *Sonderverbindungen*) não se perdem no domínio jus-mercantil, como pretendemos deixar claro, nem a boa fé vê reduzido o seu papel: bem ao contrário, a função da boa fé – sob as vestes do dever de lealdade – encontra no Direito comercial e societário espaço privilegiado de actuação, atendendo à incapacidade das normas juspositiva para afrontarem, em cada momento, todos os problemas suscitados nestes ramos do Direito. Como lapidarmente escreve MENEZES CORDEIRO, *Da boa fé* II cit., 1255: «compreende-se (...) a vocação marcada que a boa fé, desde as origens até hoje, com insistência nos períodos históricos de mudança, tem apresentado, para facultar soluções novas nas áreas de crescimento que, carecidas de regras específicas, devam, não obstante, ter solução dogmática e, ainda, nos pontos em que se verifique uma inadequação das regras existentes, as quais, por modificações ambientais ou sistemáticas, mais não provoquem do que saídas assentes em justificações formais». Trata-se de chamada de atenção com particular interesse perante o problema da lealdade dos sócios. Seja como for, a confiança, essa, recua seguramente enquanto fonte dos deveres de lealdade entre os sócios, reconhecendo-se deveres deste tipo onde ela falha, *maxime* invocando um dever de prossecução do fim social (*Förderpflicht*) – consagrado no § 705 BGB – ou apelando à já mencionada função de controlo do poder de influência do sócio (*Einwirkungskontrolle*) que se sobreporia à função de protecção da confiança (*Vertrauensschütz*) [cf. *v.g.,* HÜFFER, *Zur gesellschaftsrechtlichen Treupflicht als richterrechtlicher Generalklausel,* em *FS für Ernst Steindorff zum 70. Geburtstag am 13.März 1990,* Berlin, New York, 1990, 59-78, (73 ss.) e, sobretudo, ZÖLLNER, *Treupflichtgesteuertes Aktienkonzernrecht,* ZHR 162 (1998), 235-248], surgindo, não raramente, ambos os fundamentos conjugados: o dever de lealdade do sócio seria resultado da soma dos dois factores – *i.e.,* do dever de prossecução do fim comum e do princípio da correlação entre poder e responsabilidade (*keine Herrschung ohne Haftung*), conduzindo à afirmação de um dever de exercício dos direitos sociais com respeito pelo interesse da sociedade e dos demais sócios [*inclusive* no que toca aos por vezes designados «direitos egoístas» (*eigennützigen Rechte*)], numa proibição de prejudicar o fim social e ainda num dever de apoiar positivamente a prossecução do fim].

Claro que também estes modelos de fundamentação dogmática são susceptíveis de críticas. Seja como for, é lícito assentar que a imposição de deveres de lealdade aos sócios decorre, *ultima ratio,* de exigência da boa fé, feita actuar em concreto pelo poder de ingerência do sócio na esfera da sociedade e dos restantes sócios, justificando uma conexão ou ligação especial das partes: ultrapassando esta *Sonderverbindung* a intensidade das normais relações em sociedade e o alcance do princípio geral do *neminem laedere,* justifica-se a imposição de deveres de lealdade aos sócios (e, simultaneamente, à própria sociedade). Sobre a *Sonderverbindung,* cf., por todos, entre nós, CARNEIRO DA FRADA, *Contrato e deveres de protecção,* Separata RFDUL, Coimbra, 1994, 38 ss. e 53 ss.; *Teoria* cit., 742 ss.. Aluda-se ou não à ideia de «ligação especial», certo é que a boa fé releva, sempre, nas situações em que se relacionam, de modo específico, duas pessoas (cf. MENEZES CORDEIRO, *Da boa fé* II cit., 1255). O *status socii* importa, em si e por si, essa relação específica, justi-

dade dos sócios em geral. Não podemos, todavia, aceitar esta concepção. Não porque neguemos a susceptibilidade de concretização da boa fé através do princípio da protecção da confiança – tema que, de todo o modo, o estrito objectivo da presente investigação não obriga, nem permite, retomar – mas porque, seja qual for a concepção adoptada sobre o lugar da protecção da confiança no nosso ordenamento jurídico, falha a sua identificação nas relações de controlo (seja no caso de controlo derivado de participação social ou de controlo pelo credor). E isso quer se insista (como é correcto) numa casuística determinação da confiança individual dos entes empresariais envolvidos – conforme se impõe – quer se considere – mais simplesmente (mas de modo erróneo!) – ser suficiente, para justificar a protecção conferida pelo ordenamento jurídico, uma confiança meramente presumida ou mesmo ficcionada. A natureza da relação de controlo e o estável conflito que institui não se coadunam sequer com semelhante presunção ou ficção de confiança. Se a lealdade é devida tal ocorre, portanto, não por força de relação de confiança, que não existe, mas pelo poder de ingerência que a ligação especial entre controladora e controlada gera, com o inerente imperativo de limitação da posição em que se encontra para causar danos à sociedade controlada. É irrelevante, para o efeito, se o controlador é simultaneamente sócio ou não.

Identifica-se, na realidade, uma ligação especial entre credor controlador e controlada (empresa devedora), equivalente (em termos quantitativos e qualitativos) àquela que liga accionista controlador e sociedade controlada, fundamentando deveres de lealdade paralelos.

Deve insistir-se que não é o simples facto do financiamento mas o poder de influência adquirido que justifica a imposição de deveres de lealdade aos credores sociais. Noutros termos, a mera participação financeira não é suficiente para considerar os credores como fiduciários de interesses alheios. Em

---

ficando que sobre todo o sócio, independentemente da participação que detenha, recaiam deveres de lealdade, que, em concreto, são feitos actuar com vista a balizar o exercício do poder de ingerência que a relação especial cria. Daí que seja, sobretudo, perante as hipóteses em que a posição de sócio cria uma relação de controlo que os deveres de lealdade maior relevo obtêm. É dessas constelações que curamos no texto. Quando dizemos que os deveres de lealdade dos sócios decorrem do seu «estado de sócio» não estamos a afirmar que tais deveres são decorrência do contrato de sociedade – mesmo que visto como contrato de organização – que dá origem à relação de socialidade: não se trata de fundar no contrato a relação social especial – até porque esta pode ter fonte distinta do contrato – mas sim de colocar esses deveres no âmbito da posição social complexa. Seja como for, os deveres de lealdade dos sócios não podem, seguramente, ser negados, devendo afastar-se, decididamente, a visão defendida por F. CASSIANO DOS SANTOS, *Estrutura* cit., 527 ss..

particular, não é procedente a construção de um modelo de responsabilidade dos credores assente na ideia de confiança: o modelo das «cascatas de crédito» (*Kreditkaskaden*), que parte da verificação empírica da existência de confiança entre os diversos credores e vê os *adjusting creditors* como fiduciários (*Treuhänder*) dos outros credores, não é capaz de convencer. Ideia base desta construção é a verificação da existência de uma multiplicidade de fontes de informação ao dispor dos credores tendo em vista a avaliação do risco do crédito (*v.g.*, publicidade das contas, publicidade do mercado de capitais, *ratings* externos, informação obtida pelos próprios credores) mas que, por razões várias, não são utilizadas suficientemente. A (aparente) falta de auto-protecção dos credores seria justificada pela importância crucial atribuída pelos credores a outras informações: em especial, nada cria tanta confiança nos credores como a confiança de outros, de tal maneira que ninguém obtém crédito tão facilmente como aquele que já tem crédito. Assim, a atribuição de financiamento por um conduz à atribuição de financiamento por outro, originando um fenómeno, empiricamente comprovado, de «cascata de crédito», que justificaria a imposição da condição de fiduciários aos *adjusting creditors*. Fonte dos deveres dos credores seria, pois, *ultima ratio*, o princípio da protecção da confiança[74]. Trata-se de concepção insustentável: a confiança que exista em hipóteses como a descrita não justifica a protecção do Direito.

O problema do grau de controlo exigível para a colocação dos credores controladores em posição equivalente à dos accionistas (*insiders*) tem sido particularmente trabalhado nos ordenamentos norte-americanos, da perspectiva da sujeição dos respectivos créditos ao regime da «subordinação equitativa» (*equitable subordination*) em caso de insolvência: esta é, na realidade, uma das consequências principais da *lender liability* nos Direitos anglo-saxónicos já aplicada, por diversas vezes, pelos tribunais dos Estados Unidos, conforme comprova o extenso levantamento levado a cabo por Blumberg[75]. Como escreve este Autor, «embora o controlo e as obrigações fiduciárias que o acompanham provenham, habitualmente, da titularidade de participação social controladora, também pode decorrer do poder económico do mutuante sobre o devedor incumpridor», de tal maneira que aquele também já foi sujeito à *equitable subor-*

---

[74] Cf., em apreciação (crítica) a esta concepção, SERVATIUS, *Gläubigereinfluss* cit., 278.
[75] BLUMBERG/STRASSER/GEORGAKOPOULOS/GOUVIN, *Blumberg on corporate groups* V cit., § 174-9, nota 24. Particular destaque merecem os casos *Fabricators, Inc. v. Technical Fabricators, Inc.*, 926 F.2d 1458 (5th Cir. 1991); *Allied Eastern States Maintenance Corporation v. Miller* (in re *Lemco Gypsum, Inc.*), 911 F.2d 1553 (11th Cir. 1990); *Trone v. Smith* (in re *Westgate-Cal., Corp.*), 642 F.2d 1174 (9th Cir. 1981); *Benjamin v. Diamond* (in re *Mobile Steel Co.*), 563 F.2d 692 (5th Cir. 1977).

dination doctrine[76]. Para tanto não é suficiente, todavia, que o credor pressione o devedor no sentido de melhorar as condições contratuais a seu favor utilizando a ameaça de recusar futuros empréstimos[77]; também não basta qualquer «medida de controlo dirigida a proteger as garantias do crédito»[78], do mesmo modo que a mera existência do controlo adequado a garantir o pagamento, sem mais, não fundamenta a subordinação dos créditos[79]. A «capacidade [do credor] para determinar a obediência do devedor à sua política [deve ser] de tal maneira arrebatadora que tenha existido, em alguma medida, uma fusão de identidades»[80-81]. A imposição de deveres de lealdade aos credores não exige tanto: na realidade, não se justificaria formular exigências mais apertadas no caso dos credores controladores do que nos casos de controlo em geral. Da perspectiva em que nos situamos, basta reconhecer que, caso o controlo exercido pelo mutuante seja equiparável ao controlo exigido pelos accionistas, não há como recusar a sujeição de uns e outros a deveres de lealdade equivalentes[82]. O reconhecimento de uma ligação especial entre credor controlador e sociedade não oferece, naturalmente, dificuldades, o mesmo sucedendo, por inerência, com a actuação do princípio da lealdade.

Pela mesma razão não há como negar, em coerência com o que escrevemos, que também outros contratos (que não apenas os de financiamento) podem dar origem a situações de controlo nas quais se justifica a imposição de deveres de lealdade paralelos. De facto, não parece que possa afirmar-se gene-

---

[76] BLUMBERG/STRASSER/GEORGAKOPOULOS/GOUVIN, *Blumberg on corporate groups* V cit., § 174-5.
[77] *W.T. Grant Company*, 669 F.2d 599 (2d Cir. 1983).
[78] *Markowitz v. Heritage Bank*, 25 Bankr. 963 (Bankr. D.N.J. 1982).
[79] *Carlson v. Farmers Home Administration*, 744, F2d 621 (8th Cir. 1984).
[80] BUDNITZ/CHAITMAN, *The law of lender liability*, 7-18, apud BLUMBERG/STRASSER/ GEORGAKOPOULOS/GOUVIN, *Blumberg on corporate groups* V cit., § 174-6.
[81] Cf. BLUMBERG/STRASSER/GEORGAKOPOULOS/GOUVIN, *Blumberg on corporate groups* V cit., § 174-6.
[82] No que toca à subordinação equitativa, os tribunais norte-americanos têm, no entanto, distinguido entre a subordinação de créditos de *insiders* e de *non-insiders,* colocando maiores obstáculos à subordinação nestes últimos casos. Bem significativo é o caso *Teltronics. Services, Inc. v. LM Ericsson Telecomunnications, Inc.,* 29 Bankr. 139 (Bankr. E.D.N.Y. 1983): «*the primary distinction between subordinating the claims of insiders versus those of non-insiders lies in the severity of misconduct required to be schown, and the degree to which the court will scrutinize the claimant's actions toward the debtor or its creditors. Where the claimant is a non-insider, egregious conduct must be proven with particularity (...)»*. Não obstante o entendimento da jurisprudência norte-americana, nos casos de *equitable subordination* não temos dificuldades em afirmar que, no que toca, em termos mais amplos, à imposição de deveres de lealdade é suficiente a existência de controlo. Trata-se, de resto, de afirmação coerente com a análise que temos realizado até aqui.

ralizadamente e em abstracto que os restantes credores da sociedade (*v.g.*, fornecedores) e outros sujeitos (*v.g.*, franqueadores) não adquirem uma ligação de proximidade com a sociedade equivalente àquela que é estabelecida pelos financiadores[83], antes se justificando o tratamento destas últimas situações em pé de igualdade com as primeiras.

Aqui chegados, impõe-se concluir que o princípio da boa fé, feito actuar em concreto pelo poder de domínio de que dispõe o credor, que estabelece uma conexão especial com a sociedade, determina a vinculação do credor controlador a deveres de lealdade tipicamente societários. O seu conteúdo não pode ser determinado em abstracto e só a *praxis* societária, traduzida em decisões jurisprudenciais (por ora inexistentes) poderá permitir a consolidação da matéria ou a formação de casos típicos de lealdade dos credores, como tem sido feito a respeito dos deveres equivalentes a cargo dos administradores ou dos sócios. Trata-se, por isso, de tema a que importará regressar.

Para já, lembre-se apenas que se demarca, habitualmente, nos deveres de lealdade um conteúdo passivo (*passive Loyalitätspflicht*) e um conteúdo activo (*aktive Förderungspflicht*)[84]: se a lealdade surge, *prima facie,* como dever de conteúdo tipicamente passivo (o dever de omitir intervenções danosas), ganha, verdadeiramente, a sua individualidade quando se analisa o seu conteúdo activo, *maxime* o dever de prossecução do fim ou do interesse social, com múltiplas configurações e alcance diverso. Verdadeiramente distintivo, na realidade, é o dever que sobre o sujeito vinculado impende de prosseguir o fim social, enquanto princípio rector (*Leitprinzip*) de toda a actividade societária e, nessa medida, critério positivo da actuação dos administradores e dos sócios no âmbito societário. Apesar de normalmente apresentado como barreira negativa, o «conteúdo de afectação positivo» do fim social tem sido também trabalhado enquanto máxima compulsória de actuação[85]: se a sociedade é constituída em função da realização de um dado fim, esse fim constitui, plausivelmente, padrão vinculativo de alinhamento do comportamento dos diversos sujeitos envolvidos. A vinculação ao fim é, pois, componente inalienável do estado de sócio, como o é do estado de administrador, derivando, em última análise, da natureza da sociedade como associação finalística. O mesmo se aplicará quando o

---

[83] Cf. SERVATIUS, *Gläubigereinfluss* cit., 6.
[84] Cf., *v.g.*, ZIEMONS/JAEGER, *Treupflichten bei der Veräußerung einer Beteiligung an einer Aktiengesellschaft,* AG 8/1996, 358-366 (359 s.).
[85] HOMMELHOFF, *Konzernleitungspflicht. Zentrale Aspekte eines Konzernverfassungsrechts,* Köln, Berlin, Bonn, München, 1982, 54.

credor assume o controlo da sociedade: se o credor actua sobre o governo e as políticas sociais deve fazê-lo em conformidade com o fim da sociedade controlada, ainda que com as modificações determinadas pela situação de estrutural conflito de interesses em que se encontra. As aplicações concretas dos deveres de lealdade dos credores, *v.g.*, ao nível (preventivo) da limitação do seu poder fáctico de instrução da sociedade controlada e ao nível (ressarcitório) da sua responsabilização perante a sociedade e restantes credores sociais, merecem aprofundamento que não pode ter lugar no presente contexto. Por ora, queremos apenas sublinhar que os credores controladores, à semelhança dos sócios, se encontram submetidos a deveres de lealdade e deixar algumas pistas de investigação sobre a matéria, que deve ser estudada em termos integrados.

Algumas notas sobre a parassocialidade no Direito português

ANA FILIPA LEAL

SUMÁRIO: *I – Introdução. II – A polifuncionalidade dos acordos parassociais: 1. Perfil funcional; 2. A heterogeneidade dos acordos parassociais. III – A socialidade e a parassocialidade: 3. A inclusão dos acordos parassociais no quadro regulador dos interesses societários; 4. A delimitação do âmbito subjectivo dos acordos parassociais; 5. A conversão de cláusulas sociais ou de deliberações sociais inválidas em acordos parassociais. IV – Os limites à autonomia privada no domínio parassocial: 6. Os acordos parassociais e a autonomia privada; 7. A análise do artigo 17.º do Código das Sociedades Comerciais: 7.1. A contrariedade à lei; 7.2. Os acordos parassociais relativos ao exercício de função de administração e de fiscalização; 7.3. As restrições constantes do artigo 17.º, n.º 3, alíneas a) e b); 7.4. As proibições ao comércio de votos; 8. Limitações derivadas do contrato social; 9. Os limites derivados da tutela ao interesse social. V – A eficácia relativa dos acordos parassociais e o não cumprimento das vinculações nele assumidas: 10. O princípio da eficácia relativa dos contratos parassociais; 11. O incumprimento do acordo parassocial.*

I. Introdução★

Quando, em 1942, Giorgio Oppo propôs a designação de *contratos parassociais* para aqueles "acordos celebrados pelos sócios [...], exteriores ao acto constitutivo e aos estatutos [...], para regular *inter se* ou ainda nas relações com a sociedade, com órgãos sociais ou com terceiros, um certo interesse ou uma certa conduta social"[1], estava o autor italiano longe de adivinhar que acabara

---

★ Os artigos referidos sem a menção do respectivo diploma pertencem ao Código das Sociedades Comerciais.

[1] Cf. GIORGIO OPPO, *Contratti parasociali*, Milano, 1942, p. 1. Mais recentemente, do mesmo

de esculpir a noção[2] dos particulares fenómenos negociais da prática societária que desde há muito se vinham impondo no tráfego jurídico[3]. O estudo dos

---

autor, *Le convenzioni parasociali tra diritto delle obbligazini e diritto delle società, in* Rivista di Diritto Civile (Riv. dir. civ.), 1987, Parte I, p. 517.

[2] Esta foi, de resto, uma designação desde logo aceite pela generalidade da doutrina italiana para aludir aos negócios acessórios do contrato social. Cf. GIUSEPPE SANTONI, *Patti parasociali*, Eugenio Jovene, Napoli, 1985, p. 2; LUIGI FARENGA, *I contratti parasociali*, Milano, 1987, p. 4, afirmando que "*tale espressione, tanto è felice nella sua formulazione* [...]*, tanto nasconde alle sue spalle una realtà in cui si riscontrano fattispecie diffcilmente riconducibili ad un fenomeno omogeneo*" ou, mais recentemente, RAFFAELE TORINO, *I contratti parasociali*, 2000, p. 6, ao referir que "*il principale pregio della predetta locuzione consiste nella sua capacità di evocare unitariamente una molteplicità di fattispecie negoziali*". Esta expressão acabaria por ser ulteriormente exportada para outros ordenamentos jurídicos, como o alemão, onde estas ideias encontram correspondência na designação habitual de convenções ou contratos acessórios ("*Nebenabreden*" ou "*Nebenverträge*") (cf. MARTIN DÜRR, *Nebenabreden im Gesellschaftrecht*, 1994), ou como o português, onde a expressão "*acordo parassocial*" terá sido introduzida por FERNANDO GALVÃO TELLES, em 1951 (cf. *União de contratos e contratos para-sociais, in* Revista da Ordem dos Advogados (ROA), 11, 1951, 1 e 2, (37-103), pp. 73 e ss.), para mais tarde assistirmos ao seu reconhecimento normativo no artigo 17.º do Código das Sociedades Comerciais.

[3] Em termos históricos, a origem de uma problematização jurídica dos acordos parassociais encontra-se intimamente ligada aos acordos sobre o exercício do direito de voto. Não admira, por isso, que este tipo de acordos tenha tido no Direito anglo-americano e no Direito germânico um desenvolvimento precoce (que data de finais do século XIX), ordenamentos em que se acolhe uma concepção puramente patrimonial do direito de voto, ao contrário do que aconteceu nos sistemas latinos (Cf. FARENGA, *op. cit.*, pp. 13 e ss.; LUCA SIMONETTI, *Gli "shareholders' agreements" in Inghilterra, in* BONELLI/JAEGER, *Sindicati di voto e sindicati di blocco,* 1993, (433-447), pp. 438 e ss.; L. GOWER, *The Principles of Modern Company Law*, 3.ª ed., London, 1969, pp. 484 e ss.) Ainda que o estudo comparado da evolução histórica deste tema, no plano legal, jurisprudencial e doutrinal, se revista de manifesta relevância, sublinhe-se, tão-somente, que nos países anglo-saxónicos, pioneiros neste tipo de acordos, apenas em situações extremas, face a fraudes desenvolvidas em prejuízo de sócios minoritários, se prevê uma intervenção do ordenamento, dando-se espaço a uma forte capacidade de iniciativa individual (cf. THOMAS JOYCE, *Shareholders agreements: a U.S. Perspective, in* BONELLI/JAEGER, *Sindicati di voto e sindicati di blocco,* 1993, (355-377), pp. 365 e ss.).
O ordenamento jurídico germânico também desde cedo reconheceu validade aos acordos parassociais, em especial aos acordos de voto, a partir da histórica sentença do *Reichsgericht* de 19-06-1923; tal permitiu que o Direito alemão, em termos de Direito Comparado, ganhasse decisivo avanço no estudo dogmático das questões relacionadas com o limite da validade e eficácia de tais acordos, daí que o primeiro diploma a encarar de forma positiva estes negócios fosse a *Aktiengesetz* de 1965, nos seus §§ 136, (2) e 405, (3) 5 e 6. Diga-se, com MENEZES CORDEIRO (*Manual de Direito das sociedades*, I, 2.ª ed., 2007, p. 641 e ss.), que este regime amplamente favorável deriva de imperativos de organização económica, sendo o reflexo da lógica empresarial tradicionalmente gravada na gestão das sociedades, alcançando-se, através de tais acordos, uma administração estável (apesar da dispersão do capital) e estratégias coerentes de gestão. Sobre a

evolução desta figura no direito germânico, veja-se, entre outros, ZÖLLNER, *Zu Schranken und Wirkung von Stimmbindungsverträgen, insbesondere bei der GmbH, in* Zeitschrift für das gesamte Handelsrecht und Wirtschaftsrecht (ZHR), n.º 155, 1991, pp. 68 e ss.; KARSTEN SCHMIDT, *Gesellschaftsrecht*, 4.ª ed., 2002, pp. 615 e ss., KLAUS-PETER MARTENS, *Stimmrechtsbeschränkung und Stimmbindungvertrag im Aktienrecht, in* Die Aktiengesellschaft (AG), 1993, (495-502), pp. 497 e ss..
Refira-se, ainda, a experiência italiana, em que, tradicionalmente, tanto a doutrina como a jurisprudência negavam a validade dos acordos parassociais, designadamente no que respeitava aos acordos de voto (cf. a posição inicial de TULLIO ASCARELLI, *La liceità dei sindicati azionari, in* Rivista di diritto commerciale e del diritto generale delle obbligazioni (Riv. dir. comm.), 1931, II (256-272), pp. 256 e ss., que acabaria por evoluir no sentido de um progressivo alargamento dos parâmetros de admissibilidade destes acordos). Os acordos parassociais foram subsequentemente admitidos – porventura graças ao contributo alemão –, embora com base na distinção entre efeitos externos e internos, pois que o pacto parassocial não comportaria esses efeitos externos (sendo irrelevante no tocante às suas relações com a sociedade), mas já poderiam ser admitidos nas relações puramente internas (cf. a actual obra de referência de GIORGIO SEMINO, *Il Problema della validità dei sindicati di voto*, 2003, pp. 25 e ss. e 195 e ss.). O legislador italiano acabou por consagrar dois artigos sobre acordos parassociais – os artigos 2341-*bis* e 2341-*ter* – com a alteração do Código Civil concretizada pela Reforma Societária de 2003, em que é introduzida, na definição legal, uma nota funcional, uma restrição de âmbito material às sociedades anónimas e àquelas que as controlarem, assim como se fixam balizas para a duração destes pactos – soluções devidamente aplaudidas por autores como SEMINO (*op. cit.*, pp. 341 e ss.).
O Direito francês, por fim, é tradicionalmente considerado pouco permissivo em relação aos acordos parassociais, especialmente quanto aos acordos de voto. Como sistema onde subjaz, ainda, uma concepção do voto como direito funcional, não podendo este ser exercido fora do seu quadro próprio e que primeiro regulou legislativamente a sociedade anónima, denota uma maior protecção aos princípios de *"democracia accionista"* (cf. A. CERRAI/A. MAZZONI, *La tutela del socio e delle minoranze, in* Rivista delle Società (Riv.Soc.), 1993, p. 62), o que motivou o desfavor que impende sobre os pactos parassociais. Note-se que, contrariamente ao que sucedeu na Alemanha, em que estes acordos foram precisamente consagrados tendo em consideração as exigências de concentração e de racionalização, e tendo como escopo máximo a prossecução do interesse social, já no ordenamento jurídico francês, estes terão sido – pelo menos inicialmente – utilizados como forma de defraudar o pacto social, daí o seu apertado regime (cf. PHILIPPE MERLE, *Droit Commercial/Sociétés commerciales*, 10.ª ed., 2005, pp. 370 e ss.). De qualquer forma, ainda que a lei das sociedades comerciais de 1966 apenas se refira à punição da *venda de votos* (artigo 440.º, n.º 3 da actual L. 242-9, 3 do Código de Comércio), é o labor jurisprudencial que tem ditado a validade das convenções nos grupos de sociedades quando estejam de acordo com o interesse social e propugnado a nulidade das convenções pelas quais o accionista se obrigue antecipadamente a votar num ou noutro sentido. Para uma visão geral da evolução deste tema no ordenamento jurídico francês, cf. DIDIER MATRIN, *Les conventions de vote en France*, in BONELLI/JAEGER, *op. cit.*, pp. 377 e ss.
Para uma mais completa abordagem histórico-comparativa, cf., entre nós, MENEZES CORDEIRO, *Manual de Direito das sociedades*, I, 2.ª ed., 2007, pp. 638 e ss.; MARIA DA GRAÇA TRIGO, *Os Acordos Parassociais sobre o exercício do direito de voto*, Lisboa, 1998, pp. 43-134; MÁRIO LEITE SANTOS, *Contratos parassociais e acordos de voto nas sociedades anónimas*, Lisboa, 1996, pp. 81-171.

contratos parassociais constitui matéria de indiscutível interesse, dada a relevância que estes assumem na vida das sociedades comerciais. Sendo hoje considerados uma "banalidade"[4] e acompanhando de perto a vida das sociedades desde o momento em que são constituídas até à sua dissolução, a disseminação dos acordos parassociais na prática societária chega a criar uma verdadeira estandardização social deste tipo de cláusulas[5], assim como tem rendido a doutrina à sua indispensabilidade, afirmando Santoni – ainda que com algum exagero – que "nenhuma sociedade poderia funcionar regularmente sem o recurso a este tipo de esquemas"[6]. Note-se que esta relevância prática dos acordos parassociais assume maior acuidade nas sociedades de capitais, especialmente nas sociedades anónimas. Na medida em que estas se distinguem por uma estrutura organizativa dominada pelo relativo apagamento do elemento pessoal a favor do elemento patrimonial, os adequados acordos entre os sócios servem aqui de instrumento de invasão do *intuitus personae* no âmbito do *intuitus pecuniae*, participando no já conhecido e irrefutável movimento de personalização destas sociedades, para o qual alerta Maria João Tomé[7].

Paradoxal parece, por isso, que, face à sua importância fáctica, o estudo destes acordos se depare com tão sérios obstáculos na documentação da amplitude da sua difusão; todavia, tal explica-se pelo facto de lhe estarem associadas, geralmente, cláusulas de confidencialidade[8] que vinculam as partes contratantes, empregando até a doutrina, a este respeito, expressões bem pictóricas para designar estes acordos, tais como o *"manto de silêncio"*[9] ou o *"lado escuro da*

---

[4] Cf. PEDRO PAIS DE VASCONCELOS, *A participação social das sociedades comerciais*, 2.ª ed., 2006, Lisboa, p. 65.
[5] Cf. PAULO CÂMARA, *Parassocialidade e transmissão de valores mobiliários*, Dissertação de Mestrado, Faculdade de Direito da Universidade de Lisboa (FDL), 1996, p. 18. Também neste sentido, H. BAUMANN/W. REISS, *Satzungsergänzende Vereinbarungen – Nebenverträge im Gesellschaftsrecht. Eine rechtstatsächliche und rechtdogmatische Untersuchung*, in Zeitschrift fur Unternehmens und Gesellschaftsrecht (ZGR), 1989, p. 159.
[6] Cf. G. SANTONI, *op. cit.*, p. 2. Também ASCARELLI, *op. cit.*, p. 256, há mais de meio século, afirmava estar já feita a prova de que a vida societária não pode dispensar os acordos parassociais (sem utilizar, contudo, esta terminologia). Entre nós, cf., desenvolvidamente, MÁRIO LEITE SANTOS, *op. cit.*, pp. 10 e ss.
[7] Cf. MARIA JOÃO TOMÉ, *Algumas notas sobre as restrições contratuais à livre transmissibilidade de acções*, in Direito e Justiça, IV, 1989-90, pp. 213 e 214. Também neste sentido, SANTONI, *op. cit.*, p. 6.
[8] O seu carácter sigiloso levou a que estes acordos fossem inicialmente designados de *pactos secretos* ou *reservados*, como o fizeram CUNHA GONÇALVES, *Comentário ao Código Comercial Português*, 1914, 1.º, p. 226 e JOSÉ TAVARES, *Sociedades e empresas comerciais*, 1924, p. 335.
[9] Cf. PAULO CÂMARA, *Parassocialidade e transmissão de valores mobiliários*, FDL, 1996, p. 21.

Lua"[10]. Por outro lado, uma grande fatia da prática parassocial foge ao crivo da jurisprudência, dada a multiplicação de cláusulas compromissórias e a genérica preferência pela resolução extra-judicial dos litígios que daí possam surgir[11]. Há, porém, uma tendência, no domínio do mercado financeiro, no sentido de tornar públicos os acordos parassociais celebrados entre sócios de sociedades que estejam sujeitas à supervisão de entidades reguladoras. Algumas normas impositivas de deveres de informação podem ser encontradas no artigo 19.º do Código dos Valores Mobiliários – que exige que sejam comunicados à CMVM os acordos parassociais que "*visem adquirir, manter ou reforçar uma posição qualificada em sociedade aberta, ou assegurar ou frustrar o êxito de oferta pública de aquisição*" –; no artigo 111.º do Regime Geral das Instituições de Crédito e Sociedades Financeiras – que obriga a registar no Banco de Portugal "*os acordos parassociais entre accionistas de instituições de crédito relativos ao exercício do direito de voto*", "*sob pena de ineficácia*" – e no artigo 55.º, n.º 1, do Decreto-Lei n.º 94-B/98, de 17 de Abril, relativo ao regime das instituições seguradoras, em tudo semelhante ao artigo 111.º do RGIC.

Os acordos parassociais, como instrumentos que determinam reflexos no exercício dos direitos dos sócios e na condução dos destinos das sociedades, não são mais do que uma das formas de manifestação da comparticipação dos sócios na vida societária, o que constitui uma das facetas elementares do *status* de que gozam. A proliferação deste tipo de engenhos negociais está, assim, longe de ser inócua, ainda para mais quando a sua influência no funcionamento societário aumenta exponencialmente em razão directa dos sócios que neles figuram como partes. Pode, por isso, afirmar-se que, em virtude da função complementadora que os mesmos desempenham em relação aos elementos estatutários, dada a rigidez e a insuficiência das formas societárias do catálogo geral para corresponder às necessidades do tráfego mercantil[12], assuntos relevantes da vida das sociedades, em vez de serem tratados no seio de órgãos societários, mormente no âmbito da discussão e de votação em assembleia, são, ao invés, debatidos na negociação ou na execução de acordos parassociais, assumindo-se estes como sucedâneos dos normais mecanismos decisórios[13]. Toda-

---

[10] Cf. NOACK, *Gesellschaftervereinbarungen bei Kapitalgesellschaften*, Tübingen, 1994, pp. 3 e 4.
[11] Cf. ARAGÃO SEIA, *O papel da jurisprudência na aplicação do Código das Sociedades Comerciais*, pp. 20 e ss.
[12] Cf. SANTONI, *op. cit.*, pp. 2 e ss.; em idêntico sentido, L. FERNANDEZ DE LA GANDARA, *La atipicidade en Derecho de sociedades*, Zaragoza, 1977, p. 189.
[13] Sobre esta função complementadora, cf., entre nós, PAULO CÂMARA, *op. cit.*, p. 21.

via, se é certo que a opção pela celebração de acordos parassociais traz consigo inúmeras possibilidades e traduz a expressão da autonomia negocial dos sócios, tal não significa que a sua utilização seja isenta de riscos: mediante estes esquemas contratuais, as partes podem defraudar todas as regras societárias e os próprios estatutos. Deste modo, a admissibilidade de acordos parassociais está sujeita a um regime cauteloso, traçado, entre outros, pelo artigo17.º, o qual se inserirá no cerne deste breve estudo.

II. A polifuncionalidade dos acordos parassociais

1. *Perfil funcional*

O Código das Sociedades Comerciais, no seu artigo 17.º, n.º 1, veio admitir genericamente os acordos parassociais[14], o que alterou a orientação antes prevalecente de os considerar excluídos por falta de base legal[15]. Nas economias de mercado, os acordos parassociais tornaram-se instrumentos muito importantes para a condução dos destinos das empresas e dos seus grupos, na medida em que permitem adaptar a excessiva rigidez dos tipos legais societários às conveniências dos sócios[16] ou formar uma base de apoio para a consti-

---

[14] Não se pense, contudo, que a introdução do artigo 17.º no CSC foi pacífica. Pronunciaram-se a favor da validade dos acordos parassociais autores como MANUEL DE ANDRADE/FERRER CORREIA (*Pacto de preferência de venda de acções*, Lisboa, 1955, pp. 29 ss.) ou GALVÃO TELLES (*op. cit.*, pp. 37 e ss), enquanto alguns autores como BARBOSA DE MAGALHÃES *(Inadmissibilidade dos sindicatos de voto*, La società per azioni alla metà del secolo XX, Studi in Memoria di Angelo Straffa,Vol. 1, 1962, pp. 23 ss.) ou FERNANDO OLAVO (*Sociedades anónimas, sindicatos de voto, in* O Direito, ano 83, p. 187), se inclinaram para a sua invalidade. Entretanto, alguma doutrina ia assumindo uma posição mais permissiva quanto a estes acordos, com destaque para VASCO LOBO XAVIER (*A validade dos sindicatos de voto no direito português constituído e constituendo*, ROA, 1985, pp. 639 e ss.) Não se pode deixar de referir, igualmente, a contribuição do Direito comunitário para o tratamento dos acordos parassociais no nosso ordenamento jurídico, na medida em que a última redacção (1989) da Proposta de 5.ª Directriz sobre a harmonização do Direito das sociedades, de 1983 – que reflecte a influência alemã dos §§ 136 (2) e 405 (3) (5) (6) AktG –, acabaria por ser transposta *ad nutum* para o artigo 17.º CSC.

[15] Note-se que muitos destes acordos parassociais não passavam de acordos de cavalheiros, o que explica a relutância do recurso às vias judiciais nos casos de incumprimento. Cf. COTTINO, *Diritto commerciale – Le società et le alter associazioni economiche*, vol. I, Tomo II, 2.ª ed., Padova, 1987, pp. 428 e ss.

[16] Veja-se, contudo, que se os contratos parassociais não estão sujeitos a exigências legais de forma, por outro lado, enquanto a alteração do contrato de sociedade se basta com uma maioria

tuição de uma nova sociedade. Têm, por outro lado, uma função ligada ao controlo das sociedades[17], podendo servir para consolidar maiorias de poder que sem eles seriam instáveis (controlo defensivo[18]) e que garantam a orientação dos destinos da sociedade, designadamente das suas políticas de gestão plurianuais, e para provocar mudanças no controlo societário (controlo ofensivo). Além disso, a celebração de contratos parassociais pode ser dirigida à protecção dos sócios minoritários, surgindo a par dos mecanismos de tutela das minorias que têm força legal, assim como pode servir de instrumento de domínio intersocietário nas relações de grupos[19].

Explica-se, assim, a proliferação dos acordos parassociais. Porém, o sistema em que assenta a constituição e o funcionamento das sociedades comerciais sofre uma entorse com a multiplicação deste tipo de contratos[20], não só porque não estão sujeitos ao controlo da legalidade por parte do notário ou do conservador, mas também porque logram alterar a distribuição interna dos poderes societários, designadamente, com a erosão dos poderes da assembleia geral, o que justifica o seu regime cauteloso delineado pelo artigo 17.º, n.º 1.

2. *A heterogeneidade dos acordos parassociais*

A realidade dos acordos parassociais é extremamente variada, pelo que se afigura "tarefa hercúlea e inútil"[21] assinalar todas as configurações que estes

---

qualificada, a alteração do acordo parassocial reclama a unanimidade dos contraentes (artigo 406.º, n.º 1 CC) – o que significa que, deste prisma, estes gozam até de maior estabilidade. Porque alheados da lógica de alteração por deliberação maioritária, os acordos parassociais também podem gerar situações de rigidez problemáticas para o destino das sociedades, situações de impasse designadas de *"deadlock effect"* (cf. PAULO CÂMARA, *op. cit.*, p. 95). Fala-se, por isso, de contratos parassociais que prevêem mecanismos de alteração contratual por consenso maioritário das partes. Sobre estes, cf. SIMONART, *op. cit.*, p. 82.

[17] Cf., sobre esta função em especial, BAUMANN/REISS, *op. cit.*, pp. 162 e ss.; LEITE SANTOS, *op. cit.*, pp. 181 e ss.

[18] Cf. PAULO CÂMARA, *op. cit.*, p. 95.

[19] Cf. ENGRÁCIA ANTUNES, *Os grupos de sociedades*, 1993, pp. 157, 166 e 378 e ss.

[20] A conexão dos acordos parassociais com o movimento contratualista que se faz sentir no direito das sociedades comerciais –o qual se opõe ao movimento institucionalista – é abundantemente tratado na doutrina francesa: cf, por todos, SIMONART, *La contractualisation des sociétés ou les aménagements contractuels des mécanismes sociétaires*, in RPS, n.º 2, 1995, pp. 75 e ss.; ROSSI, *Il fenomeno de dei gruppi ed il diritto societário: un nodo a risolvere*, Riv. Soc., 1995, pp. 1143 e ss., por seu turno, prefere falar de uma tendência de *desregulamentação*.

[21] Cf. PAULO OLAVO CUNHA, *Direito das sociedades comerciais*, 3.ª ed., 2007, p. 148.

podem revestir, até porque estamos no domínio, por excelência, da autonomia privada. Surgindo em função dos interesses que as partes pretendem prosseguir, tem sido adoptada, pela maioria dos autores[22], uma tipologia que divide os *acordos relativos ao regime das participações sociais*, os *acordos relativos ao exercício do direito de voto* e os *acordos relativos à organização da sociedade*.

Nos primeiros podemos encontrar a regulação de aspectos relativos à participação social, como a aposição de restrições extra-estatutárias à transmissibilidade das participações sociais; a sujeição da transmissão da participação social ao consentimento das partes do acordo parassocial; direitos de opção, na compra (*call option*) ou na venda (*put option*)[23] das participações sociais; a consagração de direitos de preferência, a favor das partes do contrato parassocial, na aquisição das participações sociais, entre outros.

Quanto às convenções de voto, pode afirmar-se a genérica predilecção pelo seu tratamento por parte da doutrina e da jurisprudência, não estivessem estas ligadas à origem da problematização jurídica dos acordos parassociais. Além disso, trata-se dos acordos parassociais com maior difusão e sobre os quais têm incidido as maiores dúvidas quanto à sua admissibilidade[24]. O próprio artigo 17.º, que se refere aos acordos parassociais em geral, regula, sobretudo, o problema dos acordos de voto – atenda-se aos seus n.º 2 e n.º 3. Estes acordos de voto podem classificar-se segundo um critério de ordem temporal, permitindo distinguir aqueles que se celebram tendo em vista a participação numa ou mais votações determinadas e os que se destinam a vigorar por um período de tempo prolongado, geralmente durante vários anos (sindicatos de voto[25]); podem

---

[22] Cf., entre nós, MENEZES CORDEIRO (*Sociedades*, I, p. 652), que adopta esta tipologia tripartida. Esta tipologia dos acordos parassociais é ainda seguida, entre outros, por FARENGA, *op. cit.*, pp. 37 e ss.; BAUMANN/REISS, *op. cit.*, pp. 181 e ss.

[23] Para um maior desenvolvimento desta figura, cf. BAPTISTA MACHADO, *Parecer sobre a "reserva de opção" emergente de pacto social*, in Obra Dispersa, I, pp. 215 e ss.

[24] Esgrimindo-se, tradicionalmente, argumentos como a *natureza* da participação social e do direito de voto; o carácter das normas sobre o funcionamento da assembleia, o âmbito da protecção do interesse social e, em geral, os limites que o ordenamento impõe à autonomia dos sócios, tendo em conta, nomeadamente, a protecção dos sócios minoritários – questão que se considera, actualmente, ultrapassada. Na impossibilidade de desenvolver cada um destes pontos, cf. LEITE SANTOS, *op. cit.*, pp. 198 e ss.

[25] Pode acontecer que nos sindicatos de voto o sentido do voto resulte da posição da maioria dos sócios agrupados no sindicato ou ser este definido por um terceiro a quem os sócios transmitiram fiduciariamente as suas participações, de forma a zelar pelo cumprimento dos acordos de voto. Este terceiro irá, assim, executar a vontade dos participantes, exercendo o direito de voto nos termos por eles definidos. Cf. JAEGER, *La nuova disciplina della rappresentanza azionaria*, in Giur.

ainda vincular à realização de uma reunião em separado, antes de qualquer deliberação, com o fim de concertar o voto (os acordos de consulta prévia)[26]. A par dos acordos de voto têm sido particularmente estudadas as convenções nas quais se estabelecem restrições à transmissibilidade das participações sociais (*convenções de bloqueio*[27]) que, como seu "complemento natural"[28], os acompanham – basta pensar que, com a transmissão da participação social a um terceiro, se destrói o vínculo contratual resultante do acordo de voto que impendia sobre o alienante.

No que respeita aos acordos relativos à organização societária – que são um misto dos dois tipos de acordos acabados de analisar[29] –, conseguem descortinar-se as mais diversas cláusulas, como aquelas em que as partes se obrigam a investir, aumentando o capital e subscrevendo-o (vinculando-se a votar nesse sentido); em que se obrigam a votar no sentido da realização de certas auditorias, internas ou externas; em que se concertam de forma a aniquilar um concorrente, não lhe alienando acções; ou em que se obrigam a votar de modo concertado relativamente ao plano que adoptaram para a empresa, ou relativamente a indicações ou eleições de administradores. É ainda muito frequente que, mediante acordo parassocial, se regulem as relações de natureza comercial e financeira a estabelecer entre a sociedade e os sócios que celebram o acordo – designadamente, compromissos de realização de investimentos, de estabelecimento de relações preferenciais com a sociedade ou de saneamento financeiro, acordos particularmente relevantes por as obrigações aí estabelecidas serem a garantia da viabilidade económica da sociedade[30].

Comm., I, 1974, pp. 573.; PEDRO PAIS DE VASCONCELOS, *Contratos atípicos*, Coimbra, 1995, p. 294, nota 613. Situação diferente de um *pactum fiduciae* – porque não há o *risco de infidelidade* e se mantém o controlo da participação social com o próprio sócio – é aquela em que os accionistas interessados em unir os seus votos entram com as respectivas acções para a formação de uma nova sociedade, em que, concentradas as acções num único titular, será este a votar consoante tiver sido deliberado pelo seu órgão que estatutariamente for competente para o efeito. Cf., sobre o assunto, RAÚL VENTURA, *Acordos...*, p. 55.

[26] Desenvolvidamente, sobre este tipo de acordos parassociais, cf. FARENGA, *op. cit.*, p. 368 e ss.
[27] Cf. RAÚL VENTURA, *Alterações ao contrato de sociedade*, 2.ª ed., Coimbra, 1988, pp. 84 e ss.
[28] Cf. RAÚL VENTURA, *Acordos* cit., p. 85.
[29] Cf., neste sentido, MENEZES CORDEIRO, *Sociedades*, I, p. 654.
[30] Cf. BAUMANN/REISS, *op. cit.*, pp. 193 e ss.

III. A socialidade e a parassocialidade

3. *A inclusão dos acordos parassociais no quadro regulador dos interesses societários*

Tendo em consideração que o quadro normativo definido pela lei e pelo estatuto social[31] não abrange, de forma exaustiva, todos os aspectos respeitantes à vida e às relações sociais, a partir da celebração de um ou vários acordos parassociais o centro regulador do comportamento dos sócios multiplica-se. Com efeito, ainda que estes regulem situações externas à sociedade, existem a propósito da sociedade e visam regular, directa ou indirectamente, o seu funcionamento[32]. Introduzindo formas complementares de tutela dos seus interesses específicos, os sócios mais não estão do que a adequar a estrutura normativa da organização às suas particulares necessidades, limitando-se a exercer a faculdade de livremente fixarem, dentro dos limites legais, o conteúdo das suas relações jurídicas (artigo 405.º CC). Assim, se tradicionalmente se atende a uma tríplice configuração dos níveis de regulação da sociedade comercial, considerando-se unicamente a disciplina legal, as prescrições estatutárias e as deliberações sociais – que se estruturam de acordo com uma ordem hierárquica decrescente[33] –, a inclusão dos acordos parassociais neste esquema

---

[31] *Contrato de sociedade* e *estatutos* são expressões que devem considerar-se sinónimas à luz do Direito português, não sendo de aceitar a ideia de que o primeiro identifica o acto criador da sociedade – o elemento genético – e o segundo se reconduz à fixação de cláusulas que orientarão a vida societária – o elemento organizativo. Prova desta asserção é o artigo 299.º CSC, cujo n.º 1 refere "*estatutos*", para no seu n.º 2 falar de "*contrato de sociedade*". Cf., neste sentido, RAÚL VENTURA, *Alterações ao contrato de sociedade*, 2.ª ed., Coimbra, 1988, pp. 28 e ss. e PAULO CÂMARA, *op. cit.*, p. 64.
[32] Cfr. PEDRO PAIS DE VASCONCELOS, *A participação cit.*, p. 66.
[33] Essa *ordem hierárquica* gira em torno de dois aspectos essenciais: a necessidade de as deliberações respeitarem a lei e os estatutos, sendo inválidas as decisões assembleares que os desrespeitem [cf. artigo 56.º, n.º 1, al. *d*); artigo 58.º, n.º 1, al. *a*); artigo 411.º, n.º 1, al. *c*) e n.º 2], e a necessidade de os estatutos se harmonizarem de acordo com os preceitos legais injuntivos aplicáveis (cf., *v.g.*, artigos 41.º e ss.). Veja-se que quando um contrato de sociedade reproduz regras legais injuntivas, havendo violação destas, são as regras legais que são directamente violadas e não (só) as regras contratuais – o que implica, nos termos do artigo 58.º, n.º 2, o desvalor da nulidade e não da anulabilidade, como decorreria do artigo 58.º, n.º 1, al. *a*). Esta predominância do contrato face à deliberação é suavizada pela possibilidade de o conteúdo contratual poder ser modificado mediante deliberação da assembleia geral aprovada através de maioria especialmente qualificada (artigos 85.º, n.º 2, 194.º, 265.º, 383.º, n.º 2 e 386.º, n.º 3.) Além disso, é admissível a derrogação de regras legais dispositivas por via estatutária ou mesmo, quando a lei o indique, através de

implica a sua ampliação até a um modelo tetrapartido de formas de ajustamento de interesses ligados à sociedade.

É comum o entendimento de que a delimitação dos contratos parassociais – cujo objecto se reporta às situações jurídicas que derivam do contrato de sociedade – opera mediante a identificação de duas características fundamentais: por um lado, a *autonomia e independência* relativamente ao contrato de sociedade; por outro, a existência de uma *ligação funcional* com este último que configura um nexo de acessoriedade[34] e que permite o recurso à figura da união de contratos – daqui retirando, muitos autores[35], a ideia de subordinação normativa do acordo parassocial ao acordo social. Note-se, contudo, como salienta Rui Pinto Duarte[36], que a figura da união de contratos é irrelevante – nem sequer se encontra referida em nenhum preceito legal –, na medida em que os problemas de regime surgidos a propósito da união de contratos "se resolvem através de outras figuras", pelo que parece mais correcto o entendimento de que um dos contratos (o contrato social) funciona como *base negocial (*artigo 252.º, n.º 2 CC*)* do outro (do parassocial)[37], sendo desse facto que resultam os seus efeitos e não da união, *qua tale*.

---

deliberação social – cfr. artigo 9.º, n.º 3. Veja-se o sentido da parte final desta norma, que limita fortemente a derrogabilidade de normas dispositivas através de deliberação social: a via assemblear apenas pode arredar normas dispositivas se a lei expressamente o facultar, referindo-se a expressão *"este"* ao Código e não ao contrato de sociedade, como numa primeira leitura poderia parecer. Bem se compreende tal orientação: ao contratar, as partes assentaram na aplicabilidade dos estatutos e, ainda, no conjunto de regras que, podendo afastar, elas mantiveram, não devendo ser surpreendidas com deliberações maioritárias que alterem o jogo inicialmente fixado. Neste sentido se pronunciaram MENEZES CORDEIRO, *Sociedades*, I, p. 735; RAÚL VENTURA, *Sociedade por Quotas*, III, Coimbra, 1991, p. 107 e PINTO FURTADO, *op. cit.*, p. 375, nt. 367. Com uma leitura substancialmente diferente, cf. PAULO OLAVO CUNHA, *Direito das sociedades comerciais*, 3.ª ed., 2007, p. 151.

[34] Cfr. OPPO, *I Contratti*, pp. 2 e ss.; BUTTARO, *Sindicati azionari, in* Novissimo Digesto Italiano, vol. XVII, Torino, 1970, p. 426; FARENGA, *op. cit.*, p. 5; SANTONI, *op. cit.*, pp. 21 e ss.; H. BAUMANN / W. REISS, *op. cit.*, pp. 158 e ss. Na doutrina portuguesa, cf., entre outros, FERNANDO GALVÃO TELLES, *op. cit.*, p. 74; VASCO LOBO XAVIER, *Anulação de deliberações sociais e deliberações conexas*, Atlântida, Coimbra, 1976, p. 80, nt. 44; PEDRO PAIS DE VASCONCELOS, *A participação*, p. 63; LEITE SANTOS, *op. cit.*, p. 29.

[35] Cf. PAULO CÂMARA, *op. cit.*, p. 454; PEREIRA DE ALMEIDA, *Sociedades comerciais*, 3.ª ed.., 2003, p. 210; PAULO OLAVO CUNHA, *op. cit.*, p. 157.

[36] Cf. RUI PINTO DUARTE, *Tipicidade e atipicidade dos contratos*, 2000, pp. 50 e ss.

[37] Também ANTUNES VARELA (*Das Obrigações em geral*, Vol. I, 10.ª ed., p. 283) afirma que, muitas vezes, poderá constituir um dos contratos a *base negocial* do outro (artigo 252.º, n.º 2 CC).

É forçoso reconhecer, todavia, que esta ideia não serve de ferramenta exclusiva para uma distinção entre socialidade e parassocialidade – problema que, aliás, não está ultrapassado, ainda para mais quando nos deparamos com a aludida heterogeneidade de matérias visadas nos contratos parassociais. Paulo Câmara[38], rejeitando que esta distinção se possa fazer em termos exclusivamente bipolares, atende a uma *diferença de grau* na construção jurídica do acordo parassocial, consoante os valores societários que nele poderão ver-se reconhecidos, aduzindo como critérios a representatividade, a duração e a vinculatividade do acordo[39]. Por outro lado, muitos autores[40] têm distinguido os acordos parassociais dos acordos sociais com base numa pluralidade de critérios que, contudo, se situam noutro plano – no das diferenças de regime: a *forma* – enquanto o contrato de sociedade tem de obedecer aos requisitos de forma e publicidade legalmente previstos, vigora para o contrato parassocial o princípio da liberdade de forma (artigo 219.º CC); a *validade* – existem regras especiais sobre a invalidade do contrato social (artigos 41.º e ss.), ao passo que o contrato parassocial se encontra sujeito às normas gerais da invalidade dos negócios jurídicos; a *eficácia* – à eficácia *erga omnes* do contrato de sociedade contrapõe-se a eficácia relativa do contrato parassocial; a *interpretação* – a interpretação do contrato de sociedade deve realizar-se segundo um critério objectivo[41], enquanto a interpretação do contrato parassocial se faz de acordo com as regras gerais de interpretação dos negócios jurídicos (artigo 236.º CC); a *modificabilidade* – o contrato de sociedade pode, em regra, ser alterado por vontade de uma maioria qualificada de sócios (artigo 85.º, n.º 1), ao passo que o contrato parassocial, em princípio, só o pode ser por unanimidade dos participantes (artigo 406.º, n.º 1 CC).

---

[38] Cf. PAULO CÂMARA, *op. cit.*, p. 454.

[39] Desta forma, quanto maior for a percentagem do capital social detida pelos sócios envolvidos, quanto maior for a duração do acordo em causa e quando não se trate de um mero *gentlemen's agreement*, maiores "*virtualidades organizativas*" sobre a vida societária terá o acordo parassocial e, portanto, mais próximo da socialidade se encontrará. Cfr. *idem*, p. 455.

[40] Para uma visão geral, cf., na doutrina estrangeira, RAFFAELE TORINO, *op. cit.*, pp. 12 e ss.; RESCIO, *La distinzione del sociale dal parasociale (sulle c.d. clausule statutarie parasociali)*, in Riv. Soc., 1991, pp. 596 e ss.; H. BAUMANN/W. REISS, *op. cit.*, pp. 158 e ss.; na doutrina portuguesa, MARIA DA GRAÇA TRIGO, *Os Acordos*, pp. 151 e ss.

[41] Cf. MENEZES CORDEIRO, *Sociedades*, I, pp. 449 e ss., que acaba, porém, na esteira do pensamento de KARSTEN SCHMIDT (*op. cit.*, pp. 89 e ss.), por admitir a utilização dos cânones interpretativos negociais comuns quanto às cláusulas extra-estatutárias inseridas no contrato de sociedade.

Pode, todavia, verificar-se uma amálgama de situações em que entre o contrato social e o acordo parassocial surgem conexões particulares, designadamente quando este último antecipa a constituição de uma sociedade[42], quando o contrato social dispõe acerca da celebração de acordos parassociais[43] ou quando estamos perante cláusulas parassociais inseridas formalmente em estatutos. A este último caso tem respondido a maioria dos autores, entre os quais se contam nomes como Farenga[44] ou Rescio[45], com recurso à ideia de que a inclusão de uma regra no contrato de sociedade não é por si suficiente critério para lhe ser atribuída natureza societária. Ao pressuposto formal deve, assim, acrescer um pressuposto substancial – que é o de se tratar, efectivamente, de matéria societária.

4. *A delimitação do âmbito subjectivo dos acordos parassociais*

Nesta tarefa de gizar as fronteiras da parassocialidade torna-se imperativo dirigir alguma atenção ao âmbito subjectivo dos acordos parassociais. Atendendo à previsão da norma constante do n..° 1 do artigo 17.°, podemos retirar a ideia de que se trata de "acordos celebrados entre todos ou entre alguns sócios", o que parece delimitar subjectivamente o conceito de acordos parassociais, para efeitos do CSC. Em consequência, suscita-se a questão da admissibilidade, no Direito português, de acordos parassociais cujas partes não se reduzam aos sujeitos que aderam, simultaneamente, ao pacto social e ao pacto parassocial, ou seja, se o seu perímetro é passível de se alargar às relações contratuais entre sócios e a sociedade e entre sócios e terceiros.

---

[42] Os acordos parassociais anteriores à constituição da sociedade acompanham, geralmente, contratos-promessa dessa constituição, podendo esses acordos perdurar ou não para além da data de celebração do contrato de sociedade. Tal não significa, todavia, que estes não possam existir isoladamente, sem a celebração de qualquer contrato-promessa, sempre que a constituição de uma futura sociedade seja prevista num acordo parassocial. Por outro lado, distinga-se o contrato-promessa de sociedade do próprio acordo parassocial. Cf. RAÚL VENTURA, *op. cit.*, pp. 42 e 43; PAULO CÂMARA, *op. cit.*, p. 188.

[43] Cf. *infra* (IV.8).

[44] Cf. FARENGA, *op. cit.*, p. 149;

[45] Cf. RESCIO, op. cit., pp. 596 e ss., falando inclusivamente de *cláusulas estatutárias parassociais*. Na doutrina portuguesa, num sentido favorável, cf., entre outros, PAULO CÂMARA, *op. cit.*, p. 167; LEITE SANTOS, *op. cit.*, p. 28. Em sentido contrário, BAUMANN/REISS, *op. cit.*, p. 185; RAÚL VENTURA, *Acordos de voto: algumas questões depois do Código das Sociedades Comerciais*, in O Direito, 1992, I-II (Janeiro-Junho), p. 30.

Ao contrário de alguma doutrina estrangeira e portuguesa, que adopta uma posição restritiva[46], caracterizada por limitar a noção de acordos parassociais apenas aos negócios celebrados entre todos ou alguns sócios, diga-se, com Raúl Ventura[47], que não se pode descortinar, em tal preceito, a pretensão de o legislador esgotar o universo da parassocialidade, regulamentando este, apenas, uma parcela dos acordos parassociais – o que conduz a uma distinção entre acordos parassociais legalmente típicos[48] e acordos parassociais legalmente atípicos.

Desta forma, parece que, quanto a estes últimos, será de aplicar, por analogia[49] (artigo 2.º CSC e artigo 10.º, n.º 2 CC), o regime do artigo 17.º, na medida em que, fazendo jus ao princípio da igualdade, se percebem as similitudes de *rationes* relativas à situação dos casos regulados e aquela que estaria subjacente à hipotética regulação dos casos omissos. Se o complexo de normas legais que se destina a regular os acordos parassociais se funda na aptidão destes disciplinarem a posição jurídica do sócio e de interferirem na vida e organização societárias e se a lei nada refere a respeito de contratos celebrados entre sócios "nessa qualidade" e a sociedade, ou entre sócios "nessa qualidade" e terceiros, em que as partes pretendem estabelecer a mesma regulamentação da posição jurídica do sócio com interferências na organização societária, então a *ratio* que preside à regulamentação das situações legalmente previstas procede quanto às mencionadas situações legalmente omissas.

---

[46] Como a de OPPO (*I contratti*, p. 9), que via nos negócios celebrados entre sócios e terceiros um contrato de associação em participação; mais tarde, porém, o autor aderiu a concepções menos exigentes (*Le Convenzioni*, p. 517 e ss.). Também NOACK, *op. cit.*, p. 385 ou PEREIRA DE ALMEIDA, *op. cit.*, p. 206. Neste sentido, cf., igualmente, o Ac. STJ de 16-3-99 (Francisco Lourenço).

[47] Cf. RAÚL VENTURA, *Acordos de voto: algumas questões depois do Código das Sociedades Comerciais*, in O Direito, 1992, I-II (Janeiro-Junho), pp. 19 e ss.

[48] Falando das qualidades das partes como índice do tipo, aludindo expressamente aos acordos parassociais celebrados entre sócios, "nessa qualidade", cf. PEDRO PAIS DE VASCONCELOS, *Contratos atípicos*, 1995, p. 154.

[49] Neste sentido, MARIA DA GRAÇA TRIGO, *Os acordos*, p. 147. RAÚL VENTURA, *op. cit.*, p. 20, por seu turno, parece não levar a estas consequências a sua posição, afirmando unicamente que estes acordos atípicos "*ficam assim excluídos do âmbito do preceito [artigo 17.º, n.º 1]*", o que significa que "*a sua validade – e, bem assim, a extensão da sua eficácia relativamente à sociedade – não depende deste n.º 1*". Posição ligeiramente diferente é a adoptada por PAULO CÂMARA, *op. cit.*, p. 178, que se socorre do argumento literal para afirmar que numa leitura mais profunda do preceito em questão se percebe que apenas nos dois primeiros números do artigo 17.º se restringe subjectivamente os acordos parassociais àqueles celebrados dentro do círculo de sócios. No n.º 3 é afastada essa restrição, abrangendo a sua previsão todos negócios jurídicos em que o sócio assume um vínculo de voto. Porém, o autor não rejeita a possibilidade da analogia para a aplicação do regime do artigo 17.º (cf. *op. cit.*, p. 234)

Mal se compreenderia o afastamento deste regime relativamente aos acordos em que o sócio se obriga, perante a sociedade, perante membros dos órgãos sociais ou perante terceiros, porquanto quedariam sem sanção todas as situações previstas no n.º 3 (cuja norma estatui o desvalor da nulidade) quando uma das partes não fosse sócio – ainda para mais considerando, por exemplo, a al. *a)* do n.º 3, que faz sentido sobretudo quando o contrato seja celebrado entre o sócio e a própria sociedade, ficando esta investida na faculdade de dirigir instruções ao sócio[50]. Naturalmente que a referida similitude pressupõe a qualidade de sócio, no mínimo, quanto a uma das partes do contrato parassocial[51]. Esta qualidade de sócio – que não se basta com a sua indicação formal no acordo, mas implica antes que o acordo mantenha ligação com a sociedade, pela respectiva matéria[52] – é condição necessária para se reconhecer a própria parassocialidade[53]. Não se oblitere que esta questão deve ser perspectivada em termos gradativos, porquanto a variabilidade da "comunhão de valores societários"[54] é determinada pela representatividade do capital social detido pelos sócios vinculados parassocialmente: se estes têm uma participação mínima, a ressonância societária será, em princípio, ínfima; atinge-se o grau mais próximo da socialidade, por outro lado, quando o acordo congregue todos os sócios[55].

Esquematizando: aqueles acordos parassociais em que não participem apenas sócios, ou em que nem todos participem "nessa qualidade" e aos quais se aplica, por analogia, o artigo 17.º, podem resumir-se a negócios celebrados entre: i) um ou mais sócios "nessa qualidade" e a sociedade; ii) um ou mais

---

[50] Não se pode, por isso, razoavelmente, sustentar que tal contrato apenas seria nulo se celebrado entre sócios. Note-se que, com este entendimento, mais fácil se torna apurar a razão que levou o legislador a restringir, no n.º 1, o âmbito de aplicação aos contratos celebrados entre sócios. Parece que tal opção visou sobretudo manter a coerência da consagração da inoponibilidade de tais esquemas negociais na esfera da sociedade. Não se pode, de facto, pretender que o acordo produza efeitos *"apenas entre os intervenientes"* e não perante a sociedade quando ela própria é parte no contrato.
[51] Neste sentido, podemos ver RESCIO, *op. cit.*, p. 596 e ss.; PEDRO PAIS DE VASCONCELOS, *Contratos atípicos,* p. 154; PAULO CÂMARA, *op. cit.,* p. 179; GRAÇA TRIGO, *op. cit.,* p. 147; MENEZES CORDEIRO, *Sociedades,* I, p. 658; RAÚL VENTURA, *Acordos,* p. 20.
[52] Cf. RAÚL VENTURA, *Acordos,* p. 20.
[53] Como se viu, podem licitamente existir acordos entre todos os sócios que, apesar disso, não respeitam a verdadeiras relações societárias (*v.g.* se o objecto do contrato for estranho à qualidade de sócio).
[54] Cf. PAULO CÂMARA, *op. cit.,* p. 180.
[55] Cf. SANTONI, *op. cit.,* p. 15; na doutrina francesa chega mesmo a considerar-se que estes acordos têm, entre sócios, a mesma natureza e a mesma autoridade que os estatutos, não se distinguindo destes – Cf. SIMONART, *op. cit.,* p. 54.

sócios "nessa qualidade" e um ou mais membros de órgãos sociais (que não sejam eles próprios sócios, ou que, sendo-o, não participem "nessa qualidade")[56]; iii) um ou mais sócios "nessa qualidade" e terceiros estranhos à sociedade; iv) um ou mais sócios "nessa qualidade" e um ou mais sócios sem essa qualidade.

5. *A conversão de cláusulas sociais ou de deliberações sociais inválidas em acordos parassociais*

Numa relação de estreita conexão com o problema da distinção entre contrato de sociedade e acordo parassocial está a possibilidade de convertibilidade das cláusulas estatutárias[57] e de deliberações sociais inválidas em cláusulas parassociais.

Considere-se uma cláusula do contrato de sociedade que contenha uma limitação à transmissibilidade das acções que vá para além do elenco de tipos restritivos consagrado no artigo 328.º. Tal cláusula será inválida, pela violação de um preceito legal (o artigo 328.º, n.º 1)[58], mas não ditará, nos termos do artigo 42.º, a invalidade do contrato de sociedade. Daqui resulta a pertinência de saber se a cláusula limitativa da transmissibilidade das acções não poderia ser convertida num acordo parassocial – de forma a que surjam deveres primários de efeitos semelhantes, cuja violação constitua o sócio alienante na obrigação de indemnizar os restantes –, em vez de se encontrar irremediavelmente des-

---

[56] Refiram-se aos acordos celebrados entre membros dos órgãos sociais, nessa qualidade, relativamente ao exercício das suas funções de administração ou de fiscalização ou entre eles e terceiros. É duvidosa a sua admissibilidade, porquanto os órgãos sociais não se encontram em situação equiparável à dos sócios, pois aqueles exercem uma função legalmente definida em função do interesse social (artigo 64.º). Cf. GRAÇA TRIGO (*op. cit.*, p. 148), que admite estes acordos desde que não prejudiquem o interesse social.

[57] Ainda que estas hipóteses se afigurem residuais, tendo em consideração o controlo preventivo, sobretudo a nível notarial, exercido sobre a legalidade das disposições estatutárias.

[58] Na verdade, o artigo 328.º, n.º 1 parece constituir uma norma de carácter imperativo, que contém na sua letra claros indícios de que o regime dela constante não pode ser afastado pelas partes, com isso se procurando igualmente tutelar a segurança do comércio jurídico e, dessa maneira, aqueles que pretendam vir a adquirir as acções em causa. Além disso, como sublinha MESSINEO, "*a acção é um valor de troca, naturalmente vocacionado para a circulação*" (cfr. MESSINEO, *Nullità e inefficacia relativa della clausula di gradimento nell'acquisto di azioni*, in Riv. Soc., 1962, p. 542). Também neste sentido, cf. SOVERAL MARTINS, *Cláusulas do contrato de sociedade que limitam a transmissibilidade das acções*, 2006, p. 302 e MARIA JOÃO TOMÉ, *op. cit.*, p. 220.

provida de validade. A mesma questão se coloca na situação paralela de introdução superveniente de uma cláusula social, mediante uma deliberação modificadora dos estatutos, que seria nula nos termos do artigo 56.º, n.º 1, al. *d*).

Na doutrina estrangeira encontramos autores com posições bem radicais a este propósito, como é o caso de Farenga[59], que considera serem os acordos parassociais o resultado de todas aquelas situações em que não são cumpridas as exigências legais de forma e de substância. Mais aceitável parece ser a posição de autores como Oppo[60], Rescio[61] ou Torino[62] que, afirmando a necessidade de distinção entre o social viciado – por inobservância das exigências legais de forma ou de conteúdo – e o fenómeno do parassocial, admitem a possibilidade de conversão do primeiro no segundo, desde que se verifiquem, claro está, os requisitos da conversão do negócio.

Transpondo estas ideias para o ordenamento jurídico português, deparamo-nos com a dificuldade de tal tarefa, dificuldade essa que resulta da redacção dada ao artigo 293.º do Código Civil, na medida em que este preceito relaciona a conversão com a invalidade total do negócio jurídico. O problema da aplicação do instituto da conversão àquelas situações de invalidade parcial do contrato tem envolvido uma grande discussão na doutrina portuguesa, podendo referir-se uma posição mais tradicional, adoptada por autores como Mota Pinto[63], Pires de Lima/Antunes Varela[64] ou Calvão da Silva[65], que defende que a conversão apenas se aplica quando todo o negócio jurídico resultar viciado, com base na letra dos artigos 292.º e 293.º CC – o que aparentemente daria uma resposta negativa a esta possibilidade, por o primeiro preceito aludir expressamente à invalidade parcial. Todavia, uma outra facção doutrinária, entre a qual se contam nomes como Raúl Ventura[66], Dias Marques[67], Rodrigues Bastos[68] ou Carvalho Fernandes[69], não assimila necessariamente a redução a todas as hipóteses de invalidade parcial, defendendo que

---

[59] Cf. FARENGA, *op. cit.*, p. 185.
[60] Cf. OPPO, *Le Convenzioni*, p. 520.
[61] Cf. RESCIO, *op. cit.*, pp. 601 e ss.
[62] Cf. TORINO, *op. cit.*, pp. 18 e 19.
[63] Cf. MOTA PINTO, *Teoria geral do Direito* civil, 3.ª ed., 1985, p. 630.
[64] Cf. PIRES DE LIMA/ANTUNES VARELA, *Código Civil Anotado*, vol. I, 4.ª ed., 1987, p. 268.
[65] Cf. CALVÃO DA SILVA, *Sinal e contrato-promessa*, 8.ª ed., 2001, pp. 48 e ss.
[66] Cf. RAÚL VENTURA, *A conversão dos negócios jurídicos no Direito romano*, Lisboa, 1947, pp. 152 e ss.
[67] Cf. DIAS MARQUES, *Teoria geral do Direito civil*, II, Lisboa, 1959, pp. 249 e ss.
[68] Cf. RODRIGUES BASTOS, *Notas ao Código Civil*, II, Lisboa, 1988, pp. 56 e ss.
[69] Cf. CARVALHO FERNANDES, *A conversão dos negócios jurídicos civis*, Lisboa, 1993, pp. 531 e ss.

relativamente a determinados negócios, nomeadamente de estrutura complexa, podem ocorrer situações de eficácia mediata de outras normas ou de produção parcial de efeitos que não seguem o regime da redução[70].

Não se podendo, assim, afirmar que seja cristalina a ideia de que todas as invalidades parciais são reconduzíveis, *tout court*, ao instituto da redução, resta analisar se há base para sustentar que o regime do aproveitamento do contrato de sociedade ferido de invalidade parcial se não esgote no âmbito da redução.

Poder-se-á argumentar, sistematicamente, que o artigo 981.°, n.° 2 CC, relativo ao contrato civil de sociedade, regula uma situação de invalidade parcial do contrato de sociedade[71], dispondo, na sua primeira parte, que a inobservância da forma do contrato de sociedade só anula todo o negócio se este não puder converter-se, nos termos do artigo 293.° CC, ou reduzir-se relativamente aos sócios restantes. Este regime de alternatividade entre o instituto da redução e da conversão que já resultaria, na parte geral, da articulação entre os artigos 292.° e 293.° CC[72], não é mais do que uma concretização do princípio do *favor negotii*, pois que se deverá optar pela via que melhor assegure a realização do fim que determinou a celebração do negócio inválido. Admitindo-se, assim, a opção pelo instituto da conversão numa situação de invalidade parcial, estranho seria circunscrever essa possibilidade à disciplina das

---

[70] Sobre estes, CARVALHO FERNANDES, *op. cit.*, p. 531 e ss. Também já VAZ SERRA, *A redução e a conversão de negócios jurídicos no caso do Ac. do STJ de 8 de Abril de 1969*, in BFD, XLVI, 1970, p. 138, afirmava que "*a conversão não pressupõe um negócio jurídico totalmente nulo, sendo possível que, se um negócio jurídico for parcialmente nulo, seja a sua parte nula convertida noutro negócio, e essa parte [...] seja mantida como válida, sozinha ou juntamente com outras partes válidas do negócio*".

[71] Ainda que a letra da lei não seja conclusiva nesse sentido, o facto de esta invalidade poder dar lugar a redução – cujo regime adoptado pelo legislador traduz a fórmula *vitiatur sed non vitiat* – demonstra, por si, que em causa está uma invalidade parcial do contrato de sociedade.

[72] Cf. PAULO CÂMARA, *op. cit.*, p. 437, que, afirmando que o artigo 981.°, n.° 2 CC estabelece uma primazia da conversão face à redução, encontra aqui uma inversão da articulação entre o 292.° CC e o 293.° CC, pois considera que o regime geral denota uma superioridade implícita da redução sobre a conversão, na medida em que o funcionamento do ónus da prova da possibilidade de salvar o negócio jurídico é mais favorável à primeira. Note-se, contudo, que esta ideia não pode ser acolhida, ainda para mais tendo em consideração que há que separar o plano das respectivas previsões normativas da questão processual do *onus probandi*. Parece, assim, que se deve preconizar uma interpretação-aplicação conjunta dos artigos 292.° e 293.° CC, actuando estes em regime de alternatividade, usando-se a via que melhor assegure a realização do fim que determinou a celebração do negócio inválido. Nesta medida, o artigo 981.°, n.° 2 CC, mais não é do que a ilustração da solução apontada para o regime geral. Cf., neste sentido, MENEZES CORDEIRO, *Tratado de Direito civil*, I, Parte Geral, Tomo I, 3.ª ed., 2005, p. 882; CARVALHO FERNANDES, *op. cit.*, p. 576.

sociedades civis, sem aplicação às sociedades comerciais. Note-se que, também no domínio societário, o princípio de aproveitamento dos actos jurídicos apresenta uma sólida implantação[73] – por a sociedade, para além de ser um contrato, gerar também uma pessoa jurídica – falando-se, a esse propósito, no princípio *favor societatis* e assim se compreendendo todo aquele conjunto de regras destinadas a minimizar a invalidade do contrato de sociedade e as consequências dessa invalidade, quando esta seja inevitável.

Quanto à questão da possibilidade de conversão de uma deliberação social inválida em acordo parassocial, a sua resposta implica aprofundar a natureza da própria deliberação social[74], o que não cabe tratar neste exíguo trabalho. Refira-se, tão-somente, que se reconhecem as não despiciendas diferenças entre negócio jurídico e deliberação social, sobretudo pelo funcionamento do princípio maioritário nesta última. Todavia, podemos afirmar, na esteira da orientação dominante[75], que tanto o contrato social como a deliberação social mais não são do que a consequência da confluência de declarações de vontade[76]. Tal conclusão abre a possibilidade de subsunção desta situação ao alcance da norma contida no artigo 293.º CC.

Não se pode, contudo, obliterar o facto de o reconhecimento geral do instituto da conversão não implicar a possibilidade de convertibilidade de todos os negócios inválidos[77]. No domínio que nos interessa, diga-se que a possibilidade de conversão não fará sentido quando *todo* o contrato de sociedade for inválido, por os acordos parassociais terem, na sua *base negocial* (no sentido do artigo 252.º, n.º 2 CC), o contrato social, da mesma forma que se deve rejeitar a convertibilidade de uma deliberação social inválida relativamente aos sócios ausentes desta – veja-se, aliás, o paralelismo com o artigo 86.º, n.º 2.

Não existindo requisitos de forma da conversão em acordo parassocial – por ser aplicável aos acordos parassociais a regra da liberdade de forma (artigo 219.º CC) – resta analisar os requisitos objectivos e subjectivos a ter em conta: quanto aos primeiros, diga-se apenas que esta é uma questão que decorre da própria validade dos acordos parassociais; por isso, sempre que estes forem váli-

---

[73] Neste sentido, e desenvolvidamente sobre o princípio do *favor societas*, cf. MENEZES CORDEIRO, *Sociedades*, I, p. 439.
[74] Sobre a natureza da deliberação social, cfr. PINTO FURTADO, *Deliberações...*, pp. 37 e ss. Cf. o contraponto, em MENEZES CORDEIRO, *Sociedades*, I, p. 685 e ss.
[75] Cf. MANUEL DE ANDRADE, *Teoria geral da relação jurídica*, 2.º vol., 1972, 3.ª reimp., MENEZES CORDEIRO, *Sociedades*, I, p. 688 e ss. e bibliografia estrangeira aí citada.
[76] Cf. K. SCHMIDT, *op. cit.*, p. 436.
[77] Cf. CARVALHO FERNANDES, *op. cit.*, pp. 253 e ss.

dos, nos termos que se analisarão *infra*[78], a conversão das cláusulas estatutárias e das deliberações sociais feridas de invalidade será admissível. Por outro lado, no domínio dos requisitos subjectivos, diga-se que o apuramento da vontade hipotética das partes tem, neste campo, um papel fulcral: como já afirmava Oppo[79], a vinculação social apenas se poderá converter em vinculação parassocial se, da interpretação contratual, for apurada a manifestação da vontade das partes de, ao menos, assumirem um compromisso em nome pessoal — o mesmo juízo se aplicando, *mutatis mutandis*, às deliberações inválidas. Retomando o exemplo com que iniciámos este ponto, percebe-se que as cláusulas estatutárias de impedimentos de transmissibilidade das acções, feridas de invalidade por preterição do artigo 328.º, poderiam ser convertidas num acordo parassocial desde que se apurasse a vontade de as partes assumirem a obrigação de não alienar as acções naquelas condições.

IV. Os limites à autonomia privada no domínio parassocial

6. *Os acordos parassociais e a autonomia privada*

No tratamento do tema em análise, é já um lugar-comum o acenar com a bandeira da autonomia privada para fundamentar a admissibilidade dos acordos parassociais e a sua referida heterogeneidade. Diga-se, com autores como Simonart[80], Cerrai/Mazzoni[81], Menezes Cordeiro[82] ou Paulo Câmara[83], que estes esquemas negociais mais não são do que a concretização desse "conceito central"[84] do Direito privado, nada impedindo as partes de celebrarem contratos parassociais — ou ainda contratos mistos, que incluam elementos parassociais, elementos típicos de outros contratos, bem como elementos totalmente originais — ao abrigo da competência que lhes é conferida pela norma constante do artigo 405.º CC. Este princípio da autonomia privada, ligado à propriedade privada e à liberdade de iniciativa económica, obtém a sua consagra-

---

[78] Cf. *infra* (IV).
[79] Cf. Oppo, *Le Convenzioni*, p. 521.
[80] Cf. Simonart, *op. cit.*, p. 81.
[81] Cf. A. Cerrai/A. Mazzoni, *La tutela del socio e delle minoranze*, in Riv. Soc., 1993, pp. 65.
[82] Cf. Menezes Cordeiro, *Sociedades*, I, p. 659.
[83] Cf. Paulo Câmara, *op. cit.*, pp. 230 e ss.
[84] Cf. Ferreira de Almeida, *Texto e enunciado na teoria do negócio jurídico*, I, Coimbra, 1992, p. 7.

ção no artigo 405.º CC e, como defendem autores como Paulo Mota Pinto[85], é constitucionalmente tutelado pelo artigo 26.º CRP, como decorrência do direito ao livre desenvolvimento da personalidade. Em sentido restrito[86], a autonomia privada é "uma permissão genérica de produção de efeitos jurídicos"[87]. Desta afirmação podemos retirar a ideia de autonomia privada enquanto permissão ("permissão genérica") e enquanto competência ("de produção de efeitos jurídicos"), ideia que colhe aceitação de alguns autores da doutrina portuguesa, como Sousa Ribeiro[88] ou David Duarte[89-90].

Este princípio da autonomia privada – que se divide na liberdade de celebração (a liberdade de praticar ou não praticar os actos que preenchem a previsão normativa que estatui a criação de uma vinculação do sujeito perante outros) e a liberdade de estipulação (a liberdade de seleccionar os efeitos produzidos por aqueles actos, permitindo assim aos sujeitos conformar o conteúdo das relações jurídicas por eles assim criadas) – não é irrestrito. Para além de fundamento de todo o agir negocial, a ordem jurídica interfere com o conteúdo das suas consequências vinculativas, seja fixando efeitos imperativos, seja impregnando, com os seus princípios e critérios, o sentido desse agir negocial, seja ainda pressupondo regimes supletivos, que terão uma natureza coadjuvante, deixando nas mãos dos interessados a possibilidade de uma manifestação

---

[85] Cf. PAULO MOTA PINTO, *O direito ao livre desenvolvimento da personalidade*, in Portugal-Brasil Ano 2000, Coimbra, 1999, pp. 151e ss. Esta não é, contudo, uma questão pacífica – cf. SOUSA RIBEIRO, *op. cit.*, pp. 145-148, nt. 350, que aponta dificuldades à tutela constitucional da autonomia privada, tendo em consideração a sua natureza de competência.

[86] Por oposição a um sentido lato, o qual seria sinónimo de *autodeterminação*. Cf. W. FLUME, *El negocio jurídico*, Madrid, 1998, p. 23 ou PEDRO PAIS DE VASCONCELOS, *Teoria geral do Direito civil*, Coimbra, 2005, p.15. Veja-se que SOUSA RIBEIRO (*O problema do contrato – As cláusulas contratuais gerais e o princípio da liberdade contratual*, 1997, pp. 30 e ss.), insiste na distinção destes dois conceitos, considerando que, apesar da sua estreita conexão, a autodeterminação reclama, como seu instrumento, a autonomia privada enquanto seu princípio operatório no que se refere à configuração jurídica de relações intersubjectivas.

[87] Cf. MENEZES CORDEIRO, *Tratado de Direito civil*, I/1, 3.ª ed., Coimbra, 2005, p. 392.

[88] Cf. SOUSA RIBEIRO, *op. cit.*, p. 105, que fala de uma competência jurisgénica, como faculdade normativamente constituída e normativamente actuante.

[89] Cf. DAVID DUARTE, *A norma de legalidade procedimental administrativa*, 2006, p. 118, nt. 36.

[90] Note-se que é uma norma de competência aquela que estabelece a autonomia privada, conferindo a faculdade de produção de actos jurídicos e, com ela, a capacidade de modificar posições jurídicas através destes. No sentido da autonomia privada como competência, cfr., na doutrina estrangeira, OTA WEINBERGER, *The Role of Rules*, in Ratio Juris, 1988, p. 229; ROBERT ALEXY, *Teoria de los derechos fundamentales*, Madrid, 2002, p. 228.

de vontade em contrário[91]. Importa, por isso, a distinção entre normas injuntivas e normas dispositivas[92]: enquanto estas últimas permitem que a vontade das partes influa na modelação do direito que constituem por negócio jurídico, "abdicando da produção de efeitos jurídicos"[93] quando o conteúdo do contrato lhe for contrário, já as primeiras devem ser obrigatoriamente observadas pelos sujeitos que voluntariamente celebrarem os contratos a que ela se aplica, estando em causa "interesses que o ordenamento [...] considera ininfringíveis, quer ver acautelado a todo o transe [subtraindo] a sua regulamentação à autonomia privada"[94]. É certo que a determinação da natureza de uma norma (dispositiva) supletiva pode levantar dificuldades; todavia, sendo apenas um problema de interpretação, serão normas supletivas aquelas que, na sua previsão, tiverem – explícita ou implicitamente – como pressuposto "a ausência de estipulação em contrário".

Não poderá, por isso, entender-se que existe um poder irrestrito na celebração de acordos parassociais[95]: assentando a sua legitimação na lei, o seu conteúdo está sujeito aos limites gerais que delas derivem, designadamente o de não contrariar normas injuntivas. Esta ideia geral carece, contudo, de uma maior concretização.

7. *A análise do artigo 17.º do Código das Sociedades Comerciais*

7.1. *A contrariedade à lei*

Os limites à liberdade de produção de efeitos jurídicos através de contratos parassociais devem ser perspectivados, no nosso ordenamento jurídico, a partir do preceituado no artigo 17.º. O próprio preceito reconhece directamente a existência de limites legais à celebração destes contratos ("*condutas não proibidas por lei*"), o que parece não ser mais do que uma reafirmação do regime

---

[91] Cf. SOUSA RIBEIRO, *op. cit.*, p. 216.
[92] Veja-se que o direito dispositivo não se reconduz exclusivamente às normas supletivas: segundo BAPTISTA MACHADO (*op. cit.*, pp. 97 e ss.), este engloba normas supletivas, normas interpretativas e normas permissivas.
[93] Cf. EUGEN BUCHER, *Der Ausschluss dispositiven Gesetzesrechts durch vertragliche Absprachen – Bemerkungen zu den Erscheinungsformen dispositiver Rechtssätze*, in FS Henri Deschenaux zum 70. Geburststag, Freiburg, 1977, p. 252.
[94] Cf. SOUSA RIBEIRO, *op. cit.*, p. 224.
[95] Cf. JAEGER, *op. cit.*, p. 369; OPPO, *Le Convenzioni*, p. 190.

geral contido nos artigos 280.º, n.º 1 e 294.º CC. Tem razão Graça Trigo quando entende que "os verdadeiros problemas começam precisamente onde termina a redacção do artigo 17.º"[96]

Ao contrário do que defendem autores como Raúl Ventura[97], Graça Trigo[98] ou Paulo Câmara[99], considero que a proibição imposta pelo artigo 17.º, n.º 1 se limita a cominar a nulidade aos acordos parassociais que violem normas injuntivas[100], não estando estes sujeitos, *prima facie*, aos imperativos próprios do Direito societário[101]. O problema a analisar é, assim, o de saber se, para além dos limites genéricos à autonomia privada, os acordos parassociais estão ainda sujeitos aos limites típicos do contrato de sociedade. A ideia de que a delimitação dos limites de validade dos acordos parassociais depende não só da aplicação do regime geral contido no Código Civil, mas igualmente do

---

[96] GRAÇA TRIGO, *Acordos parassociais – Síntese das questões jurídicas mais importantes*, in Problemas do Direito das Sociedades, n.º 1, Coimbra, 2002, p. 176.
[97] Cf. RAÚL VENTURA, *Acordos*, p. 73.
[98] Cf. GRAÇA TRIGO, *Acordos*, pp. 176 e 177.
[99] Cf. PAULO CÂMARA, *op. cit.*, pp. 236 e ss. O autor constrói a sua posição com recurso ao que designa de tese da coincidência entre autonomia parassocial e autonomia estatutária (em oposição à tese que consagra uma divergência entre estas). Esta parece-me ser, contudo, uma falsa e estéril questão, pela impossibilidade de cisão da autonomia privada: trata-se sempre da mesma permissão de produção de efeitos jurídicos, "*apresentando apenas áreas de incidência variável, consoante as opções feitas pelo Direito Positivo e os valores em jogo em cada um delas*" (cf. MENEZES CORDEIRO, *Tratado*, I/1, p. 394.)
[100] Quanto a este aspecto, cf. E. BUCHER, (*Der Ausschluss*, pp. 249-250) que, alertando para a confusão existente, no seio do Direito Privado, quanto às normas injuntivas, acaba por afirmar que as normas restritivas da autonomia privada que geralmente designamos de injuntivas não o serão, pois que não estabelecem nenhuma "injunção" – ou seja, nenhuma "exigência de comportamento" –, sendo antes e tão só "condições de validade" do negócio jurídico. Veja-se que esta distinção acarreta consequências: se a norma estatui "é nulo...", o negócio jurídico que preencha a sua previsão é apenas nulo, mas não ilícito; ou seja, não haveria nenhum incumprimento, mas antes uma não-produção de efeitos jurídicos. Por estas razões, considera o autor ser mais rigoroso contrapor às normas de direito dispositivo as normas que estabelecem "condições de validade". Cf., a este propósito, CARNEIRO DA FRADA, *Contrato e deveres de protecção*, Coimbra, 1994, p. 85.
[101] O direito das sociedades, como Direito privado, é tendencialmente supletivo. O carácter cogente de uma regra societária apurar-se-á por via interpretativa e reflecte normalmente a defesa do interesse público societário (*v.g.* os elementos necessários do contrato e os factos integrativos dos tipos de sociedade), a concretização de princípios injuntivos (*v.g.* as normas relativas à responsabilidade dos administradores) ou a tutela da posição de terceiros. Cf. CARNEIRO DA FRADA, *Deliberações sociais inválidas no novo Código das Sociedades Comerciais*, in Novas Perspectivas do Direito comercial, p. 319.

regime imperativo societário[102], decorre da consideração dos acordos parassociais como elementos complementadores e coadjuvantes da vida societária que, funcionalmente ligados ao contrato de sociedade, devem ser alvo do mesmo tipo de restrições que este.

Porém, à primeira vista, parece que um acordo de voto nunca poderá violar preceitos imperativos do Direito das sociedades, porquanto só por estipulação do contrato de sociedade ou por deliberação dos sócios poderão ser violados[103]. Desta forma, os acordos parassociais não estão, *prima facie*, sujeitos às normas imperativas de Direito das sociedades, na medida em que essas normas sejam dirigidas em exclusivo às cláusulas do pacto social – como é o caso do artigo 328.°, n.° 1, que se dirige às restrições estatutárias, e não às limitações parassociais de transmissibilidade de acções[104]. Já o mesmo não acontecerá quando o comando imperativo se dirigir indistintamente a cláusulas contratuais posicionadas dentro ou fora dos estatutos.

Numa primeira leitura, parece que a maioria das normas contidas no Código das Sociedades Comerciais se reporta, na sua previsão, apenas às cláusulas do pacto social; todavia, tudo dependerá da interpretação dos enunciados normativos em questão, sendo este, por isso, um problema a resolver no *caso concreto* – o de saber se determinada norma se dirige apenas à regulação do contrato social ou se se destina, antes, à regulação de qualquer contrato com ele relacionado. Dentro da multiplicidade de significados oferecidos pela linguagem da lei, o intérprete deverá procurar o sentido juridicamente mais adequado, recorrendo aos argumentos interpretativos gerais. Caso seja possível, dentro dos limites da interpretação, retirar a aplicabilidade da norma societária a outros contratos, então aí subsumir-se-á o acordo parassocial ao regime das normas imperativas societárias, o que implicará a sua invalidade no caso de o seu conteúdo ser contrário a estas.

---

[102] Também neste sentido, SIMONART, *op. cit.*, p. 112 e ss.

[103] Veja-se, inclusivamente, que acabou por não ser acolhido o Projecto *Vaz Serra*, que no seu artigo 34.°, n.° 2, admitia os contratos sobre o exercício do direito de voto, "*salvo se tais contratos violarem um princípio de direito das sociedades*".

[104] Se é comummente aceite a possibilidade de um acordo parassocial limitar a transmissibilidade de acções para além do elenco taxativo plasmado no artigo 328.°, n.° 2, é, por outro lado, defendida pela maioria da doutrina, a invalidade dos acordos parassociais que esvaziem de conteúdo o artigo 328.°, n.° 1, ao proibirem de forma absoluta a transmissão de acções. Neste sentido, PAULO CÂMARA, *op. cit.*, 329; SOVERAL MARTINS, *Cláusulas do contrato de sociedade que limitam a transmissibilidade das acções*, 2006, p. 342; RAÚL VENTURA, *Acordos*, p. 85 e ss., admitindo a validade de uma cláusula que obrigue a não alienar, desde que dentro de limites temporais razoáveis, com mera eficácia obrigacional.

Porém, quando tal sentido juridicamente adequado não se consiga extrair da interpretação do enunciado normativo em questão, abre-se a possibilidade de se aplicar, por analogia, as regras imperativas societárias aos acordos parassociais (artigo 10.º, n.º 2 CC). O recurso à analogia implica, contudo, um forte grau de similitude de *rationes* relativas à situação dos casos regulados e aquela que estaria subjacente à hipotética regulação dos casos omissos, a apurar no caso concreto[105-106].

7.2. *Os acordos parassociais relativos ao exercício de função de administração e de fiscalização*

A primeira parte do artigo 17.º, n.º 2, estabelece que "os acordos referidos no número anterior podem respeitar ao exercício do direito de voto", o que veio acabar com as dúvidas que persistiam sobre a licitude das convenções de voto, modalidade mais significativa de acordos parassociais. Independente desta é a segunda parte do n.º 2 do artigo 17.º, que estabelece uma regra geral: a proibição de os acordos parassociais – e não apenas as convenções de voto,

---

[105] Os autores que entendem ser aplicáveis, desde logo, as normas imperativas de Direito societário aos acordos parassociais, fundamentam a sua posição na necessidade de impedir que, através de um acordo parassocial, se consiga defraudar a lei. Veja-se que a posição tomada no texto (a aplicação analógica dessas normas imperativas aos acordos parassociais) cobre perfeitamente esses casos, salvo quando se trate de regras excepcionais (artigo 11.º CC). É conveniente sublinhar que no nosso ordenamento, ao contrário de outros, como o italiano, a fraude à lei é uma figura que não goza de autonomia, tratando-se apenas de uma forma de ilicitude que envolve, por si, a nulidade do negócio jurídico e que exige tão só, nas palavras de MENEZES CORDEIRO (*Tratado* I/1, 3.ª ed., p. 696), "*uma interpretação melhorada dos preceitos vigentes*".

[106] Atente-se, designadamente, na proibição de pactos leoninos (artigo 22.º, n.º 3). A letra da lei ("*é nula a cláusula*") não é tão clara como o do artigo 328.º, que se dirige exclusivamente ao contrato de sociedade. Sendo uma norma imperativa de Direito societário, está à partida dirigida às cláusulas de inserção proibida no pacto de sociedade, sob pena de nulidade. Parece que, por interpretação do próprio preceito, se pode retirar que a este estariam igualmente subsumidos os acordos parassociais que incluam cláusulas deste género (em que, por exemplo, um dos sócios, nessa qualidade, abdica - aceita ser *excluído*, portanto – dos seus lucros em favor de outro sócio).
Outro exemplo interessante a apreciar é o dos impedimentos legais de voto (artigo 251.º; artigo 384.º, n.ºs 6 e 7), que podem ser contornados mediante uma convenção de voto. A doutrina alemã, que amplamente tratou estes casos, tem entendido serem estes inválidos por violação de normas imperativas de Direito societário – cf., por todos, LÜBBERT, *op. cit.*, pp. 154 e ss. Desenvolvidamente, na doutrina portuguesa, RAÚL VENTURA, *Acordos*, p. 73 e ss.

como se depreende da expressão "os acordos referidos no número anterior" – regularem a "conduta de intervenientes ou de outras pessoas no exercício de funções de administração ou de fiscalização". A norma em análise vem esclarecer a controvérsia, já surgida no âmbito de outros ordenamentos jurídicos, respeitante aos acordos parassociais sobre a composição dos órgãos sociais[107] ou sobre a remuneração dos seus membros[108]. Tal significa que um acordo parassocial não pode ter como objecto actos ou omissões cuja concretização dependa do comportamento de membros de órgãos de administração ou de fiscalização, quer estes sejam sócios subscritores do próprio contrato parassocial, quer sejam outras pessoas (sócios ou não) alheias ao mesmo.

Importa, no entanto, analisar com alguma cautela o que se deva entender por "conduta [...] no exercício de funções de administração ou de fiscalização". Alguns autores, como Menezes Cordeiro[109] ou Pereira de Almeida[110], partindo da ideia de que esta é uma das limitações mais frequentemente violadas, pois "dificilmente os sócios abdicam da possibilidade de influenciar, de forma mais ou menos directa, a actuação dos órgãos da administração"[111], defendem uma interpretação restritiva do preceito em questão. É introduzido ainda o argumento de que tal penalizaria "as já depauperadas empresas portuguesas"[112] face às concorrentes estrangeiras. Não parece, contudo, que estas premissas empíricas fundamentem uma tal decisão jurídica, pois que, para isso, se deve aduzir, pelo menos, uma premissa normativa, objectivamente prescrita na ordem jurídica[113].

---

[107] Cf. FARENGA, op. cit., pp. 350 e ss. e COTTINO, op. cit., pp. 210 e ss.. Cf., ainda, BAUMANN//REISS, op. cit., pp. 187 e ss., que, dando conta deste problema no ordenamento teutónico, alertam para os conflitos de interesses que se podem criar: sendo que os accionistas apenas têm competência para designar os membros do Conselho de Vigilância (*Aufsichtsrat*) e não os da Direcção (*Vorstand*), a tendência será a de celebrar acordos parassociais – no caso, relativos ao exercício do direito de voto – para eleger os membros do *Aufsichtsrat*. Ora, se por um lado estes não estão vinculados a instruções, por outro, as partes que os elegeram esperam deles a defesa dos seus interesses. Acabam os autores por concluir que o interesse da sociedade é superior ao interesse individual dos sócios, prevalecendo, por isso, sobre este.

[108] Referindo-se expressamente à possibilidade e à frequência de acordos em que os sócios se obrigam a votar no sentido da fixação de determinada remuneração dos administradores, cfr. BRITO CORREIA, *Os administradores de sociedades anónimas*, 1993, p. 569.

[109] Cf. MENEZES CORDEIRO, *Sociedades*, I, p. 656.

[110] Cf. PEREIRA DE ALMEIDA, op. cit., p. 208.

[111] Cf. GRAÇA TRIGO, *Acordos parassociais, síntese das questões jurídicas mais importantes*, in Problemas de Direito das Sociedades, 2002, p. 175.

[112] Cf. MENEZES CORDEIRO, *Sociedades*, I, p. 656.

[113] Cf. ROBERT ALEXY, *Teoria da argumentação jurídica*, 2001, São Paulo, pp. 218 e ss. e pp. 233 e ss.

À partida, esta norma proibitiva não impede a celebração de acordos respeitantes à conduta daqueles que ocupem cargos sociais, mas tão-somente à conduta desses *no exercício* de funções de administração e de fiscalização. Por outro lado, no que concerne aos acordos de voto, naturalmente que, como salientam autores como Raúl Ventura[114], este preceito não pode ser interpretado no sentido de proibir um acordo que regule matérias de administração e de fiscalização da sociedade. Na verdade, desde que existam matérias relativas à administração e à fiscalização da sociedade sobre as quais os sócios possam deliberar licitamente, porque da competência (exclusiva ou não) da assembleia geral, os acordos em que os sócios intervenham "nessa qualidade" são lícitos, pois que a estes sempre estaria aberta a possibilidade de contribuir com o seu voto na deliberação social que se reportasse a estas matérias. O critério decisivo parece ser, então, o da delimitação de competências[115] entre, por um lado, a assembleia geral e, por outro lado, os órgãos de administração e de fiscalização. Delimitação que varia consoante o tipo de sociedade em causa, sendo mais vasta nas sociedades por quotas (artigo 259.º) do que nas sociedades anónimas (artigo 373.º, n.º 3 e artigo 405.º, n.º 1)[116].

Desta forma, estão proibidos os acordos de voto que se reportem a futuras deliberações cujo objecto esteja arredado das competências da assembleia geral e respeitem a condutas de intervenientes no exercício de funções da administração ou fiscalização[117-118]. Assim, poder-se-ia sempre questionar o recurso a

---

[114] Cf. Raúl Ventura, *Estudos vários*, p. 70. Também Menezes Cordeiro, *Sociedades*, I, p. 655, embora com algumas reservas, e Graça Trigo, *Acordos*, p. 155, propugnam esta abertura.

[115] Referindo ser este o critério, cf. Baumann/Reiss, *op. cit.*, pp. 187 e ss.

[116] Numa sociedade anónima tradicional, quanto à orientação e gestão da sociedade, os sócios só serão chamados a pronunciar-se nos termos do artigo 373.º, n.º 3, pois que nos termos dos artigos 405.º e 406.º, essa matéria é da competência do conselho de administração. Já não oferecem problemas os acordos sobre a eleição dos administradores, pois que se trata de uma competência da assembleia geral (artigo 391.º, n.º 2). Também a política de distribuição de dividendos é feita pela assembleia geral (artigo 294.º, n.º 1); já a orientação a seguir nas decisões acerca do consentimento da sociedade para a transmissão de acções, atento o artigo 328, n.º 2, será da competência da assembleia, salvo o disposto no artigo 329.º, n.º 1. Este raciocínio deverá ser paralelamente transposto para avaliar as competências próprias do conselho fiscal (artigo 420.º). Já nas sociedades por quotas, como as competências dos sócios são mais amplas (artigo 246.º e artigo 259.º), os acordos parassociais, na modalidade de acordos sobre o exercício do direito de voto podem incidir sobre matérias mais alargadas.

[117] A introdução deste elemento conjuntivo significa que não é pelo facto de um acordo parassocial de voto se reportar a deliberações cujo objecto ultrapasse as competências atribuídas à assembleia geral que este será, desde logo, inválido – quando muito, nem haverá deliberação ou, a existir, será nula, nos termos do artigo 56.º, n.º 1, als. *c*) ou *d*) ou anulável, nos termos do artigo

outro tipo de acordos parassociais, que não acordos de voto (que seriam escusados, na medida em que o direito de voto dos sócios não engloba matérias que não sejam da competência da assembleia geral), para regulamentar essas referidas condutas; porém, tal possibilidade é afastada pela proibição constante do artigo 17.º, n.º 2.º. Quanto às restantes modalidades de acordos parassociais, estarão proibidos, por exemplo, os contratos que estabeleçam compromissos respeitantes à actividade exercida por uma sociedade, quando interfiram com a conduta dos administradores, aqueles que estipulem a obrigação de dar ou receber instruções de alguns administradores[119] ou aqueles que indiquem os casos em que o conselho de administração deva conceder ou recusar o consentimento à transmissão de acções, quando o contrato lhe atribua essa competência (artigo 329.º, n.º 1).

São duas as razões que fundamentam a norma do artigo 17.º, n.º 2: a primeira, é a de impedir que, mediante um acordo parassocial, se possa desvirtuar o *princípio da tipicidade* consagrado no artigo 1.º, n.º 3[120]. Este princípio, de amplas implicações[121], deriva da necessidade de defender o interesse público, de proteger os sócios e de tutelar os credores que, acautelados e confiando no contrato social (artigo 9.º), sujeito, frequentemente, a escritura pública (artigo 7.º, n.º 1), e registado (artigo 5.º), não poderiam contar com uma organização *a latere*, diferente da plasmada no pacto social. Como salienta Menezes Cordeiro[122], toda a orgânica seria parassocial, assim como se iludiriam os diversos preceitos relativos ao pacto social e às suas alterações, como seja a escritura, o registo e as diversas fiscalizações.

Por outro lado, a *ratio* da norma do artigo 17.º, n.º 2 também se prende com a necessidade de garantir a *liberdade e a responsabilidade dos administrado-*

58.º, n.º 1., al. *a*). Assim, o desvalor dos acordos que se referem no texto resulta da contrariedade à lei (artigos 280.º e 294.º CC), isto é, ao disposto no artigo 17.º, n.º 2, 2.ª parte.

[118] Dúvidas suscita, assim, a possibilidade de um acordo de voto disciplinar a cooptação de administradores. Esta é uma competência do conselho de administração [artigo 406.º, al. *b*)], embora a cooptação deva ser ratificada pela assembleia geral (artigo 393.º, n.º 4). Parece que as cláusulas directamente relativas à cooptação seriam inválidas, enquanto as cláusulas relativas à deliberação de ratificação de cooptação seriam válidas. Neste sentido, RAÚL VENTURA, *Acordos*, p. 63.

[119] Exemplo retirado de RAÚL VENTURA, *Acordos...*, p. 63.

[120] Referindo expressamente ser esta a *ratio* do artigo 17.º, n.º 2, cf. MENEZES CORDEIRO, *Sociedades I*, p. 656.

[121] Cf. KARSTEN SCHMIDT, *op. cit.*, pp. 95 e ss.

[122] Cf. MENEZES CORDEIRO, *Sociedades*, I, p. 656. Sobre a violação da delimitação de competências entre órgãos sociais através de pacto parassocial, cfr. o caso estudado por CALVÃO DA SILVA, *Estudos jurídicos, Pareceres*, 2001, pp. 251 e ss.

res[123] que, no exercício das suas funções, estão adstritos à realização do interesse social (artigo 64.º). De facto, a barreira de competência que separa a esfera dos sócios da dos administradores é complementada pela diferente posição em que ambos se encontram face aos interesses que na sociedade convergem. Para que os administradores possam prosseguir o interesse social, os acordos parassociais não podem condicionar o *modus administrandi*, até porque a essas instruções ou interferências exógenas se opõe, como faz notar Calvão da Silva[124], a natureza pessoal das assinaladas obrigações legais dos administradores para com a sociedade – veja-se que o cargo de administrador tem de ser desempenhado por pessoa singular em nome próprio e não em representação do accionista que o indica, nos termos dos artigos 390.º, n.º 4 e 434.º, n.º 3. A prossecução do interesse social, por parte dos administradores, exige, assim, liberdade e responsabilidade nas opções tomadas, não podendo, por isso, ser este subjugado ao interesse próprio dos sócios partes num acordo parassocial.

7.3. As restrições constantes do artigo 17.º, n.º 3, alíneas a) e b)

O artigo 17.º, n.º 3, als. *a*) e *b*), recuperando o artigo 35.º da Proposta de 5.ª Directriz e o n.º 2 do § 136 do AktG alemão, estabeleceu o desvalor da nulidade para os acordos parassociais mediante os quais um sócio se vincule a votar seguindo sempre as instruções dos órgãos sociais ou aprovando sempre as propostas por eles feitas[125]. Tal não consubstanciaria mais do que uma delegação material de votos nos órgãos sociais, pois que seriam estes a tomar as decisões substantivas[126].

Grande parte da doutrina alemã – a propósito do § 136, 2 do AktG – encontra, na *ratio* das normas que estatuem estas condicionantes, semelhanças com a *ratio* das normas que impõem a suspensão do exercício do direito de voto relativo às acções próprias (no nosso ordenamento jurídico, o artigo 324.º, n.º 1, al. *a*)[127]: em ambas as restrições se pretende impedir o exercício de

---

[123] Cf., expressamente neste sentido, PEDRO PAIS DE VASCONCELOS, *A participação*, p. 64; CALVÃO DA SILVA, *Estudos*, p. 249; PUPO CORREIA, *Direito comercial*, 1999, p. 467.
[124] Cf. CALVÃO DA SILVA, *Estudos Jurídicos, Pareceres*, 2001, p. 249.
[125] Refira-se que, ao contrário da lei alemã, o artigo 17.º, n.º 3, al. *a*), não faz qualquer menção, na sua previsão, às instruções provenientes de uma sociedade dependente. Admitindo aí a sua inclusão, por analogia, LEITE SANTOS, *op. cit.*, p. 228 e RAÚL VENTURA, *Acordos*, p. 65.
[126] Cf. MENEZES CORDEIRO, *Sociedade*, I, p. 656.
[127] Subscrevendo esta explicação tradicional, na doutrina portuguesa, cf., entre outros, MENEZES

influência dos órgãos sociais sobre a formação da vontade societária na assembleia geral. Com efeito, trata-se de um caso que apresenta um grande grau de similitude com a situação de detenção de acções próprias pela sociedade, pois que também nesta delegação do sentido do voto podemos descortinar uma dissociação entre o capital e o risco. Percebe-se, então, que um dos fundamentos para estes limites é, claramente, o de impedir que os órgãos sociais detenham um poder sobre o exercício do direito de voto que lhes permita influenciar abertamente o conteúdo das deliberações tomadas na assembleia geral. Em última análise, como aduzem alguns autores[128], pretende-se a preservação do princípio da tipicidade societária, que sairia defraudado mediante acordos de voto com este teor, porquanto se estabeleceria uma orgânica à margem da oficial, enviesando a distribuição imperativa de competência entre os vários órgãos da sociedade. Além disso, como salienta Leite Santos[129], os acordos em que os accionistas se comprometem a votar no sentido que lhes é indicado pela sociedade ou pelos seus órgãos poderiam levar à consequência – indesejável – de assegurar a auto-perpetuação e irresponsabilidade dos administradores.

Numa leitura mais atenta da al. *a*) do n.º 3 do artigo 17.º, percebe-se uma duplicação na referência às *"instruções da sociedade ou de um dos seus órgãos"*, na medida em que a sociedade é, também ela, representada por um dos seus órgãos (o administrativo)[130]. Esta conclusão parece fazer perigar – pelo menos no que respeita ao órgão de administração, que é o único que pode actuar em nome da sociedade – a segunda hipótese de instruções, na medida em que ou o órgão actua em nome da sociedade e nos encontramos na primeira hipótese,

---

CORDEIRO, *Sociedades I*, p. 656; RAÚL VENTURA, *Acordos*, p. 64. Cf., igualmente, GRAÇA TRIGO, *Acordos*, p. 163. A autora, na esteira da posição de ZÖLLNER (*op. cit.*, p. 188), admite que, quer num caso (na detenção de acções próprias), quer noutro (na celebração de acordos de voto com este teor), estão criadas as condições ideais para que os órgãos sociais se imiscuam na vontade social a tomar pela sociedade, e que, por isso, estes regimes têm um fundamento substancialmente idêntico. Porém, rejeita as teses, como as de LÜBBERT, *Abstimmungsvereinbarungen in den Aktien – und GmbH-Rechten der EWG-Staaten, der Schweiz und Grossbritanniens*, Baden-Baden, 1971, pp. 147 e ss., que fazem derivar da suspensão do direito de voto inerente às acções próprias as limitações contidas no artigo 17.º, n.º 3, als. *a*) e *b*), ainda para mais quando se mantém a diferença ao nível da titularidade das participações sociais.
[128] Cf. MENEZES CORDEIRO, *Sociedades*, I, p. 657; LEITE SANTOS, *op. cit*, p. 227.
[129] Cf. LEITE SANTOS, *op. cit*, p. 228.
[130] Note-se que as "instruções da sociedade" podem ser dadas por ela não só através do seu órgão de administração, mas também através de mandatário ou de procurador (artigos 252.º, n.º6 e 391.º, n.º 7). Expressamente neste sentido, UWE HUFFER, *Aktiengesetz*, 4.ª ed., Beck, München, 1999, p. 621.

ou não se apresenta como órgão, não estando abrangido pela segunda hipótese do preceito. Sublinhe-se que os "órgãos" sociais indicados no acordo para darem instruções poderão ser o órgão de administração ou o de fiscalização – à semelhança do que é expressamente referido no § 136, 2 do AktG. Esta questão da duplicação, desde logo reconhecida na doutrina germânica[131], leva a que se entenda – e porque os significados semanticamente possíveis do preceito o permitem – que na referência "ou de um dos seus órgãos", não esteja em causa o órgão de administração enquanto tal, mas sim a colectividade dos seus membros[132], quando expressamente, ou pelas circunstâncias em causa, esteja excluída a actuação em nome da sociedade[133].

Toda esta discussão, quando aproveitada para a al. b), fica desprovida de sentido. Obviamente que aqui só podem estar em causa propostas do órgão enquanto tal, e não já propostas de sócios que sejam membros de órgãos sociais.

O legislador português introduziu, na letra das als. a) e b), o advérbio "sempre", presente no artigo 35.º da Proposta de 5.ª Directriz, mas já não no § 136 do AktG alemão. Para justificar esta diferença de tratamento entre um acordo pontual e um acordo duradouro, é comum afirmar-se que o afastamento dos acordos pontuais deste regime tem como fundamento o facto de não criarem aquela "intolerável influência de um órgão da sociedade sobre a assembleia geral"[134]. Contudo, em casos como o do acordo que obriga alguns sócios a votar o relatório de gestão e contas do corrente exercício seguindo as instruções do conselho de administração, podem gerar-se algumas dúvidas sobre a sua admissibilidade. É necessário, por isso, ao contrário do que defendem autores como Raúl Ventura[135], Leite Santos[136] ou Graça Trigo[137], interpretar res-

---

[131] Cf., entre outros, ZÖLLNER, op. cit., p. 184.

[132] Veja-se que em vez da totalidade dos membros do órgão social, poderá a indicação no acordo parassocial reportar-se também à maioria dos membros do órgão, pois se houver essa maioria, pode entender-se ser a sua actuação equiparável a instruções do próprio órgão. Assim já não será quando se vincule o voto às instruções de um ou mais titulares do órgão social, mas sem peso suficiente para determinar as deliberações nele tomadas. Neste sentido, cf. RAÚL VENTURA, op. cit., p. 65; GRAÇA TRIGO, op. cit., p. 164.

[133] Na doutrina portuguesa, expressamente neste sentido, GRAÇA TRIGO, Acordos, p. 163, COUTINHO DE ABREU, Curso de Direito comercial, vol. II, 2.ª ed., 2007, p. 158 e RAÚL VENTURA, Acordos, p. 64. São igualmente estes autores que defendem a inclusão não só do órgão de fiscalização enquanto tal, mas também da colectividade dos seus membros, nesta segunda parte do preceito.

[134] Cf. RAÚL VENTURA, Acordos, p. 66.

[135] Cf. RAÚL VENTURA, Acordos, p. 66.

[136] Cf. LEITE SANTOS, op. cit., p. 228.

[137] Cf. GRAÇA TRIGO, op. cit., p. 165

tritivamente a palavra "*sempre*", presente nestas duas alíneas, de modo a submeter igualmente à nulidade acordos de voto dirigidos a concretas situações[138] – o que cabe ainda no âmbito dos significados semanticamente possíveis oferecidos pela letra do preceito –, sob pena de se retirar qualquer alcance prático aos preceitos.

7.4. As proibições ao comércio de votos

Nos termos da al. *c*) do n.º 3 do artigo 17.º[139], nulos são ainda os acordos pelos quais "um sócio se obriga a votar, exercendo o direito de voto ou abstendo-se de o exercer em contrapartida de vantagens especiais", proibindo-se, portanto, a chamada "compra de votos" desde cedo assinalada nos Direitos francês e alemão. Ao contrário dos ordenamentos que prevêem, nesta situação, ilícitos criminais ou contra-ordenanacionais[140], consagrando *lex maius quam perfecta*, a norma constante do preceito em análise apenas estatui a nulidade para aqueles acordos, tratando-se apenas de uma *lex perfecta*[141]. Note-se que a ausência do o advérbio "*sempre*", presente nas alíneas antecedentes, implica a nulidade de todo e qualquer acordo de voto isolado.

É discutível se a obrigação de voto implica a obrigação de votar em determinado sentido, ou se se trata tão-somente de uma simples obrigação de votar, sem qualquer vinculação quanto ao sentido da votação. Parece que a primeira situação – a obrigação de votar em determinado sentido – se inclui no âmbito deste preceito, pois que é esta a principal hipótese que a proibição do comércio de votos pretende afastar. Por outro lado, como defende Raúl Ventura[142], a última hipótese considerada também se encontra abrangida no preceito, tendo até uma cobertura literal mais conclusiva do que a relativamente à primeira

---

[138] Neste sentido, MENEZES CORDEIRO, *Sociedades*, I, p. 657; COUTINHO DE ABREU, *op. cit.*, p. 159, nt. 158.

[139] Como salienta RAÚL VENTURA, *Acordos*, p. 67, a tradução do artigo 35.º da Proposta de 5.ª Directriz foi de tal modo fidedigna que não deu para ver a contradição lógica entre o corpo do artigo e a disposição da al. *c*), pois não faz sentido que alguém se obrigue a votar, abstendo-se de o fazer.

[140] Cf. o § 405, 3 (6), (7) da lei alemã, que define a venda de votos como contra-ordenação, assim como o artigo 440.º, n.º 3 da lei francesa das sociedades anónimas de 1966.

[141] Sobre esta tradicional classificação das leis quanto à sua sanção, cf. BAPTISTA MACHADO, *Introdução*, p. 95.

[142] Cf. RAÚL VENTURA, *Acordos*, p. 70. Cfr. também LEITE SANTOS, *op. cit.*, p. 230.

hipótese referida. Já a obrigação de se abster, por seu turno, parece referir-se tanto às situações em que há uma abstenção técnica como à própria ausência da assembleia, pois que as razões de ser para a proibição da venda de votos parecem proceder para ambas as hipóteses[143].

É comum afirmar-se que esta disposição legal proíbe a compra e venda de votos. Note-se, contudo, que não estamos aqui perante uma situação de alienação do direito de voto em separado da titularidade da participação social, ainda para mais quando a possibilidade de cessão de voto é proibida no nosso ordenamento[144]. Estamos apenas perante aqueles compromissos pelos quais um sócio, conservando o exercício pessoal do direito de voto, *vende* a outrem a definição da orientação daquele voto.

Importante, a este propósito, é descortinar o que possam ser vantagens especiais, pelo que há que interpretar adequadamente a expressão, sob pena de esta proibição engolir uma infinidade de situações em que se possa contar com a existência de um benefício. Como salienta grande parte da doutrina alemã[145], não constitui uma vantagem especial aquela que deriva da própria votação à qual o voto vinculado diga respeito, assim como aquelas vantagens que beneficiem não apenas o sócio vinculado, mas também a generalidade dos sócios ou a sociedade. Por outro lado, se se torna imperativo que estas vantagens operem em conexão, directa ou indirecta, com a obrigação de voto[146], note-se que o que está aqui em causa são correspectivos de qualquer natureza, e não apenas pecuniários ou económicos – não tendo, por isso, de apresentar natureza patrimonial[147].

Determinar quando se está perante vantagens especiais como correspectivo de voto pode, todavia, afigurar-se uma árdua tarefa. É patente que o sócio, ao aderir a um sindicato de voto, pretende a obtenção de algum tipo de vanta-

---

[143] A doutrina estrangeira (cf. ZÖLLNER, *op. cit.*, p. 187) tende a justificar a inseparabilidade e a intransmissibilidade do direito de voto pelo princípio da não irretirabilidade do direito de voto ao accionista e o da não atribuição do direito de voto a quem não for accionista – o que colide, no nosso ordenamento com a possibilidade de existirem acções preferenciais sem voto e a admissibilidade de usufrutuários ou credores pignoratícios votarem (artigo 23.°).
[144] Cf. *idem*, p. 58.
[145] Cf., por todos, LÜBBERT, *op. cit.*, p. 149.
[146] Cf. RAÚL VENTURA, *op. cit.*, p. 69. Também LEITE SANTOS, *op. cit.*, p. 232, acolhe esta posição, afirmando que esta situação apresenta semelhanças com a *ratio* de proibição dos pactos leoninos.
[147] Como a presidência honorária de órgão social (cf. LÜBBERT, *op. cit.*, p. 149), havendo, contudo, quem considere excluídas *"insignificantes vantagens como o pagamento de despesas para ir à Assembleia"* (cf. RAÚL VENTURA, *Acordos*, p. 71). Também COUTINHO DE ABREU, *op. cit.*, p. 159.

gens; porém, estas devem ser comuns aos sócios sindicados, apresentando-se como vantagens correspondentes a um interesse colectivo dos sócios sindicados. Não poderá haver, então, correspectividade entre o sentido do voto e a vantagem, não estando presente o elemento sinalagmático, mas o esforço de um grupo que coordena os votos de que dispõe para uma finalidade colectiva[148], garantida por um vínculo recíproco idêntico para todos os membros.

Contrariamente ao que sucede noutros ordenamentos, a nulidade destes acordos provém simplesmente da contrapartida prometida ou aceite, pretendendo excluir-se a concessão de vantagens estranhas ao próprio funcionamento da sociedade, sendo indiferente, para invalidar convenções de voto deste género, que a sociedade fique ou não prejudicada pela concreta convenção[149]. Tal asserção implica o afastamento de posições que vêem, nesta proibição, a finalidade de evitar a causação de prejuízos à sociedade, baseando-se na ideia de que o sentido do voto se orientará mais por interesses extra-sociais do que pelo interesse social[150]: além de ser um problema que afecta as convenções de voto em geral, está hoje mais do que ultrapassada a ideia de que o sócio está vinculado a votar no sentido considerado mais favorável ao interesse social[151]. Por outro lado, também não procedem as posições fundadas em considerações de ordem ética, como as de Jaeger, que entende que a oferta do voto em troca de dinheiro é imoral e não merece protecção jurídica, referindo o autor que "quem se compromete a votar num certo sentido para obter uma contrapartida, põe-se fora do interesse colectivo"[152], afectando a essência do conceito de sociedade.

Refira-se, por fim, em jeito de conclusão da análise do artigo 17.°, n.° 3, que, embora estas limitações se destinem aos acordos de voto, das normas constantes destes enunciados normativos, pode retirar-se, à semelhança do que parece defender Paulo Câmara[153], uma ideia geral de que uma margem

---

[148] Cf., por todos, ZÖLLNER, op. cit., p. 178. Veja-se, a este propósito, CALVÃO DA SILVA, Estudos, p. 246, afirmando que a eleição para o órgão de administração resultará da deliberação societária, constituindo em regra um fim comum realizado dentro da sociedade e não uma vantagem especial recebida da contraparte fora da sociedade.

[149] Cf. RAÚL VENTURA, op. cit., p. 70.

[150] Para uma resenha das posições assinaladas e respectiva bibliografia, cf. GRAÇA TRIGO, Acordos, pp. 100 e ss.

[151] Cf. PINTO FURTADO, Deliberações de sociedades comerciais, Almedina, 2005, pp. 86 e ss.; A. MIGNOLI, L'interesse sociale, in Riv. Soc., 1958, pp. 740 e ss.

[152] Cf. JAEGER, op. cit., p. 214, acompanhado, entre nós, por GRAÇA TRIGO, Acordos, p. 168.

[153] Cf. PAULO CÂMARA, op. cit., p. 243.

mínima na disposição de direitos sociais mediante acordo parassocial deve ser salvaguardada pelo sócio, ideia que, todavia, se afigura incapaz de responder a todos os problemas respeitantes aos limites da validade dos acordos parassociais, pois que "só limitadamente [...] este traço comum aos limites da autonomia privada [...] se mostrará apto a aplicar-se, por força da analogia, a outros tipos contratuais parassociais"[154].

8. *Limitações derivadas do contrato social*

Paralelamente às regras legais que restringem a autonomia privada na celebração de acordos parassociais, interessa agora saber se o conteúdo do contrato de sociedade pode funcionar como limite à conformação dos acordos parassociais, quando estes se revelem contrários ao estipulado no pacto social, sem, contudo, ferir nenhuma norma imperativa. Tenha-se em consideração que a solução defendida a propósito dos limites legais impostos ao conteúdo dos acordos parassociais não poderá, claramente, proceder neste ponto: aí confrontavam-se actos de diferente valor hierárquico – a lei e o contrato; aqui trata-se da contraposição de duas obrigações de fonte contratual – por um lado, a vinculação societária; por outro, a vinculação parassocial. Desta forma, a consequência da violação de cláusulas do pacto social (desde que não reproduzam normas imperativas[155]) não poderá ser a *nulidade* do acordo parassocial, na medida em que tal entendimento seria tolhido pelo mais básico postulado: quando, no tratamento dos desvalores dos actos jurídicos, se fala de *"invalidade"*, está subjacente a esta noção uma determinada relação entre actos jurídicos *latu sensu*, relação essa que pressupõe uma desconformidade com um acto jurídico hierarquicamente superior[156]. Esta ideia – dificilmente contestável, desde Kelsen[157] – de conformação de um acto aos parâmetros definidos por

---

[154] Cf. *idem*, p. 243.
[155] Relembre-se que o facto de o acordo parassocial ser contrário a normas imperativas societárias nem sempre determina a sua invalidade. Tal solução dependerá, como foi referido, da possibilidade de subsumir esses acordos à previsão de tais normas, com recurso aos elementos gerais de interpretação; prejudicada essa possibilidade, resta ensaiar a aplicação analógica das mesmas (artigo 10.º, n.º 1 e n.º 2 CC) aos contratos parassociais. Cf. *supra* (IV.6).
[156] Como escreve RICCARDO GUASTINI (*Invalidity*, in Ratio Juris (7), Oxford, 1994, pp. 212), *"a rule is said to be invalid each and every time either (a) it was not produced in accordance with the meta-rules which govern the productions of rules in the system, or (b) it is inconsistent with a «superior» (higher-ranked) rule belonging to the same system"*.
[157] Cf. HANS KELSEN, *Teoria pura do Direito*, 2.ª ed., 1960, (2008), p. 250 e ss.

um acto hierarquicamente superior é, aliás, o processo natural de garantir a unidade do sistema jurídico, composto por estratos normativos diferenciados e escalonados piramidalmente. É assim patente que a contrariedade do conteúdo do pacto parassocial, face a cláusulas do pacto social, não é um problema de validade.

Desta forma, naquelas situações em que o contrato de sociedade, que não pode preterir os casos de impedimento de voto legalmente fixados (artigo 251.°, n.° 2 e artigo 384.°, n.° 7), amplie esse leque de casos e um acordo parassocial não respeite esses impedimentos de voto, parece claro que daqui não decorre a invalidade do acordo parassocial. O mesmo sucede, ao contrário do que tem entendido uma parte da doutrina germânica[158], quando o pacto social, ao abrigo do artigo 384.°, n.° 2, al. *b*), adopte um regime de limitação máxima do número de votos por cada accionista e seja celebrado um acordo de voto mediante o qual um accionista se vincule a votar no sentido indicado por outro accionista que pessoalmente já atingiu o limite de votos estatutariamente fixado. Refiram-se ainda aquelas situações em que o pacto social sujeita a transmissão das participações sociais ao consentimento da sociedade (participações vinculadas), nos termos do artigo 228.°, n.° 2 e do artigo 328.°, n.° 2, al. *a*), e exista um compromisso de voto do alienante em face do adquirente[159]: caso o consentimento seja recusado pela sociedade[160], pode-se cogitar a hipótese de o alienante exercer o direito de voto na assembleia, de acordo com as instruções do pretenso adquirente. Quanto a esta última situação, vem Raúl Ventura[161] afirmar não haver motivo para *invalidar* convenções de voto deste tipo, pois que a cessão entre cedente e cessionário é válida, sendo o consenti-

---

[158] Cf., por todos, LÜBBERT, *Abstimmungsvereinbarungen in den Aktien – und GmbH-Rechten der EWG-Staaten, der Schweiz und Großbritanniens*, Baden-Baden, 1971, p. 156 e ss.

[159] Veja-se que alguns autores, como GRAÇA TRIGO, *op. cit.*, p. 182, chegam mesmo a entender que há um compromisso de voto do alienante em face do adquirente, no sentido de votar favoravelmente a autorização da transmissão quando esta seja da competência da assembleia geral (artigo 329.°, n.° 1), configurando um dever acessório dele resultante. Também o BGH já seguiu esta orientação na decisão de 29/5/67.

[160] Embora esta questão possa revestir uma importância escassa, dado que face à recusa de consentimento, seguir-se-á, nos termos dos artigos 231.° ou 329.°, a amortização da participação social ou a sua aquisição por outra pessoa, apenas se mantendo o sócio transmitente na sociedade se recusar a proposta desta ou se, tratando-se de uma sociedade por quotas, não preencher a condição do artigo 231.°, n.° 3.

[161] Admitindo o autor, portanto, ao que parece, que possam ser consideradas inválidas convenções de voto colidentes com cláusulas do pacto social. Cf. RAÚL VENTURA, *Acordos*, p. 77.

mento apenas um requisito de eficácia nas relações com a sociedade[162]. Todavia, como se referiu, este não é um problema que deva ser perspectivado no plano da *invalidade*[163]. Não se acompanha, por isso, o entendimento de alguns autores que defendem a sanção da nulidade para estes acordos parassociais[164].

Ainda que o acordo parassocial seja válido, no caso de existir contrariedade entre o conteúdo das cláusulas sociais e das cláusulas parassociais e só uma das obrigações puder ser cumprida, a solução é considerar as duas vinculações de fonte contratual como quaisquer outros casos de incompatibilidade entre compromissos contratuais assumidos pela mesma pessoa. O devedor escolherá o dever a cumprir, suportando as consequências do incumprimento da obrigação não satisfeita, como seja a sua sujeição às pretensões ressarcitórias do credor parte num dos contratos. Questão interessante é, aliás, a de se perspectivar esta situação como uma declaração tácita de não-cumprimento das obrigações derivadas do pacto social por parte do sócio que seja parte nos dois contratos (o contrato de sociedade e o contrato parassocial)[165].

A maioria da doutrina tem entendido que, numa situação como esta, porque a vinculação parassocietária e a vinculação societária não são independentes uma da outra, existindo entre ambas uma conexão traduzida no facto de a dimensão parassocial estar funcionalmente ligada à dimensão social, haveria que cumprir a obrigação que deriva do pacto social[166]. Não se pode aceitar esta solução, na medida em que o acordo social não é mais do que a *base negocial* do acordo parassocial. E muito menos a conclusão de Graça Trigo[167] que,

---

[162] Cf., neste sentido, MENEZES CORDEIRO, *Manual de Direito das sociedades*, II, 2.ª ed., 2007, p. 370.

[163] Neste sentido, expressamente, GRAÇA TRIGO, *op. cit.*, p. 182; MÁRIO LEITE SANTOS, *op. cit.*, p. 215; na doutrina estrangeira, FARENGA, *op. cit.*, p. 339.

[164] Cf. PAULO CÂMARA, *op. cit.*, pp. 262 e 463, que entende serem inválidos os acordos *contra contractus*, afirmando uma relação dependente entre acordo parassocial e estatutos; já PEREIRA DE ALMEIDA, *op. cit.*, p. 210 e PAULO OLAVO CUNHA, *op. cit.*, p. 157, afirmam a prevalência das cláusulas estatutárias face uma cláusula parassocial, embora não tomem partido quanto a este ponto.

[165] Relativamente à declaração de não cumprimento tácita (artigo 217.º CC), esta pode ser feita pela "*prática de actos materiais ou jurídicos* [que sejam] *reveladores inequívocos do desejo de repudiar o compromisso assumido*" (Cf. JOSÉ CARLOS BRANDÃO PROENÇA, *A hipótese da declaração (lato sensu) antecipada de incumprimento por parte do devedor*, in Estudos em Homenagem ao Professor Doutor Jorge Ribeiro de Faria, Coimbra, 2003, p. 365), aspecto amplamente realçado por autores como TREITEL, *The Law of Contract*, London, 1995, pp. 770 e ss. ou EDWARD FARNSWORTH, *Farnsworth on Contracts*, I, Aspen, 1998, p. 535 ss., que se referem a uma "*repudiation by conduct*".

[166] Cf., entre outros, LEITE SANTOS, *op. cit.*; GRAÇA TRIGO, *op. cit.*, p. 191; PEREIRA DE ALMEIDA, *op. cit.*, p. 210; PAULO OLAVO CUNHA, *op. cit.*, p. 157.

[167] Cf. GRAÇA TRIGO, *op. cit.*, p. 191 e ss.

embora recuse – e bem – aplicar analogicamente o artigo 58.°, n.° 1, al. *a*), às situações de conflito entre cláusulas do contrato de sociedade e do contrato parassocial, extrai deste preceito uma ideia geral de *subordinação normativa* das regras parassociais às regras sociais. Parece-me, no entanto, que tudo dependerá da interpretação do acordo parassocial (artigos 236.° e 239.° CC) e da vontade manifestada pelas partes contratantes. Estamos, com efeito, no domínio da autonomia privada, sendo que o devedor pode cumprir uma ou outra obrigação, sujeitando-se, claro está, a ter de ressarcir o credor cuja pretensão não tenha sido satisfeita[168].

Refiram-se ainda aquelas situações em que, no próprio pacto social, é inserida uma cláusula estipulando a nulidade de quaisquer acordos parassociais que possam ser celebrados. Na presença de uma cláusula contratual que comine algum desvalor – no caso, a nulidade – a outro contrato, estamos perante uma restrição inadmissível da autonomia privada enquanto competência – hierarquicamente situada num plano superior –, limitando-se o poder de produção de efeitos jurídicos. Ao contrato social não é, assim, possível, ditar a invalidade dos acordos parassociais, na medida em que a autonomia privada é uma competência para produzir efeitos jurídicos – que permite, entre outros, criar obrigações ou produzir efeitos translativos – e não uma competência para alterar o conteúdo das regras legais – neste caso, o artigo 405.° CC. Uma cláusula com este teor inserida no contrato de sociedade seria, ela própria, nula – não por contrariedade à lei, dado que não existe aqui nenhuma norma directamente violada, mas sim por impossibilidade legal (artigo 280.°, n.° 1 CC). Sendo nula, poder-se-á discutir se a própria cláusula será passível de conversão, atentos os requisitos do artigo 293.°CC, numa obrigação de *non contrahendo* – esta aqui já permitida, enquanto norma de conduta (proibitiva ou impositiva). Por outro lado, e como tudo se trata de uma questão de interpretação das próprias cláu-

---

[168] É frequente a afirmação de que nesta incompatibilidade de obrigações entre o contrato social e parassocial, em que impendem sobre a mesma pessoa vários deveres, que não comportam a sua realização, pelo menos na sua totalidade, poder-se-á estar perante uma causa de justificação que exclui a ilicitude, configurada aqui como o cumprimento de um dever. Contudo, parece-me que trazer à colação este tipo de causa de justificação tem uma importância residual. Com efeito, tal causa de justificação – o cumprimento de um dever – só se verifica se o sujeito não contribuiu, culposamente, para a impossibilidade de cumprir ambos os deveres. Ora, nesse caso, como refere PESSOA JORGE (*Ensaio sobre os pressupostos da responsabilidade civil*, 1995, p. 167 e ss.), se se assume voluntariamente a segunda obrigação, "culpa praecessit e [...]*será responsável*". Partindo do pressuposto de que a parte de um acordo parassocial se vincula voluntariamente a este, e porque pôde, as mais das vezes, *prever* o surgimento de obrigações incompatíveis, esta é uma figura sem aplicação nestas situações.

sulas sociais[169], não se criem equívocos: não é por o contrato dizer que se produz determinado efeito – no caso, a *invalidade* – que esse efeito se produz[170]. Desta forma, na presença de uma cláusula que proíba a celebração de acordos parassociais (um pacto de *non contrahendo*) – admissível, como se viu –, a violação desta obrigação deve merecer tratamento apenas ao nível da responsabilidade civil, devendo o sócio outorgante indemnizar a sociedade pelos danos a esta causados com o seu incumprimento, nos termos gerais[171-172].

9. Os limites derivados da tutela ao interesse social

A invocação da protecção do interesse social enquanto limite à validade dos acordos de voto tornou-se frequente na doutrina e na jurisprudência. O interesse social recebe consagração positiva [*v.g*, artigos 58.º, n.º 1, al. *b*); 64.º; 84.º; 328.º, n.º 2, al. *c*); 460.º, n.º 2] em diversos preceitos do Código das Sociedades Comerciais, assumindo destacada importância o artigo 64.º. Como se sabe, é discutido se se pode efectivamente falar de um interesse da sociedade, distinto do interesse dos sócios. Não cabe aqui analisar as orientações existentes a respeito do interesse social, uma discussão já com profundas raízes históricas[173]. Parte-se da concepção de interesse social como um conceito não puramente operacional, que se cifra em determinar que os administradores, ao agir no âmbito das suas funções, sirvam os sócios, não enquanto pessoas singu-

---

[169] Pois, como se referiu, uma coisa será o contrato social proibir a celebração de acordos parassociais – situação admissível, em que uma norma de conduta cria um dever na esfera jurídica dos sócios que subscrevam o contrato social –, coisa distinta será o contrato social cominar o desvalor da nulidade aos pactos parassociais que sejam celebrados – uma restrição inadmissível da autonomia privada enquanto poder de produção de efeitos jurídicos.

[170] Cf. FERREIRA DE ALMEIDA, *Texto e enunciado*, 1, p. 216.

[171] Também neste sentido, PAULO CÂMARA, *op. cit.*, p. 263. Solução semelhante é a prescrita pela lei no caso de uma cessão de créditos não autorizada – artigo 577.º, n.º2 CC –, situação que é tratada, não no plano da invalidade, mas no da responsabilidade civil. Cf. MENEZES LEITÃO, *Cessão de créditos*, 2005, p. 308 e ss.

[172] Situação semelhante a esta é aquela – também frequente – em que se encontram cláusulas no contrato social que impõem a comunicação à sociedade de quaisquer acordos parassociais. Resta saber se pode haver oponibilidade à sociedade e aos demais sócios quando os acordos sejam devidamente comunicados, o que parece estar, à partida, excluído, tendo em consideração a norma injuntiva do artigo 17.º, n.º1.

[173] Para um estudo aprofundado sobre este assunto, cf. JOSÉ ESTACA, *O interesse da sociedade nas deliberações sociais*, 2003.

lares, mas antes enquanto partes que puseram a gestão dos seus valores num modo colectivo de tutela e de protecção[174].

O problema em apelar ao interesse social para operar limitações aos acordos parassociais reside principalmente no facto de a relação entre acordo parassocial e o interesse social não ter carácter directo, na medida em que os contratos parassociais só produzem efeitos entre as partes, pelo que não podem afectar directamente a sociedade, havendo uma "*barreira intransponível*"[175] entre eles. Partindo da noção de interesse social adoptada, parece claro que o sócio não tem de votar (caso se trate de um acordo de voto) em função do interesse social[176], até porque este é definido em função do interesse dos sócios – o que não quer dizer que a direcção da acção da sociedade corresponda aos interesses de todos os sócios ou à soma de todos eles, mas antes que corresponde ao interesse dos sócios, exercido de modo colectivo, nos termos contratualmente previstos e dentro dos limites à autonomia privada (lei, pacto social e deliberações dos sócios). A única forma de salvaguardar o interesse da sociedade, no caso que nos ocupa, será o recurso ao regime dos votos abusivos [artigo 58.º, n.º 1, al. *b*)], considerando-se anulável a deliberação social em que participem sócios que sejam partes no contrato parassocial e em que se constate: i) o propósito de um dos sócios, ii) de conseguir através do direito de voto, iii) vantagens especiais para si ou para terceiros, iv) em prejuízo da sociedade ou dos sócios[177]. Desta forma, sanciona-se o sócio que aja numa situação de conflito de interesses tal que coloque em causa a prossecução da finalidade lucrativa das restantes partes no contrato, havendo ainda lugar a responsabilidade civil para com a sociedade ou para com os outros sócios, nos termos do artigo 58.º, n.º 3.

V. A eficácia relativa dos acordos parassociais e o não cumprimento das vinculações nele assumidas

10. *O princípio da eficácia relativa dos contratos parassociais*

A estreita ligação dos contratos parassociais à vida das sociedades a que respeitam pode conduzir à ideia de que as vinculações parassociais assumidas

---

[174] Neste sentido, cf. MENEZES CORDEIRO, *Sociedades*, I, p. 821.
[175] Cf. RAÚL VENTURA, *Acordos...*, p. 80.
[176] Cf. VASCO LOBO XAVIER, *op. cit.*, p. 649.
[177] Para uma leitura mais aprofundada deste preceito, cf. MENEZES CORDEIRO, *Sociedades*, I, p. 743 e CARNEIRO DA FRADA, *Deliberações*, p. 321 e ss.

pelos sócios, enquanto partes no contrato parassocial, são oponíveis às referidas sociedades. Se assim sucedesse, estaríamos perante um importante desvio ao princípio da eficácia relativa dos contratos, plasmado no artigo 406.º, n.º 2 CC, que consubstancia uma decorrência elementar do princípio da autonomia privada. Esta foi uma questão amplamente debatida na doutrina estrangeira[178], tendo o legislador português, no artigo 17.º, n.º 1, consagrado a posição claramente dominante, segundo a qual os acordos parassociais produzem efeitos *"inter partes"*, o que significa que os seus efeitos não são oponíveis à própria sociedade[179], aos terceiros que com ela se relacionem, aos restantes sócios ou àqueles que venham a adquirir essa dita qualidade (*"não podem ser impugnados actos da sociedade ou actos dos sócios para com a sociedade"*). Tratando-se o acordo parassocial de *res inter alios acta*, com base nele não poderão, designadamente, ser impugnáveis os votos emitidos em contrariedade com o acordo (de voto, neste caso) e, consequentemente, não será impugnável a deliberação social formada com tais votos, assim como num pacto de preferência na venda de acções celebrado entre sócios, não pode a sociedade, com fundamento na violação deste, deixar de reconhecer a venda efectuada a terceiro.

O princípio da eficácia relativa dos acordos parassociais, assim consagrado no nosso ordenamento jurídico[180], que torna a sociedade *"impermeável"*[181] aos seus efeitos, é frequentemente perspectivado em contraposição à eficácia *absoluta*[182]

---

[178] Cf. FARENGA, *op. cit*, pp. 134 e ss.; OPPO, *op. cit.*, pp. 63 e ss.; SANTONI, *op. cit.*, pp. 25 e ss.; LÜBBERT, *op. cit.*, pp. 123 e ss. e pp. 168 e ss.

[179] Como já se referiu, o facto de o artigo 17.º, n.º 1 dizer que *"não podem ser impugnados actos da sociedade ou dos sócios para com a sociedade"*, não exclui essa possibilidade em todas aquelas situações em que a sociedade é parte num acordo parassocial, pois tratar-se-á de uma situação que cairá na primeira parte do preceito (*"têm efeitos entre os seus intervenientes"*).

[180] Cf., entre outros, RAÚL VENTURA, *Acordos*, pp. 35 e ss.; GRAÇA TRIGO, *Acordos,* p. 148; CALVÃO DA SILVA, *Estudos Jurídicos*, p. 146; MENEZES CORDEIRO, *Sociedades*, I, p. 652, este último autor considerando, com algum desfavor, o súbito entusiasmo pró-acordos parassociais, que acabou por ser compensado pela por si aplaudida *"relativização"* dos acordos.

[181] Cf. RAÚL VENTURA, *Acordos*, p. 38.

[182] Note-se que a terminologia é flutuante: tanto é utilizada a contraposição eficácia obrigacional/eficácia real, como eficácia *erga omnes*/eficácia relativa ou efeitos oponíveis/efeitos inoponíveis. Mais do que a terminologia adoptada, interessa a realidade acima descrita. Alerte-se tão só para a confusão frequente entre os conceitos técnico-jurídicos e os conceitos jurídico-positivos (cfr. EUGEN BUCHER, *Das Subjektive Recht als Normsetzungsbefugnis*, Tübingen, 1965 p. 2): a ineficácia é uma propriedade absoluta, *"sendo"* o acto ineficaz *"em si"*, enquanto a inoponibilidade é uma propriedade relativa, um *"face a"*, não parecendo rigorosas as expressões como a adoptada no artigo 16.º, n.º 2 CSC, que nos fala de actos *"ineficazes para com a sociedade"*.

que deriva do contrato de sociedade[183], de forma a servir de critério de distinção entre socialidade e parassocialidade. Merece, ainda assim, alguma atenção a asserção relativa à oponibilidade *erga omnes* do contrato de sociedade: não oferece contestação que o contrato de sociedade, uma vez cumpridas as devidas exigências legais de forma e publicidade, contém cláusulas oponíveis a terceiros – sejam estes credores da sociedade, futuros sócios ou outros sujeitos que entrem em contacto com a sociedade. Como salienta Menezes Cordeiro[184], o contrato social pode ser considerado um contrato comum, porquanto cria um novo ente colectivo personalizado, um sujeito de direitos que passa a interagir no tráfego jurídico. O pacto social não regula, simplesmente, um circunscrito círculo de interesses entre as partes que o concluam, fixando antes um quadro normativo capaz de regular múltiplas situações subsequentes ligadas ao novo ente colectivo, cuja essência reside na cooperação com vista à realização de determinado escopo comum, mediante o exercício da actividade através da qual a finalidade do grupo é prosseguida. Sucede, contudo, que a ideia de oponibilidade dos efeitos da regra social em contraposição à regra parassocial está, como defende Rescio[185], longe de ser absoluta: primeiro, porque apenas a lei estabelece o *se*, o *como*, e a *medida* da oponibilidade aos terceiros da regra social; e depois, porque o pacto social inclui igualmente cláusulas que não se ligam propriamente à esfera de actuação da sociedade, circunscrevendo-se a eficácia da cláusula, em princípio, aos sócios que a subscrevem[186]. Assim, o ordenamento social é relevante em todo o âmbito de relações jurídicas que decorrem *no círculo delimitado* da actuação do ente societário, sujeitando à sua disciplina os que nele participam ou venham a participar, e quem, em certas circunstâncias, com ele estabeleça relações jurídicas – o que justifica, designadamente, a oponibilidade *erga omnes* dos sistemas de responsabilidade limitada próprios de cada tipo societário.

Parece claro, por outro lado, ainda que o artigo 17.º, n.º 1 determine que os efeitos que derivam dos acordos parassociais se processam *inter partes* e não são oponíveis à sociedade, não é vedada a possibilidade de um acordo parassocial celebrado entre um ou mais sócios ou entre sócios e terceiros, constituir um contrato a favor de terceiro[187] (neste caso, da sociedade) – o que se torna

---

[183] Considerando que o principal critério de distinção entre acordos parassociais e pacto social reside na eficácia dos mesmos, cf. SANTONI, *op. cit.*, pp. 142 e ss.
[184] Cf. MENEZES CORDEIRO, *Sociedades,* I, p. 447.
[185] Cf. RESCIO, *op. cit.*, p. 643.
[186] Também neste sentido, PAULO CÂMARA, *op. cit.*, p. 418.
[187] Sobre o regime do contrato a favor de terceiro, detalhadamente, cf. DIOGO LEITE DE CAMPOS, *Contrato a favor de terceiro*, 2.ª ed., Coimbra, Almedina, 1991.

muito frequente quando se procura um financiamento para esta. Estranho seria que esses acordos – que surgem como excepção ao princípio da relatividade dos contratos – regulados nos artigos 443.º a 451.º CC e legitimados pelo artigo 406.º, n.º 2 CC, não produzissem efeitos face à sociedade. O contrato (parassocial) a favor da sociedade, uma figura que desde cedo foi reconhecida por autores como Oppo[188] ou Santoni[189], permite, assim, o nascimento automático de um direito para a sociedade, o qual se constitui independentemente da aceitação desta (artigo 444.º, n.º 1 CC), assim como o exercício de uma *potestas* de aceitação ou rejeição da promessa (artigo 447.º, n.º 1 CC), sendo que ao promitente é-lhe, designadamente, cerceada a possibilidade de revogar a sua vinculação, proibição que se estende ao promissário desde a aceitação por parte da sociedade (artigo 448.º CC)[190].

Não é, de igual modo, vedada a possibilidade de as obrigações emergentes do acordo parassocial terem efeitos perante terceiros: eventualmente, conforme o que se decida acerca do discutido problema da eficácia externa das obrigações[191], poderá um direito ao ressarcimento pelos danos ser feito valer, também, contra um terceiro adquirente de um lote de acções que tinham sido objecto de um pacto de preferência entre o alienante e outro sócio, se esse terceiro conhecia o facto que bloqueava as acções[192]. A questão torna-se, contudo, mais complexa quando esse terceiro adquirente seja a sociedade, na medida em que a letra do artigo 17.º, n.º 1 constitui um obstáculo à oponibilidade desse direito de crédito à sociedade. A solução possível, parece-me, é a

---

[188] Cf. Oppo, *Contratti...*, p.9.
[189] Cf. Santoni, *op. cit.*, p. 5.
[190] Contra a aplicação do regime do contrato a favor de terceiro aos acordos parassociais que estabeleçam prestações a favor da sociedade, por tal criar uma compressão excessiva na esfera jurídica do sócio, privado de revogar a sua vinculação, cfr. M. Sesta (*Patti Parasociali e contratto a favore di terzo*, in Contr. e impr., ano IX, 1993, n.º 3, p. 951). O autor entende que o regime do contrato a favor de terceiro será, em tais casos, aplicável, somente quando se retire expressamente do texto contratual a atribuição de um efeito à sociedade (p. 961), o que, tendo em consideração as regras gerais de interpretação – aplicáveis aos acordos parassociais –, não parecer ser de aceitar. No mesmo sentido, Paulo Câmara, *op. cit.*, p. 429.
[191] Obras de referência neste tema, na doutrina portuguesa, são as de Menezes Cordeiro, *Direito das Obrigações*, I, Lisboa, 1980, pp. 251 e ss.; Vaz Serra, *Responsabilidade de terceiros no não cumprimento de obrigações*, in Boletim do Ministério da Justiça, 85, 1959, pp. 345-360; Eduardo Santos Júnior, *Da responsabilidade civil de terceiro por lesão do direito de crédito*, Almedina, Coimbra, 2003.
[192] Cf. Ferrer Correia, *Da responsabilidade de terceiro que coopera com o devedor na violação de um pacto de preferência*, in Estudos Jurídicos, II, Estudos de Direito Civil, Comercial e Criminal, 1985, pp. 33 e ss.

de considerar que, neste tipo de situações, a sociedade não interage no tráfego jurídico enquanto ente colectivo cuja essência reside na cooperação com vista à realização de um escopo comum, mas sim como qualquer outro terceiro, o que permite que a parte final do artigo 17.º não tenha, nesta sede, aplicação[193-194].

11. *O incumprimento do acordo parassocial*

Não suscita dúvidas a possibilidade de, em caso de incumprimento de uma obrigação constituída por acordo parassocial, o credor da mesma exigir uma indemnização ao devedor faltoso[195] – situação que não está, contudo, despida de dificuldades de ordem prática no que respeita ao cálculo dos danos provocados[196]. Torna-se, assim, prática corrente quer a inserção de – pesadas – cláu-

---

[193] Como, aliás, não tem, naquelas situações que a sociedade é parte num acordo parassocial, pois essa situação que subsumir-se-á à primeira parte do preceito ("têm efeitos entre os seus intervenientes").

[194] Feição mais complexa parece assumir a possibilidade de celebrar acordos parassociais que sejam pactos de preferência com eficácia real (artigo 421.º CC) e contratos-promessa com eficácia real (artigo 413.º CC). De facto, surge o problema prévio da admissibilidade de estabelecer uma eficácia real quando estes contratos têm por objecto a transmissibilidade de acções, designadamente a possibilidade de estas, enquanto bens incorpóreos, se equipararem a "bens móveis sujeitos a registo". O problema tem conhecido algum desenvolvimento doutrinário: no sentido de que os direitos reais apenas podem referir-se a coisas corpóreas, excluindo do seu âmbito as acções – aqui objecto da preferência –, cfr., entre outros, PEDRO DE ALBUQUERQUE, *Direitos de Preferência dos Sócios em Aumentos de Capital das Sociedades Anónimas e por Quotas*, 1993, pp. 384 e ss. Defendendo uma maior abertura nas soluções a dar a este problema, cfr. PAULO CÂMARA, *op. cit.*, pp. 335 e ss. e 425 e ss., autor que defende a possibilidade de conferir eficácia real aos contratos parassociais acima assinaladas, baseando-se na ideia de que também o artigo 328.º, n.º 4 estabelece uma equiparação às preferências com eficácia real. Também PEDRO PAIS DE VASCONCELOS, *A Participação*, p. 64 e MENEZES CORDEIRO, *Sociedades*, I, p. 653, parecem admitir a possibilidade de conferir eficácia real a estes acordos parassociais. Todavia, tal não parece de acolher: estes acordos não respeitam a coisas corpóreas, não podendo dar assim origem a direitos reais e, consequentemente, não lhes é possível aplicar o regime dos artigos 421.º e 413.º CC, ainda para mais quando as acções não são bens sujeitos a registo.

[195] Cf., entre outros, na doutrina portuguesa, GRAÇA TRIGO, *Acordos*, p. 201 e ss.; PAULO CÂMARA, *op. cit.*, pp. 429 e ss.; PEREIRA DE ALMEIDA, *op. cit.*, pp. 210 e 211; PEDRO PAIS DE VASCONCELOS, *A participação*, p. 63. Na doutrina estrangeira, cfr., ZÖLLNER, *op. cit.*, p. 185; LÜBBERT, *op cit.*, p. 230; COTTINO, *op. cit.*, pp. 236 e ss. e FARENGA, *op. cit.*, pp. 380.

[196] Torna-se, assim, complicado apurar, por exemplo, o prejuízo causado ao titular do direito de crédito correlativo da obrigação de voto com o incumprimento da mesma.

sulas penais[197] nos acordos parassociais, na tentativa de as partes conferirem aos mesmos uma "eficácia absoluta", quer a possibilidade de os dotar de garantias que salvaguardem a posição do credor em caso de incumprimento, como acontece com a utilização das *"escrow accounts"*[198].

Se é reiterada a afirmação de que o incumprimento das obrigações nascidas de pactos parassociais se reconduz, em princípio, ao problema do incumprimento das obrigações em geral, *maxime* a possibilidade de tutela indemnizatória por violação da obrigação derivada do acordo, é conveniente acrescentar que já o recurso aos outros mecanismos gerais de reacção ao não-cumprimento, postos à disposição pelo ordenamento jurídico, dependerá da da prestação que constitui objecto do vínculo parassocial. Sem pretender esgotar o âmbito de todos estes meios de resposta, centremo-nos na possibilidade de fazer funcionar o mecanismo da acção de cumprimento (artigo 817.º CC), aquele que mais celeuma tem provocado nos estudos sobre este tema. Relativamente a certos acordos parassociais, nada parece implicar o afastamento do princípio geral do artigo 817.º CC, segundo o qual "não sendo a obrigação voluntariamente cumprida, tem o credor o direito de exigir judicialmente o seu cumprimento", desde que, como parece claro, a prestação seja ainda seja possível[199]. No que respeita ao mecanismo da execução específica (artigo 830.º CC) – o principal ponto a analisar –, parece claro que qualquer solução dependerá da validade do próprio acordo parassocial[200] e da adequação deste aos requisitos do artigo 830.º CC. Assim, parece não despertar dúvidas a possibilidade de se exercer este meio – que constitui uma acção declarativa constitutiva [artigo 4.º, n.º 1, al. *c*) CPC] – nas relações entre os sócios que subscreveram um acordo parassocial que consubstancie um contrato-promessa de transmissão de participações sociais[201].

---

[197] Cf. MENEZES CORDEIRO, *Sociedades*, I, p. 652, entendendo que *"cabe agora aos tribunais, através do exercício prudente e criterioso da faculdade de redução equitativa – artigo 812.º CC – moralizar esse procedimento"*.
[198] O contrato de depósito *"escrow"* é a convenção mediante a qual as partes de um contrato bilateral acordam em confiar a um terceiro, o *"escrow holder"*, a guarda de bens, ficando este irrevogavelmente instruído sobre o fim a dar a tais bens. Desenvolvidamente, sobre o tema, cf. JOÃO TIAGO MORAIS ANTUNES, *Do contrato de depósito escrow*, 2007.
[199] Cf. PINTO MONTEIRO, *Cláusula penal e indemnização*, Coimbra, 1990, pp. 112 e ss., afirmando a precedência natural e jurídica do cumprimento sobre a reparação por equivalente.
[200] Cf. NOACK, *op. cit.*, p. 71; ANA PRATA, *O contrato-promessa e o seu regime civil*, Coimbra, 1995, p. 897.
[201] Veja-se que nos países anglo-saxónicos é bastante marcada a renitência quanto à utilização deste mecanismo como resposta ao incumprimento de um acordo parassocial, tendo em consideração a

Porém, o problema aqui exposto revela maior acuidade nas situações em que se ensaia a possibilidade de execução específica da prestação objecto de um acordo de voto, mediante a substituição do voto por sentença judicial. A doutrina estrangeira e nacional tem aqui encontrado um fértil campo de análise, multiplicando-se o número de orientações a este respeito, com base nos mais diversos fundamentos. Atendendo ao que está consagrado no nosso ordenamento jurídico, podemos afirmar que o artigo 17.°, n.° 1, ao preceituar que "não podem ser impugnados actos da sociedade ou dos sócios para com a sociedade", revela, sobretudo, uma preocupação em vedar a interposição de acções anulatórias dos votos emitidos em violação do contrato parassocial[202]: tal implica que, uma vez emitidos tais votos na assembleia geral, estes se tornem inimpugnáveis, restando apenas ao credor a tutela indemnizatória. A complexidade do tema aumenta substancialmente quando surge a questão da admissibilidade de o tribunal se substituir ao devedor no seu exercício do direito de voto em deliberações sociais futuras, sobre matérias que ainda não foram objecto de deliberação. Neste ponto, a doutrina maioritária, ao contrário do que sucede no ordenamento jurídico alemão[203], tende a refutar essa possibilidade, nela se contando nomes como Raúl Ventura[204], Menezes Cordeiro[205] ou Calvão da Silva[206], embora os autores fundamentem a sua posição em diferentes argumentos.

Orientação diversa é a perfilhada por Graça Trigo[207], autora que admite a execução específica dos acordos de voto em deliberações sociais futuras sobre assuntos ainda não submetidos a deliberação, assim como na renovação de deliberações quando os efeitos das deliberações anteriores ainda possam por estas ser alterados. Partindo do princípio de que o exercício do direito de voto

---

aversão à *specific performance* e à genérica predilecção jurisprudencial pelo ressarcimento pecuniário em situações de incumprimento contratual. Cf. A. BORROWDALE, *The effect of Breach of Share Transfer Restrictions*, in The Journal of Business Law (JBL), 1988, pp. 307 e ss.; JOYCE, *op. cit.*, pp. 361 e ss. Já o Direito brasileiro consagra a solução totalmente oposta, ao admitir, no artigo 118, § 3.°, da Lei das Sociedades Anônimas de 1976, a execução específica das obrigações constituídas pelos acordos parassociais. Cf. AZEVEDO SANTOS, *Acordo de accionistas*, ROA, 1987, pp. 181 e ss.

[202] Neste sentido, PAULO CÂMARA, *op. cit.*, p. 431.

[203] Após o movimento generalizado no sentido do acolhimento das convenções de voto, foram estas consideradas susceptíveis de execução específica, quando inobservadas, tendo igualmente a jurisprudência admitido essa orientação na célebre decisão do BGH de 29-05-1967. Contra esta posição dominante, cf. MARTIN DÜRR, *op. cit.*, p. 223.

[204] Cf. RAÚL VENTURA, *Acordos*, p. 83.

[205] Cf. MENEZES CORDEIRO, *Sociedades*, I, p. 651.

[206] Cf. CALVÃO DA SILVA, *Sinal e contrato-promessa*, 8.ª ed., 2001, p. 148.

[207] Cf. GRAÇA TRIGO, *Acordos*, pp. 216 e ss. Com dúvidas a este propósito, A. M. TRIUNFANTE, *A tutela das minorias nas sociedades anónimas*, Coimbra, 2004, pp. 346 e ss.

reveste a natureza de declaração de vontade[208], entende ser admissível a subsunção desta declaração ao estatuído no artigo 830.º CC, alargando, assim, à semelhança de muitos outros autores, o perímetro deste preceito a todas as obrigações de emissão de declarações de vontade. Por outro lado, aduz ainda a ideia de que – como o reclama a aplicação do artigo 830.º CC – o incumprimento voluntário da obrigação derivada do acordo de voto nem sempre determina a impossibilidade de prestação, assim como combate a tese da infungibilidade da prestação de exercer o direito de voto em determinado sentido. Este ponto, amplamente tratado pela doutrina, merece alguns reparos.

Tratando-se o exercício do direito de voto de uma declaração, parecer ser de afastar posições como as de Raúl Ventura[209] que, com base numa leitura restritiva do artigo 830.º CC – considerando que o seu âmbito de aplicação se cinge aos contratos-promessa – preconizam a impossibilidade de execução específica do direito de voto. Contudo, esta leitura restrita do artigo 830.º tem sido ultrapassada pela orientação perfilhada por autores como Januário da Costa Gomes[210] ou Ana Prata[211], segundo a qual o artigo 830.º CC não constitui uma regra excepcional[212] no nosso ordenamento jurídico, sendo por isso aplicável, seja por interpretação extensiva, seja por analogia, a outras situações semelhantes – tais como negócios jurídicos unilaterais ou declarações unilaterais que, não configurando negócios jurídicos, tenham uma eficácia jurídica

---

[208] Como, aliás, é unanimemente aceite na doutrina portuguesa. Cf., por todos, PINTO FURTADO, *Deliberações*, pp. 98 e ss.
[209] Cf. RAÚL VENTURA, *Acordos*, p. 83. Entre outros defensores da aplicação restrita do artigo 830.º CC encontram-se nomes como PIRES DE LIMA/ANTUNES VARELA, *Código Civil Anotado*, vol. 2, p. 108; GALVÃO TELLES, *Direito das Obrigações*, vol. I, p. 118, ou HENRIQUE MESQUITA, *Obrigações reais e ónus reais*, Coimbra, 1990, p. 18.
[210] Cf. JANUÁRIO DA COSTA GOMES, *Em tema de revogação do mandato civil*, Coimbra, 1989, pp. 133 e ss.
[211] Cf. ANA PRATA, *op. cit.*, pp. 902 e ss.
[212] Cf. ANA PRATA, *op. cit.*, pp. 902 e ss., que não vê qualquer razão para qualificar o artigo 830.º CC como excepcional, "*correspondendo antes [...] ao princípio geral do artigo 817.º*". Por isso, a autora entende que todas as situações relativas a negócios jurídicos unilaterais se subsumem ao âmbito deste preceito em resultado de uma interpretação extensiva; no que respeita às declarações unilaterais que não são negócios jurídicos, mas tenham uma eficácia jurídica imediata, defende a aplicação analógica do preceito. Ainda que partilhando a mesma solução – ou seja, a abertura do preceito a outras situações que não contratos-promessa – VAZ SERRA, *Contrato consigo mesmo e negociações de directores ou gerentes de sociedades anónimas ou por quotas com as respectivas sociedades (algumas considerações)*, in RLJ, Ano 100, pp. 193 e ss., no entanto, motivado por uma duvidosa qualificação de excepcional da norma contida no artigo 830.º, entende que este é aplicável, com base numa interpretação extensiva, a todas as situações em que existe uma emissão de uma declaração de vontade.

imediata. Neste sentido, parece – quanto a este ponto – que nada obsta à possibilidade de execução específica da prestação objecto da vinculação de voto, através da substituição do voto por sentença judicial[213].

No entanto, a afirmação da aplicação do regime do artigo 830.° CC às situações em análise não procede sem a averiguação da compatibilidade da execução específica com a natureza da obrigação aqui em causa – o exercício do direito de voto em determinado sentido. Alguns autores, como Menezes Cordeiro[214] ou Calvão da Silva[215], negam o recurso a este mecanismo, com base na ideia de que o direito de voto é um daqueles exemplos em que "pela sua estrutura, formalismo ou natureza pessoal, [...] não possa ou não deva ser concluído por uma sentença"[216]. Contudo, como salienta Graça Trigo[217], não se apresenta exacta a ideia de que a declaração de voto é indissociável da pessoa do seu titular. Com efeito, sendo possível a votação através de representantes voluntários – não podendo esta faculdade ser afastada totalmente pelo pacto social no que se refere, pelo menos, às sociedades anónimas (artigo 380.°, n.° 1) –, tal implica que a emissão do voto não deve ser, na maioria das vezes, considerada uma prestação infungível. Porém, mesmo naquelas situações em que a possibilidade de representação voluntária estiver excluída – por imposições legais (artigo 249.°, n.° 1 CC) ou contratuais –, ainda assim, é discutível que tal signifique que "a natureza da obrigação assumida se oponha" se ao mecanismo de execução específica.

Se, até aqui, todos os obstáculos à admissibilidade da execução específica foram sendo transpostos, resta saber se o não cumprimento voluntário determina a impossibilidade da prestação. Veja-se que a acção de execução específica persegue a realização da prestação ainda possível e tem, logicamente, como pressuposto, a subsistência do interesse do credor na prestação[218], ainda que tenha havido incumprimento definitivo[219]. Estando aqui em causa aquelas

---

[213] Note-se, no entanto, que ANA PRATA, *op. cit.*, p. 903, recusa a aplicação analógica deste preceito aos acordos parassociais sobre exercício do direito de voto, baseando-se na ideia de que estes se tratam de declarações de vontade que não são idóneas, por si só, a produzir efeitos jurídicos. Ora, como se viu, o direito de voto é caracterizado pela sua performatividade, pelo que a posição da autora não parece ser de acolher.

[214] Cf. MENEZES CORDEIRO, *Sociedades*, I, p. 652.

[215] Cf. CALVÃO DA SILVA, *Sinal*, p. 148.

[216] Cf. CALVÃO DA SILVA, *idem*, p. 148.

[217] Cf. GRAÇA TRIGO, *Acordos*, p. 218.

[218] Cf. JANUÁRIO DA COSTA GOMES, *Em tema de contrato promessa*, AAFDL, 1990, p. 70.

[219] Posição contrária é a de CALVÃO DA SILVA, *Sinal*, p. 139, que entende que "*o pressuposto da execução específica do contrato-promessa é a mora e não o incumprimento definitivo*".

situações em que o devedor não cumpriu a prestação a que se vinculou (votar em determinado sentido), parece que estamos perante uma situação de impossibilidade da prestação, na medida em que a deliberação não poderá ser impugnada (artigo 17.º, n.º 1, *in fine*), o que leva à conclusão de que não será possível o recurso ao mecanismo da execução específica para substituir o voto do faltoso por sentença judicial. Esta impossibilidade mantém-se mesmo que se trate de um acordo de voto duradouro, em que o devedor se vincula a votar em determinado sentido em várias deliberações; o tribunal não poderá substituir-se ao devedor nas deliberações subsequentes, ainda que estas versem sobre as mesmas matérias, na medida em que estamos perante uma série de obrigações distintas espraiadas no tempo (em que uma delas se torna impossível), embora emergentes de um vínculo fundamental que sucessivamente as origina. Além disso, todo o regime do artigo 830.º CC parece estar pensado para prestações instantâneas e não para prestações duradouras (periódicas, neste caso), em que se verifica uma pluralidade de obrigações distintas.

Há, contudo, uma situação que merece mais atenção e que legitima o recurso à execução específica: a existência de uma declaração antecipada de não cumprimento por parte do devedor. Naqueles casos em que o próprio devedor declara, em termos sérios e definitivos, que não irá cumprir e o credor, em consequência disso, considere a obrigação definitivamente incumprida, muitos autores[220] entendem que se pode recorrer, desde logo – isto é, desde a declaração de não cumprimento – aos mecanismos que lhe são facultados pelo ordenamento, designadamente à execução específica. Assim, parece possível o recurso ao mecanismo do artigo 830.º CC nestas situações, de forma a que a sentença substitua o voto do devedor na deliberação em que este se tinha vinculado a votar[221].

---

[220] Cf., na doutrina portuguesa, entre outros, BRANDÃO PROENÇA, *op. cit.*, p. 395; CARLOS FERREIRA DE ALMEIDA, *Recusa de cumprimento declarada antes do vencimento*, in Estudos em Memória do Professor Doutor João de Castro Mendes, Lisboa, 1995, p. 317 (que, embora afirme não estarmos perante um incumprimento definitivo, aceita que o credor utilize imediatamente os direitos correspondentes ao incumprimento definitivo). Veja-se que esta solução está, aliás, consagrada no § 323 do BGB *pós-Modernisierung*, nos artigo 72.º e seguintes da Convenção de Viena relativa à compra e venda internacional de mercadorias e no artigo 9:304 dos *Principles of European Contract Law*.

[221] Hipótese semelhante é aquela em que, tratando-se de um acordo de voto duradouro, o comportamento do devedor, no caso concreto, quanto ao cumprimento de uma obrigação, possa ser interpretado como exprimindo, ainda que implicitamente, uma recusa séria e definitiva de cumprir as outras obrigações.

As consequências da aquisição ilícita de acções próprias pelas sociedades anónimas

MIGUEL BRITO BASTOS

> SUMÁRIO: *1. Introdução; a proibição de aquisição de acções próprias, os casos da sua aquisição lícita e a autorização da assembleia geral: 1.1. Introdução; 1.2. As proibições de base; 1.3. As permissões de aquisição de acções próprias; 1.4. Os limites à licitude da aquisição de acções próprias permitida pelo artigo 317.º, n.º 1 e n.º 2. 2. Os desvalores dos negócios jurídicos aquisitivos de acções próprias proibidos: 2.1. Ilicitude e invalidade dos negócios aquisitivos proibidos: as aquisições irregulares e as aquisições nulas; 2.2. O dever de alienar as acções próprias ilicitamente adquiridas; 2.3. A "anulação" das acções próprias ilicitamente adquiridas; 2.4. Articulação do dever de alienar e do dever de extinguir as acções próprias ilicitamente adquiridas; 2.5. Aquisição de acções próprias sem autorização da assembleia geral. 3. A imputação à sociedade e aos titulares dos órgãos sociais dos danos causados pela aquisição ilícita de acções próprias: 3.1. Introdução; 3.2. A indemnização dos danos sofridos pelos credores sociais; 3.3. A indemnização dos danos sofridos pelos sócios; 3.4. A indemnização dos danos sofridos pela sociedade (breve nota).*

1. Introdução; a proibição de aquisição de acções próprias, os casos da sua aquisição lícita e a autorização da assembleia geral[1]

1.1. *Introdução*

O fenómeno da aquisição pela sociedade anónima das suas próprias acções, surgido como "pura decorrência da objectivação das acções e da sua livre cir-

---

[1] Todos os preceitos citados sem indicação do respectivo diploma referem-se ao Código das Sociedades Comerciais.

culação no mercado", remonta já ao século XIX[2]. Desde então e até há não muito tempo, debatia-se a doutrina quanto à possibilidade de uma sociedade ser "sócia de si própria"[3], enquanto os principais códigos europeus divergiam amplamente no tratamento dado a esta questão[4]. Hoje, por efeito da Segunda Directiva Comunitária sobre sociedades – a Directiva 77/91/CEE[5] – as legislações europeias encontram-se harmonizadas –, permitindo todas elas a aquisição de acções próprias pelas sociedades anónimas dentro de certos limites e

---

[2] Cf. ANTÓNIO MENEZES CORDEIRO, *Manual de Direito das sociedades*, II, Coimbra, 2007, p. 669.

[3] ANTÓNIO CAEIRO, *Aumento do capital e acções próprias*, in *Temas de Direito das sociedades*, Coimbra, 1984, pp. 287-288, sistematiza as diferentes teses a este respeito em "três grandes orientações": a *teoria da sociedade accionista de si mesma*, a *teoria da extinção automática das acções próprias* e a *teoria da suspensão dos direitos relativos às acções em carteira*, sendo esta última *grosso modo* consagrada no regime legal em vigor. A estas três orientações, acrescenta MARIA VICTÓRIA FERREIRA DA ROCHA, *Aquisição de acções próprias no Código das Sociedades Comerciais*, Coimbra, 1994, pp. 34 ss, em especial, p. 42, a tese segundo a qual a aquisição de acções próprias consubstanciaria sempre um acto *ultra vires*, o que levaria à incapacidade da sociedade para essa aquisição.

[4] O regime vigente em Portugal antes do CSC – decorrente do artigo 169.º, § 2 do CCom – caracterizava-se pela sua particular permissividade, condicionando toda e qualquer aquisição de acções próprias por uma sociedade apenas à existência de autorização estatutária. Por sua vez, no ordenamento jurídico alemão a solução legal era a oposta: na *Aktiensnovelle* de 11 de Junho de 1870, proibia-se *sem excepções* a aquisição de acções próprias (no Artigo 215 III), sendo que esta solução se manteria – com pontuais alterações introduzidas por sucessivas reformas – até à reforma da AktG de 1998 (sobre esta, no que ao regime das acções próprias diz respeito, CHRISTINA ESCHER/WEINGART/FRIEDRICH KÜBLER, *Erwerb eigener Aktien – Deutsche Reformbedürfnisse und europäische Fesseln?*, in Zeitschrift für das gesamte Handelsrecht und Wirtschaftsrecht, 162, 1998, pp. 537 ss e ULRICH HUBER, *Rückkauf eigener Aktien*, in *Festschrift für Bruno Kropff*, München, 1997, pp. 103 ss). Hoje os §§ 71 ss AktG consagram um regime conforme à Directiva 77/91/CEE, e portanto, semelhante àquele que vigora em Portugal. Segundo KARL HOFSTETTER, *Erwerb und Wiederveräusserung eigener Aktien*, in *Rolf Bär zum 70. Geburtstag*, Basel, 1998, p. 136, semelhante era a situação no antigo 659 OR, sendo que hoje – e apesar de, naturalmente, não por efeito dos imperativos jus-comunitários, aos quais a Suiça não está sujeita – esse código consagra um regime próximo daquele vigente nos Estados Membros. Já em Espanha, o artigo 47 LSA, de 17 de Julho de 1951, permitia – descrevendo o regime em traços gerais – a aquisição de acções próprias, apenas destinando-se esta à extinção das acções, a evitar grave prejuízo para a sociedade ou se fosse feita a título gratuito (desenvolvidamente, JOSE CARLOS VAZQUEZ CUETO, *Regime jurídico de la autocartera*, Madrid, 1995, pp. 226 ss), enquanto em Itália o problema era amplamente controvertido, cf. ANTONELLA ANTONUCCI, *Acquisto di azioni proprie: dell'invalità del contratto all'obbligo di alienazione*, in *La seconda direttiva CEE in materia societária*, Milano, 1984, pp. 381 ss..

[5] A qual, como salienta JOSE CARLOS VAZQUEZ CUETO, *Regime jurídico*, p. 246, tem uma "vocação claramente omnicompreensiva", isto é, pretende definir as pautas gerais quanto a todos os diferentes aspectos do regime das acções próprias.

em determinadas circunstâncias. Entre nós, o regime das acções próprias é estabelecido nos artigos 316.º e seguintes CSC.

Entre os vários aspectos pelos quais este regime se caracteriza – tendo muitos dos quais vindo a ser alvo de considerável atenção por parte da doutrina recente[6] – a este texto interessará em especial aquilo a que Dolmetta chamou de um "micro-sistema" específico de consequências relativas às aquisições ilícitas de acções próprias[7]. De facto, ao contrário do que é regra geral na generalidade dos hodiernos ordenamentos jurídicos europeus[8], a Directiva 77/91/CEE e, por conseguinte, também os artigos 316.º e seguintes CSC, não cominam os negócios jurídicos pelos quais a sociedade adquira acções próprias com o desvalor da nulidade, quando estes violam normas injuntivas. Mantendo – em regra – a validade dos negócios translativos, o ordenamento reage às aquisições proibidas atribuindo à sociedade deveres cujo cumprimento corrige a situação que a proibição pretendia evitar. Insistentemente salientado é ainda o facto de a aquisição de acções próprias por uma sociedade anónima poder gerar perigos para os seus credores, para os seus sócios e para o mercado em geral[9]. Saber quais são aqueles deveres e a sua exacta configuração, quais os casos em que a aquisição proibida de acções próprias afecta a validade do negócio translativo e se a materialização do risco, representado pela aquisição pela sociedade das suas próprias acções, em danos pode levar à imputação destes a esferas diferentes das daqueles sujeitos que os sofrem através da cominação de uma obrigação indemnizatória aos sujeitos responsáveis pelo ilícito, é aquilo

---

[6] Cf. FRANK WESTPHAL, *Der nicht zweckgebundne Erwerb eigener Aktien*, Berlin, 2004, p. 3, salienta o facto de, recentemente, o tema das acções próprias despertar um crescente interesse na doutrina europeia e em especial na alemã. O mesmo é salientado por TILMAN BEZZENBERGER, *Erwerb eigener Aktien durch die AG*, Köln, 2002, p. 1, que atribui esse interesse ao facto de "durante os longos tempos de proibição não ter sido necessário pensar sobre a recompra de acções e sobre o regime das acções próprias da sociedade [sendo] portanto hoje necessária a colocação, desde o início, de questões sobre a sua natureza e o seu sentido, os seus perigos e a repressão destes".
[7] ALDO DOLMETTA, Sulle conseguenze civilistische dell'acquisto di azioni proprie compiuto in violazione dei divieti di legge, in *Rivista delle società*, 1996, p. 342.
[8] Para além dos artigos 280.º, n.º 1 e 294.º CC, veja-se, por exemplo, o § 134 BGB ("*Ein Rechtsgeschäft, das gegen ein gesetzliches Verbot verstößt, ist nichtig, wenn sichnicht aus dem Gesetz ein anderes ergibt*"), o Artigo 1418 do Codice Civile ("*Il contratto è nullo quando è contrario a norme imperative, salvo che la legge disponga diversamente*"), ou o artigo 6.º, n.º 3, do Código Civil espanhol ("*Los actos contrários a las normas imperativas y a las prohibitivas son nulos de pleno derecho, salvo que en ellas se establezca un efecto distinto para el caso de contravención*").
[9] Cf., entre tantos, ANTÓNIO VELASCO SAN PEDRO, *Negócios com acciones y participaciones propias*, Valladolid, 2000, pp. 21 ss ou MARIA VICTÓRIA FERREIRA DA ROCHA, *Aquisição de acções próprias*, pp. 77 ss.

sobre o que me pretendo debruçar neste texto[10]. Não se pretende aqui, portanto, escalpelizar o âmbito de permissão que é deixado pelo regime jurídico vigente às sociedades para a aquisição das suas próprias participações sociais, mas – como foi dito – apenas analisar as consequências da aquisição ilícita. Isso pressupõe no entanto um breve enquadramento quanto aos limites legais à aquisição de acções próprias, cujo desrespeito determinará a ilicitude da aquisição.

1.2. *As proibições de base*

A norma constante do artigo 316.º, n.º 1, proíbe, às sociedades, a subscrição das suas acções e a aquisição derivada das mesmas, na ausência de norma especial que o permita. Este é, nas palavras de Raúl Ventura, "o princípio geral dominante de toda a regulamentação das acções próprias"[11]. Esta proibição de aquisições "directas" é ainda acompanhada por três outras proscrições. Proíbe-se, assim, ainda a sociedade de encarregar outrem de, em seu próprio nome mas por conta desta, subscrever ou adquirir as suas participações (artigo 316.º, n.º 2) e estabelece-se a nulidade dos actos pelos quais a sociedade adquira as suas acções àquele que havia encarregue de nesses termos as adquirir (artigo 316.º, n.º 6)[12], proibindo-se também a sociedade de renunciar ao reembolso

---

[10] Dada a extensão do tema, a exposição será limitada ao estudo das consequências jurídicas relativas à aquisição de acções próprias quando proibidas *por lei*, deixando portanto de fora os problemas relativos à aquisição de acções próprias levada a cabo contra limites estatutários, os quais podem restringir as situações em que essa aquisição é permitida (cfr. artigo 317.º, n.º 1).

[11] Cf. RAÚL VENTURA, *Estudos vários sobre sociedades anónimas*, Coimbra, 1992, p. 353; daqui resulta "o princípio geral dominante de toda a regulamentação das acções próprias".

[12] Se a proibição constante do n.º 1 do artigo 316.º pudesse ser contornada através do recurso a "testas de ferro" pela sociedade, frustrar-se-iam os seus objectivos. Como salienta JOSE CARLOS VAZQUEZ CUETO, *Regimen jurídico,* p. 414-416, a generalidade dos perigos comportados pela aquisição pela sociedade das suas próprias acções verificam-se igualmente nestas situações – e isto ainda que as acções permaneçam na titularidade do "testa de ferro": do património da sociedade sempre sairiam fundos destinados a cobrir as despesas do "testa de ferro" com a aquisição das acções (pensando num contrato de mandato sem representação entre este e a sociedade, cfr. artigo 1182.º CC) e também a influência perniciosa na distribuição do poder no seio da sociedade se verificaria, uma vez que – ainda que o artigo 316.º, n.º 3 saliente que o exercício dos poderes e faculdades correspondentes às participações sociais adquiridas cabem ao adquirente e que um contrato pelo qual o "testa de ferro", titular das acções, se obrigasse a votar sempre no sentido determinado pelos membros da administração da sociedade sempre fosse nulo, por via do artigo 17.º, n.º 3, alínea *a)* – esse exercício poderia ser *de facto* dirigido pelos administradores da socie-

das importâncias que tenha adiantado ao adquirente directo das acções (artigo 316.º, n.º 4) e salientando-se ainda que as acções assim adquiridas pertencem a este último (artigo 316.º, n.º 3). Proíbe-se também – através do artigo 322.º, n.º 1 – a sociedade de conceder auxílio financeiro para que um terceiro subscreva as suas acções, cominando-se com a nulidade os negócios jurídicos que violem esse preceito (artigo 322.º, n.º 3)[13]. Por fim, e ainda em sede de "aqui-

dade. Note-se que os artigos 19.º, n.º 1 e 22.º, n.º 1 permitem que os legisladores nacionais admitam a validade da aquisição por interposta pessoa naqueles casos em que a aquisição directa pela própria sociedade fosse, ela mesma, lícita (sendo esta solução aliás adoptada pelo artigo 88.º TRLSA). Dado o decréscimo de transparência que essa admissibilidade significa – cfr., a propósito, FRANK WESTPHAL, *Der nicht zweckgebundene*, pp. 215 ss e MARTIN SCHOCKENHOFF/EIKE WAGNER, *Ad-hoc-Publizität beim Aktienrückkauf*, in AG, 1999, pp. 548 ss – parece-me ser de concordar com RAÚL VENTURA, *Estudos vários*, p. 356 e ANTÓNIO MENEZES CORDEIRO, *Manual de Direito das sociedades*, I, p. 677 e *Introdução ao Direito da Prestação de Contas*, Coimbra, 2008, p. 134, na afirmação de que a lei não estabelece aqui qualquer distinção. Dever-se-á considerar assim, ainda que, por exemplo, o "testa de ferro" seja utilizado para levar a cabo uma aquisição de acções próprias a título gratuito, a validade do negócio translativo será impedida pela norma constante no artigo 316.º, n.º 2. Posto isto, e considerando que nas situações previstas por esta norma se verifica sempre uma pluralidade de acordos, há que olhar separadamente à validade desses: assim, o *contrato pelo qual a sociedade encarrega o "testa de ferro" de adquirir acções*, será nulo (artigo 316.º, n.º 2 e artigo 294.º CC) – não podendo a sociedade renunciar ao reembolso das importâncias que lhe devam ser restituídas *ex vi* artigo 289.º CC (artigo 316.º, n.º 4) –; já o *contrato celebrado entre o "testa de ferro" e o terceiro alienante das acções da sociedade* será válido, respondendo pessoal e solidariamente nestes casos os administradores intervenientes na operação pela liberação das acções; por sua vez, o eventual *contrato celebrado entre a sociedade e o "testa de ferro" pelos quais a sociedade adquire a este as acções previamente adquiridas a terceiro* será nulo (artigo 316.º, n.º 6). Saliente-se no entanto que, sendo a proibição constante do artigo 316.º, n.º 2 dirigida *à sociedade*, a pessoa interposta não pratica qualquer ilícito, ao contrário do que sucede relativamente à sociedade e aos seus administradores. Sobre a aquisição de acções próprias através de interposta pessoa, com grande desenvolvimento, JOSE CARLOS VAZQUEZ CUETO, *Regimen jurídico*, pp. 414-426.

[13] A este propósito parece-me ser de realçar, como faz PAULO OLAVO CUNHA, *Direito das sociedades comerciais*, Coimbra, 2007, pp. 371-372, que no conceito de "terceiro" utilizado no artigo 322.º, n.º 1 "cabem também aqueles que já são accionistas no momento em que se equaciona a aquisição de acções". Parece-me também ser de concordar com o autor quando este reconduz ao âmbito de aplicação da norma em questão não só a assistência financeira prestada antes da aquisição das acções da sociedade, de modo a possibilitá-la, como a assistência financeira concedida posteriormente à aquisição das acções da sociedade: pense-se aqui na celebração de um contrato de mútuo gratuito com o terceiro que lhe possibilita cumprir as prestações decorrentes de um outro contrato de mútuo celebrado com uma instituição de crédito e destinado a obter fundos para adquirir as acções da sociedade, ou a prestação de fiança de modo a evitar a perda do benefício do prazo relativo às prestações decorrentes de um contrato de concessão de crédito por diminuição das garantias apresentadas pelo terceiro à instituição de crédito (cfr. artigo 780.º, n.º

sições indirectas", são equiparadas as acções da sociedade dominante detidas por uma sociedade dominada às acções na titularidade daquela (artigo 325.º-A, n.º 1)[14]: a aquisição de acções da sociedade dominante pela sociedade dominada, será (apenas) permitida na medida em que for admitida a aquisição pela sociedade dominante das suas próprias acções, contando as acções da sociedade dominante detidas pela sociedade dominada para a determinação do limite de 10% previsto no artigo 317.º, n.º 2.

1.3. *As permissões de aquisição de acções próprias*

Contudo, e apesar dos riscos que a aquisição de acções pela sociedade emitente pode comportar, o ordenamento, ainda que partindo de uma norma geral proibitiva, não deixa de resguardar espaços de permissão de aquisição de acções próprias. Assim é, em consequência de no debate de política legislativa sobre a regulação das situações de auto-participação, a esses riscos se costumar contrapor uma série de efeitos considerados benéficos que podem pressupor ou resultar da aquisição pela sociedade das suas próprias acções. Se é certo que,

---

2 CC). Para as consequências, para o terceiro adquirente, para a sociedade e para os administradores, decorrentes da violação desta proibição – tema análogo àquele que constitui o cerne deste trabalho, mas que aqui não pode ser desenvolvido, cfr. RICARDO BAYONA GIMÉNEZ, *La prohibición de asistencia financiera para la adquisición de acciones propias*, Navarra, 2002, *passim*, em especial, pp. 413 ss.

[14] Este artigo, aditado pelo artigo 2.º do Decreto-Lei n.º 328/95, de 9 de Dezembro, veio transpor o artigo 24.º-A da Directiva 77/91/CEE, por sua vez introduzido pelo artigo 1.º da Directiva 92/101/CEE, de 23 de Novembro de 1992. Esta equiparação já era contudo sustentada pela doutrina antes da referida alteração legislativa (cf. MARIA VICTÓRIA FERREIRA DA ROCHA, *Aquisição*, pp. 329 ss). Parece desnecessário dizer que, embora talvez à primeira vista não se verifiquem aqui os problemas na utilização de conceitos técnico-jurídicos, que levam a que alguns autores se refiram à auto-participação das sociedades como uma "pescadinha de rabo na boca" (cf. PAULO OLAVO CUNHA, *Direito*, p. 364), uma situação de "antropofagia" (cf. PAOLO FERRO-LUZZI, *L'antropofagia societária*, in *Rivista delle società*, 2001, p. 1276) ou ilógica (cf. JOÃO LABAREDA, *Das acções das sociedades anónimas*, Lisboa, 1988, p. 79) – uma vez que se é possível continuar a falar de direitos e obrigações, poderes e sujeições, da sociedade face ao accionista – as razões que fundamentam a restritividade do regime de aquisição de acções próprias procedem igualmente para a aquisição de acções da sociedade dominante pela sociedade dominada. Sobre esta situação de desconsideração legal da personalidade colectiva, cf. MARIA MATOS AZEVEDO DE ALMEIDA, *O princípio da equiparação das acções subscritas, adquiridas ou detidas pela sociedade dominada no capital da sociedade dominante a acções próprias da sociedade dominante*, in *Ciências jurídicas (civilísticas; comparatísticas; comunitárias; criminais; económicas; empresariais; filosóficas; históricas; políticas; processuais)*, Coimbra, 2005, pp. 445 ss.

como mostrou a crise dos anos 30 do século passado, as situações de auto-participação podem potenciar casos de descalabro económico, também é verdade que o chamado *"leverage-effect"* pode levar à potenciação da prosperidade da sociedade[15]. Indica-se também o facto de a aquisição de acções próprias poder servir legítimos "objectivos de mercado", nomeadamente o reequilíbrio das cotações (*"Kurspflege"*)[16] e o fomento da procura das acções da sociedade pelo mercado (*"Signalwirkung"*)[17]. A aquisição de acções próprias é ainda naturalmente necessária para que a sociedade possa levar a cabo, tanto planos de remuneração dos seus administradores com recurso a *"stock options"*, como os chamados ESOPs (*"Employee Stock Ownership Plans"*)[18]. Aponta-se ainda, entre outras virtualidades, a idoneidade da aquisição de acções próprias como medida legítima de defesa contra OPAs[19]. Assim, nos n.ᵒˢ 2 e 3 do artigo 317.°,

---

[15] Sobre o *"leverage-effect"*, FRANK WESTPHAL, *Der nicht zweckgebundene*, pp. 23-24 e DIRK POSNER, *Der Erwerb eigener Aktien in der US-amerikanischen Unternehmenspraxis*, in AG, 47/8 1994, p. 314. Salientando o carácter de "instrumento político-financeiro" da legislação sobre a auto-participação societária, cf. FRANK WESTPHAL, *Der nicht zweckgebundene*, pp. 17 ss.
[16] Cfr. MARIA VICTÓRIA FERREIRA DA ROCHA, *Aquisição*, pp. 108 ss. A este propósito, FRANK WESTPHAL, *Der nicht zweckgebundene*, p. 27, refere o caso do *crash* da bolsa norte-americana de Outubro de 1987, após o qual as sociedades cotadas levaram a cabo massivos programas de recompra e acções, sendo a estes atribuídos o mérito de terem reestabilizado as cotações.
[17] Uma vez que, as mais das vezes, a aquisição de acções próprias por uma sociedade cotada é vista pelo mercado como um sinal de confiança da administração – que naturalmente dispõe de mais informação relevante para fazer prognósticos sobre o sucesso da sociedade do que qualquer outro agente do mercado – na sociedade por ela dirigida, e portanto como um prenúncio de prosperidade. Cf. DIRK POSNER, *Der Erwerb*, p. 314.
[18] Salientando este aspecto, e o efeito de incentivo económico à maior produtividade dos trabalhadores gerado pela coincidência das qualidades de accionista e de trabalhador na mesma pessoa, DIRK POSNER, *Der Erwerb*, pp. 314-315. Também MARIA VICTÓRIA FERREIRA DA ROCHA, *Aquisição*, pp. 118-119, salienta as virtualidades deste meio para "criar entre o trabalhador e a sociedade ligações mais significativas para além das estabelecidas no quadro das relações de trabalho subordinado, traduzidas num maior bem-estar do organismo produtivo e de quem nele participa". Cf. ainda, FRANCESCO CARBONETTI, *L'acquisto di azioni proprie*, Milano, 1988, p. 19.
[19] Cf. AUGUSTO TEIXEIRA GARCIA, *OPA – da oferta pública de aquisição e seu regime jurídico*, Coimbra, 1995, pp. 292 ss. Como salienta o autor, "a detenção pela sociedade de acções próprias diminui o número de acções que podem ser adquiridas por um potencial atacante e, logo, diminui as possibilidades de uma OPA hostil". No entanto, é também verdade que "na medida em que, justamente, os direitos inerentes às acções ficam suspensos, a maioria necessária para controlar a sociedade passa a ser inferior, o que poderá favorecer o atacante" (*idem…*) – não é no entanto crível "que o grupo de controlo decida a aquisição de acções próprias, quando daí resulte, ou possa vir a resultar, enfraquecida a sua posição dentro da sociedade" (*idem…*).

a lei estabelece uma série de regras permissivas que derrogam a proibição decorrente do artigo 316.°, n.° 1.

Entre estas permissões de aquisição de acções próprias distingue a doutrina entre aquela constante do artigo 317.°, n.° 2 – do qual resulta a permissão de qualquer aquisição enquanto a soma do valor nominal de todas as acções detidas pela sociedade não equivalha a 10% do capital social – e aquelas resultantes das várias alíneas do n.° 3 – as quais permitem a aquisição de acções próprias, independentemente de qualquer limite quantitativo, desde que a aquisição se destine a certos fins (cumprimento de norma legal impositiva, execução de uma deliberação de redução de capital, realização de processo legal ou contratualmente estabelecido para a falta de liberação de acções pelos seus subscritores) ou o acto translativo revista determinadas características (ser gratuito, incidir sobre um património, no qual se insiram as acções da sociedade, a título universal, ser feito em processo executivo para cobrança de dívidas de terceiros ou corresponder a uma transacção em acção declarativa proposta para cobrança de dívidas de terceiros)[20].

Não é pertinente realizar aqui uma análise individual de cada *Tatbestand* permissivo, pois tudo o que se pretende é apresentar o desenho geral do quadro legal que determina a licitude ou a ilicitude de cada aquisição[21]. Impon-

---

[20] A terminologia adoptada pela doutrina para distinguir estas situações não é homogénea: MARIA VICTORIA FERREIRA DA ROCHA, *Aquisição, passim* fala de "aquisições permitidas de forma condicionada" para descrever as primeiras e "aquisições permitidas de forma incondicionada" para designar as segundas. Já FRANK WESTPHAL, *Der nicht zweckgebundene, passim* fala – como aliás se deduz do próprio título da monografia – de "*nicht zweckgebundene Erwerb eigener Aktien*" a propósito das primeiras e de "*zweckgebundene Erwerb eigener Aktien*" para referir as segundas.

[21] Esta análise é feita, com algum desenvolvimento, entre nós, por MARIA VICTÓRIA FERREIRA DA ROCHA, *Aquisição*, pp. 163 ss. Contudo, tendo em conta que a maioria das aquisições de acções próprias não se subsumem às alíneas do artigo 317.°, n.° 3 – tendo portanto a permissão quantitativa maior relevância prática – e que os limites dessa permissão (ou seja, quais os direitos de que a sociedade é titular que devem ser contabilizados ao determinar se o limite dos 10% foi ou não ultrapassado) são debatidos entre a doutrina – parece-me pertinente fazer uma breve referência a estas questões, ainda que elas não se prendam directamente com o tema objecto deste texto. Desde logo, há que lembrar os artigos 325.° n.° 1 e 325.°-A, n.° 1: para a aferição do preenchimento do limite de 10% haverá que contabilizar também o valor das acções próprias aceites em penhor e das acções detidas por uma sociedade dominada. Debate-se na doutrina se se devem contabilizar para este efeito outros direitos da sociedade, designadamente, o usufruto sobre acções próprias, o direito de locatário sobre acções próprias, a titularidade de obrigações convertíveis em acções da própria sociedade e a titularidade de direitos potestativos que permitem à sociedade fazer suas determinadas acções a ela referentes, *maxime*, nas "*call options*" que têm como activo subjacente acções da sociedade titular do direito potestativo. Parece-me a este res-

tante é realçar que a aquisição de acções próprias tem como condições de licitude, entre si disjuntivamente articuladas, a não ultrapassagem do limite de 10% referido no n.º 1 do artigo 317.º e a subsunção a uma das alíneas do respectivo n.º 2.

1.4. Os limites à licitude da aquisição de acções próprias permitida pelo artigo 317.º, n.º 1 e n.º 2

A subsunção ao n.º 1 ou ao n.º 2 do artigo 317.º é, porém, apenas condição necessária, e não suficiente, da licitude da aquisição de acções próprias.

---

peito ser de distinguir: quanto ao usufruto de acções, há que olhar ao artigo 23.º, n.º 2, o qual remete para o artigo 1467.º CC. Segundo este, o usufrutuário de acções tem direito aos lucros distribuídos correspondentes ao tempo de duração do usufruto e exerce o direito de voto (salvo quando se trate de deliberações que suportem a alteração dos estatutos ou dissolução da sociedade): direitos esses que, naturalmente, serão suspensos quando "atribuídos" à própria sociedade [artigo 324.º, n.º 1, alínea *a*)]. Assim sendo, a constituição de usufruto a favor da própria sociedade altera a medida dos direitos – *maxime*, o direito de voto – dos restantes sócios, pelo que *se justifica a contabilização do valor nominal das acções sobre as quais existe usufruto constituído a favor da própria sociedade na determinação do preenchimento do limite de 10% referido no artigo 317.º, n.º 2*. Por identidade de razão, e tendo em conta que os direitos correspondentes ao gozo da participação social são exercidos pelo locatário, *o mesmo se aplica às situações em que a sociedade é locatária de acções próprias* (neste sentido, com desenvolvimento, MARGARIDA COSTA ANDRADE, *A locação financeira de acções e o direito português*, Coimbra, 2007, pp. 343 ss., e, quanto à suspensão dos direitos da sociedade locatária de acções próprias, pp. 331 ss.; também, ANDREA CARPARA, *Il leasing finanziario di azioni e la disciplina delle azioni proprie*, in *Le società*, 2003, pp. 687 ss). O mesmo já não poderá ser dito a propósito das obrigações convertíveis em acções, as quais são normais obrigações, a cuja posição do credor acresce um direito potestativo de transformar a relação de crédito em relação de participação social (assim, FÁTIMA GOMES, *Obrigações convertíveis em acções*, Lisboa, 1999, pp. 238 ss. e, no mesmo sentido, ANTÓNIO MENEZES CORDEIRO, *Manual de Direito das sociedades*, II, p. 730). Portanto, antes do exercício desse direito potestativo, a sociedade titular da obrigação própria apenas "é titular de um crédito" – ou de uma "casca" de direito de crédito, para utilizar a ilustrativa expressão de BEZZENBERGER, a propósito das acções próprias – não procedendo as razões atrás elencadas. Apenas com o exercício do direito potestativo, e com a consequente transmutação do crédito em participação social, passará a situação a ter relevância para efeitos da determinação do respeito pelo limite de 10% do capital social: mas aí isso apenas sucede porque estamos perante uma acção e não já uma obrigação, com todas as diferenças que isso implica. Expressamente neste sentido, MARIA VICTÓRIA FERREIRA DA ROCHA, *Aquisição*, pp. 16-18. Raciocínio semelhante é feito – e parece-me que bem – por NORBERT WIEDERHOLT, *Rückkauf eigener Aktien (§ 71 AktG) unter Einsatz von Derivaten*, Marburg, 2006, pp. 127 ss., a propósito das *"call options"*, as quais não deverão também – *tal como as obrigações convertíveis em acções – ser contabilizadas para a aferição do respeito pelo limite de 10% estabelecido pelo artigo 317.º, n.º 2*.

A aquisição de acções próprias é ainda sujeita a uma série de limites suplementares, determinados nomeadamente pelo decorrente dos artigos 317.º, n.º 4, 318.º, n.º 1 e 319.º, n.º 1.

Tratando-se de aquisição onerosa, o artigo 317.º, n.º 4 exige que a aquisição de acções próprias tenha como contrapartida apenas bens que, nos termos dos artigos 32.º e 33.º, possam ser distribuídos aos sócios, devendo ainda o valor dos bens distribuíveis ser, pelo menos, igual ao dobro do valor a pagar pelas acções[22]. Para além disto, a lei exige, no artigo 318.º, n.º 1, que as acções

---

[22] O artigo 22.º, n.º 1, alínea b), da Directiva 77/91/CEE estatui que, caso os Estados-membros permitam a aquisição de acções próprias pelas sociedades e essas acções devam ser contabilizadas no activo do balanço, deva ser criada no passivo uma reserva indisponível de montante igual, pretendendo-se com isto evitar a criação de activos fictícios. Na vigência do Plano Oficial de Contabilidade vigente à altura da aprovação do CSC – vigorava então o Plano Oficial de Contabilidade aprovado pelo Decreto-Lei n.º 47/77, de 7 de Fevereiro – as acções próprias eram inscritas no activo do balanço da sociedade adquirente, razão pela qual o artigo 324.º, n.º 1, alínea b) exige que enquanto as acções pertencerem à sociedade, esta deva tornar indisponível uma reserva de montante igual àquele por que elas estejam contabilizadas, sendo que a imposição decorrente do artigo 317.º, n.º 4, segunda parte se destina claramente a permitir a constituição desta reserva. Contudo, desde a aprovação do novo Plano Oficial de Contabilidade (pelo Decreto-Lei n.º 410/89, de 21 de Novembro, posteriormente alterado pelo Decreto-Lei n.º 238/91, de 2 de Março), o valor das acções próprias passou a ser contabilizado como passivo da sociedade. Pacífico é dizer que a Segunda Directiva *não exige* a manutenção do artigo 324.º, n.º 1, alínea b), e consequentemente do artigo 317.º, n.º 4. Não me parece, no entanto, ser aceitável a posição de CARLOS OSÓRIO DE CASTRO, *A contrapartida da aquisição de acções próprias*, in Revista de Direito e Estudos Sociais, 1988, pp. 249 ss, seguido neste ponto por JORGE COUTINHO DE ABREU, *Curso de Direito Comercial*, II, Coimbra, 2007, pp. 390-391, segundo a qual a partir da entrada em vigor do novo Plano Oficial de Contabilidade se extinguiriam as exigências dos artigos 324.º, n.º 1, alínea b) e 317.º, n.º 4, segunda parte. É certo que, como salienta RAÚL VENTURA, extingue-se a necessidade da constituição da reserva legal e que – quanto ao artigo 317.º, n.º 4, *in fine* – "desaparecida a reserva, desaparece também a necessidade desse dobro" (cf. RAÚL VENTURA, *Estudos vários*, p. 396). No entanto, as normas decorrentes dos preceitos citados continuam em vigor, não dando os seus enunciados absolutamente qualquer margem para interpretações que deles não retirem as imposições referidas (cfr. artigo 9.º, n.º 2 CC). Nem é pertinente invocar a posterioridade do Decreto-Lei n.º 410/89, de 2 de Março, face ao CSC, como faz COUTINHO DE ABREU, *Curso*, p. 390, uma vez que o critério *"lex posterior derogat lex prior"* (artigo 7.º, n.ºs 1 e 2 CC) pressupõe naturalmente uma *antinomia* e portanto uma *sobreposição de previsões normativas*, que aqui não existe. Não haverá assim qualquer revogação, ainda que tácita, dos referidos preceitos do CSC. Assim sendo, e ainda que a solução legal possa não ser a desejável, não há interpretação possível se não a de entender que a contrapartida da aquisição de acções próprias não pode ser superior a metade do valor dos bens distribuíveis nos termos dos artigos 32.º e 33.º (neste sentido, embora críticos quanto à solução legal, JOÃO LABAREDA, *Das acções*, p. 89 e MARIA VICTÓRIA FERREIRA DA ROCHA, *Aquisição*, pp. 178 ss).

adquiridas estejam completamente liberadas, excepto nas situações correspondentes às alíneas *b*), *c*), *e*) e *f*) do artigo 317.°, n.° 3. Por fim, a lei impõe ainda, em regra, que a aquisição seja previamente autorizada pela assembleia geral, a qual deve deliberar quanto a uma série de elementos que a operação de aquisição deve revestir (artigo 319, n.° 1)[23]. Esta autorização é contudo dispensada quando ela constituir um meio idóneo para evitar "um prejuízo grave e iminente para a sociedade" (artigo 319.°, n.° 3), o qual se presume nos casos correspondentes às alíneas *a*) e *e*) do artigo 317.°, n.° 3[24]. Nestes casos, devem os

---

[23] Nomeadamente, o número mínimo e máximo de acções a adquirir [alínea *a*)], o prazo de duração da autorização de aquisição – o qual não pode ser superior a dezoito meses [alínea *b*)], as pessoas a quem as acções devam ser adquiridas, quando a assembleia determinar a aquisição a pessoas determinadas [alínea *c*)] e as contrapartidas máximas e mínimas, nas aquisições a título oneroso [alínea *d*)]. Trata-se esta de uma reprodução quase textual do artigo 19.°, alínea a), da 2.ª Directiva. Este é, como salientam Francesco Galgano/Riccardo Genghini, *Il nuovo diritto societário*, Padova, 2004, I, p. 139 de um dos raros casos em que a assembleia geral delibera sobre actos de gestão, que se justifica pelo facto de a aquisição de acções próprias provocar uma modificação do equilíbrio interno da sociedade, através da alteração da correlação de forças entre os diversos grupos de accionistas, o que pode ter uma decisiva influência no futuro da sociedade. Assim João Labareda, *Das acções*, pp. 98-99, João Gomes da Silva, *Acções próprias e interesse dos accionistas*, in ROA, 2000, pp. 1129 ss, Jose Carlos Vazquez Cueto, *Regimen jurídico*, pp. 315, Frank Westphal, *Der nicht zweckgebundene*, p. 47, ou Francisco Carbonetti, *L'aquisto*, pp. 64-65). Frequentemente, imputa-se ainda à norma que exige a autorização da assembleia o fim de tutelar os sócios quanto às suas expectativas de recepção de dividendos, uma vez que os fundos destinados à aquisição (onerosa) de acções próprias devem corresponder a bens disponíveis: assim, sendo a assembleia competente para deliberar a distribuição dos lucros de exercício (artigo 31.°, n.° 1), entende-se que também o deve ser para autorizar a aquisição de acções próprias, pois essa aquisição implica um "congelamento dos lucros" (cf. Maria Victória Ferreira da Rocha, *Aquisição*, p. 196 e António Velasco San Pedro, *Negócios com acciones*, p. 260). Contudo, como salienta Jose Carlos Vazquez Cueto, *Regimen jurídico*, p. 315, "na realidade, todos os negócios realizados pela sociedade podem implicar uma alteração do seu património livre e portanto uma aplicação dos fundos excedentes, que poderiam ser destinados à distribuição de dividendos: mas nem por isso deixam de ser competência exclusiva dos administradores", pelo que não parece razoável ver aqui a teleologia da imposição de autorização prévia.

[24] Não existe no entanto correspondência entre a norma referida em texto e o § 71 I 1 AktG, segundo o qual "*Die Gesellschaft darf eigene Aktien nur erwerben, wenn der Erwerb notwendig ist, um einen schweren, unmittelbare bevorstehenden Schaden von der Gesellschaft abzuwenden*", embora as respectivas previsões normativas tenham patentes semelhantes (sobre o referido artigo do AktG, por todos, Tilman Bezzenberger, *Erwerb eigener*, pp. 37-44). Enquanto o § 71 I 1 AktG constitui uma causa de aquisição lícita de acções próprias, o artigo 319.°, n.° 3 apenas dispensa a autorização prévia: mesmo verificando-se um perigo grave e iminente para a sociedade continua a ser condição necessária da licitude da aquisição a subsunção ao artigo 317.°, n.° 2 ou a uma das alíneas do n.° 3 do mesmo artigo.

administradores expor os motivos e as condições das operações realizadas, na primeira assembleia geral subsequentemente realizada (artigo 319.°, n.° 4)[25].

2. Os desvalores dos negócios jurídicos aquisitivos de acções próprias proibidos

2.1. *Ilicitude e invalidade dos negócios aquisitivos proibidos: as aquisições irregulares e as aquisições nulas*

Um dos aspectos da Segunda Directiva – e, consequentemente, das legislações nacionais que a transpõem – considerados mais inovadores consiste na instituição de um "microsistema" específico de consequências estatuídas face à aquisição de acções próprias realizadas em desrespeito pelas condições estabelecidas por lei[26]. Assim, o artigo 21.° da Directiva 77/91/CEE – epigrafado "acções próprias indevidamente adquiridas" – dispõe que "as acções adquiridas com violação dos artigos 19.° e 20.° devem ser alienadas no prazo de um ano a contar da data da sua aquisição. Se não forem alienadas nesse prazo, aplicar-se-á o n.° 3 do artigo 20.°", impondo este último a "anulação das acções". Transpondo essa norma para o ordenamento jurídico português, o artigo 323.°, n.° 2 estabelece que "as acções ilicitamente adquiridas pela sociedade devem ser alienadas dentro de um ano seguinte à aquisição, quando a lei não decretar a nulidade desta"[27].

---

[25] Muito discutida na doutrina é ainda a questão do desvalor do negócio jurídico de aquisição de acções próprias, celebrado pela administração da sociedade mas sem a referida autorização da assembleia, a qual será *infra* abordada. Ainda a propósito da autorização da assembleia geral para aquisição de acções próprias, discute a doutrina se podem produzir simultaneamente efeitos uma autorização da assembleia para a aquisição de acções próprias e uma autorização da mesma para a *alienação* de acções próprias (nos termos do artigo 320.°), ou seja, se a sociedade pode estar simultaneamente no mercado como compradora e como vendedora de acções próprias. Não havendo qualquer previsão expressa que o proíba, não parece aceitável restringir a autonomia da sociedade, impedindo o *trading* de acções próprias. Assim, MARIA VICTÓRIA FERREIRA DA ROCHA, *Aquisição*, pp. 325-329. Reticente, FRANZO GRANDE STEVENS, *Questioni in tema di azioni proprie*, in *Rivista della società*, 1992, pp. 529 ss.

[26] Assim, ALDO DOMETA, *Sulle conseguenze*, p. 342, ANTONELLA ANTONUCCI, *Acquisto e detenzione illegittimi di azioni proprie: le sanzioni*, in *Giurisprudenza Commerciale*, p. 396 e MARIA VICTÓRIA FERREIRA DA ROCHA, *Aquisição*, p. 279.

[27] O ordenamento português consagra assim apenas a solução exigida pelo Direito Comunitário. Nada impede, no entanto, o legislador dos Estados-membros de estabelecer regimes mais

As normas que estabelecem os limites atrás abordados têm claramente carácter injuntivo: elas proíbem determinados comportamentos – a celebração de actos aquisitivos de acções próprias. Como é sabido, na generalidade dos ordenamentos jurídicos correspondentes aos Estados-membros da União Europeia, e em especial – no que aqui interessa – em Portugal, a regra geral é a de que quando a celebração de um negócio jurídico atenta contra norma injuntiva, esse negócio será nulo (artigo 294.° CC).

Contudo, a norma decorrente do artigo 323.°, n.° 2, ao cominar o dever de alienar as acções adquiridas pressupõe, naturalmente, que a sociedade seja sua titular, ou seja, que o efeito translativo pretendido com a celebração do negócio aquisitivo se haja verificado. Ao pressupor a eficácia do negócio jurídico aquisitivo, a norma em questão afasta, portanto, o desvalor da nulidade[28], quebrando assim – como diz Dolmeta – "o binómio violação de lei injuntiva-nulidade"[29].

O regime legal em vigor pretende assim desfazer os efeitos da titularidade de acções próprias considerados indesejados, não através do impedimento do efeito contratual translativo, mas impondo à sociedade a prática de "actos de sinal contrário"[30]. Esta produção de efeitos pelo negócio translativo não signi-

---

severos como faz – ainda depois da reforma de 1998 – o legislador alemão, o legislador austríaco ou o legislador dinamarquês, entre outros (para um panorama das consequências estabelecidas para a aquisição proibida de acções próprias nos vários ordenamentos jurídicos europeus, cfr. ANDREAS SPICKHOFF, *Der verbotswidrige Rückerwerb eigener Aktien: Internationales Privatrecht und europäische Rechtsangleichung*, in BB, 51/52, 1997, pp. 2599-2600.

[28] Assim, RAÚL VENTURA, *Estudos vários* ..., p. 384 afirmava, com razão, que "é de elementar lógica que, sendo as acções licitamente detidas durante um ano e devendo ser alienadas, sob pena de serem anuladas, o acto da sua aquisição é válido, pois se fosse nulo, a sociedade não as teria adquirido, não poderia possuí-las nem aliená-las e a anulação seria despropositada". Trata-se aliás de uma evidência que é salientada pela generalidade da doutrina. Cfr. FRANCESCO CARBONETTI, *L'acquisto*, p. 105, JOSE CARLOS VAZQUEZ CUETO, *Regimen juridico*, p. 390, ALDO DOLMETA, *Sulle consequenze*, p. 342, MARIA VICTÓRIA FERREIRA DA ROCHA, *Aquisição*, p. 277 ou TILMAN BEZZENBERGER, *Erwerb eigener*, pp. 140 ss. Escusado será no entanto dizer, como fazem HANNO MERKT, em *Aktiengesetz: Großkommentar* (ed: HOPT/WIEDERMANN), 28 (§§ 69--75) Berlin, 2007, p. 185 (§ 71), ou WOLFGANG HEFERMEHL/ERHARD BUNGEROTH, in *Aktiengesetz: Kommentar* (ed: GEßLER/HEFERMEHL/ECKARDT, KROPFF), München, 1984, p. 459 (§ 71), que o facto de a lei não estatuir a nulidade, como sanção pela violação das proibições legais sobre aquisição de acções próprias, não afasta os limites gerais à validade dos negócios jurídicos constantes do Código Civil.

[29] Cf. ALDO DOLMETA, *Sulle consequenze*, p. 342.

[30] Cf. FRANCESCO CARBONETTI, *L'acquisto*, p. 115 e ALDO DOLMETTA, *Consequenze*, p. 344.

fica que a sua celebração seja lícita: se em contrariedade com proibição de aquisição de acções próprias, e não sendo esta excepcionada pelas permissões de aquisição[31], a celebração do contrato consubstanciará um comportamento contrário à proibição legal (artigo 316.º, n.º 1, segunda parte), e portanto *ilícito*. O "micro-sistema" de consequências jurídicas atribuídas à aquisição de acções próprias fora das situações permitidas, tem assim o interesse de permitir distinguir com a maior clareza os planos da validade (ou da competência) e da licitude (ou da permissão): uma coisa é o *poder de produção de efeitos jurídicos*, outra é a *permissão para o exercer*. O exercício de uma habilitação para a produção de efeitos jurídicos[32] pelo sujeito a quem essa habilitação é conferida pode corresponder a uma conduta sujeita a qualquer um dos possíveis estatutos deônticos: permissão, imposição ou proibição[33]. Se for proibida, esse exercício será ilícito, o que não implica necessariamente a não subsistência da competência, pese embora competência e permissão muitas vezes se confundam linguisticamente, como já salientava Brinz[34].

O desvalor dos negócios jurídicos aquisitivos de acções próprias quando essa aquisição é legalmente proibida, é assim qualificável como *irregular*[35]: não

---

[31] Que podem assim ser vistas, como faz MARGARIDA COSTA ANDRADE, *A locação financeira*, pp. 297 ss, como *causas de exclusão da ilicitude*.

[32] Como celebrar contratos e adquirir ou transmitir direitos.

[33] A distinção feita em texto corresponde, pelo prisma dos destinatários dessas, à distinção entre normas de competência e normas de conduta (que disciplinam o exercício da competência). Sobre esta, EUGENIO BULYGIN, *On norms of competence*, in *Law and Philosophy*, 11/3, 1992, pp. 201 ss, em especial, p. 206, JOSEPH RAZ, *Voluntary obligations and normative powers*, in *Normativity and norms*, Oxford, 1998, pp. 451 ss, em especial p. 468; entre nós, DAVID DUARTE, *A norma de legalidade procedimental administrativa*, Coimbra, 2006, pp. 115 ss. Próximo, ainda que sem fazer essa divisão, EUGEN BUCHER, *Der Ausschluss dispositivem Gesetzesrechts durch vertragliche Absprachen – Bemerkungen zu den Erscheinungsformen dispositiver Rechtssätze*, in *Festschrift für Henri Deschenaux zum 70. Geburtstag*, Freibug, 1977, pp. 249 ss, separa com nitidez as normas que estabelecem as condições de validade dos negócios (e portanto, normas que delimitam uma competência) das normas injuntivas *proprio sensu* (isto é, daquelas que "estabelecem padrões materiais de comportamento").

[34] Cf. ALOIS VON BRINZ, *Lehrbuch der Pandekten*, Band 1, Erlangen, 1873, pp. 211-212: "*Das rechtliche Dürfen und Können (licere, posse) ist, wiewohl sprachlich vermengt, in sich verschieden. Das Dürfen oder die Befügnis ist etwas, das zu beiden Gattungen von Handlungen, den gemeinen und den Rechtsgeschäften, vorkommt; das rechtliche Können oder die rechtliche Macht dagegen etwa, was nur zu Rechtsgeschäften, im weiteren Sinne des Wortes also nur zu solchen Handlungen vorkommt, welche vom Recht zu Erzielung seiner unsichtbaren, rechtlichen Wrikungen aufgestellt oder recipirt sind. – Wo die rechtliche Macht zum Rechtsgeschäfte besteht, ist zumeist auch die Befugnis zu demselben da; allein zuweilen besteht jene, wo diese fehlt*".

[35] Sobre o desvalor jurídico da irregularidade cf. ANTÓNIO MENEZES CORDEIRO, *Tratado de*

sendo prejudicada a eficácia do contrato, à sociedade são cominados deveres cujo cumprimento anula os efeitos indesejados da aquisição de acções próprias.

O que acaba de ser dito não é, no entanto, generalizável a todas as aquisições de acções próprias fora dos *Tatbestände* permissivos; não tem nomeadamente aplicação relativamente à aquisição de acções próprias não liberadas pela própria sociedade, situação relativamente à qual a lei se afasta do regime estabelecido no artigo 323.°, n.° 2, para determinar *expressis verbis* a nulidade dos actos aquisitivos de acções próprias não integralmente liberadas que não sejam excepcionadas pelo artigo 318.°, n.° 1 (cfr. artigo 318.°, n.° 2).

Discute ainda a doutrina se esta situação de nulidade é única, ou se esse desvalor é ainda consequência de negócios aquisitivos que violem outros limites legais. Neste sentido, Labareda[36] e Carbonetti[37] propugnam a nulidade dos contratos onerosos aquisitivos de acções próprias, em que a contrapartida da aquisição das acções pela sociedade corresponda à entrega ao sócio alienante de bens indisponíveis (violando assim o artigo 317.°, n.° 4). Tanto nas situações proibidas pelo artigo 317.°, n.° 4, como nas situações previstas pelo artigo 34.°, haveria uma recepção pelos accionistas de bens não distribuíveis sendo que, neste último, as importâncias recebidas pelos sócios devem ser restituídas à sociedade. Assim sendo, como diz Carbonetti "deve considerar-se a aplicação analógica da regra que estabelece a nulidade da distribuição de bens aos accionistas como perfeitamente justificada, tendo em conta a sua *ratio* de tutela da integridade do capital"[38]. A analogia não me parece procedente. Para além de o legislador ter sido, na secção do CSC referente às acções próprias, bastante preciso a estabelecer as situações de nulidade[39], parece-me existir uma dissimilitude relevante entre a situação regulada no artigo 34.° e a situação de violação do artigo 317.°, n.° 4, a qual se prende com o facto de nesta última situação o sócio *perder* a sua participação social. Para além do mais, no artigo 34.°

Direito civil português, I/1, 3.ª ed., Coimbra, 2005, p. 870: como salienta o autor, as consequências da irregularidade em nada afectam a autonomia privada; sanciona-se assim a *conduta* correspondente à celebração do negócio jurídico, mas não se interfere nos efeitos do exercício da competência. Há aqui portanto – como aliás salienta João Gomes da Silva, *Acções próprias*, p. 1295 – uma semelhança com as *leges minus quam perfectae* do direito romano, cuja violação, não interferindo com a produção dos efeitos negociais, implicava sanções laterais para um dos sujeitos que os praticava. Cf. Max Kaser, *Römisches Privatrecht*, p. 58 e Félix Senn, *Leges perfectae minus quam perfectae et imperfectae*, Paris, 1902, pp. 70 ss.

[36] Cf. João Labareda, *Das acções*, p. 94.
[37] Cf. Francesco Carbonetti, *L'acquisto*, pp. 115-116.
[38] Cf. Francesco Carbonetti, *L'acquisto*, p. 115.
[39] Cf. os artigos 316.°, n.° 6, 318.°, n.° 2 e 322.°, n.° 3.

não existe nenhuma situação de nulidade: a distribuição de bens aos sócios visa cumprir uma obrigação da sociedade perante estes decorrente do contrato de sociedade, o qual confere a cada sócio um direito abstracto ao lucro, que se concretiza num concreto direito de crédito nos termos do artigo 294.º[40]. Assim, o artigo 34.º aproxima-se de um caso de repetição do indevido[41], figura que pressupõe naturalmente a ausência de causa para a atribuição patrimonial: não constituindo, numa concreta situação, o contrato de sociedade causa para a manutenção do enriquecimento, este deve ser restituído. Ora, como decorre do pensamento de Raúl Ventura, nos casos de violação do artigo 317.º, n.º 4, pelo menos à partida, existe causa para a prestação atribuída ao sócio alienante, a qual é constituída nomeadamente pelo contrato celebrado destinado à transmissão da participação do accionista para a sociedade[42]. Para haver analogia com o artigo 34.º ter-se-ia primeiro de demonstrar que, pelo contrato de aquisição das acções, não é constituída uma obrigação cujo cumprimento constitua a causa da atribuição patrimonial, ou seja, que o dito contrato é nulo, sendo portanto petição de princípio argumentar com a analogia com o artigo 34.º. Os contratos pelos quais a sociedade adquira as suas próprias acções, pagando como preço um valor superior àquele permitido pelo artigo 317.º, n.º 4, serão portanto, em consonância com o artigo 323.º, n.º 2, meramente irregulares.

2.2. *O dever de alienar as acções próprias ilicitamente adquiridas*

Celebrado o contrato aquisitivo das acções próprias e transmitindo-se estas para a titularidade da sociedade, impõe-se à sociedade a alienação, no prazo de um ano, das acções ilicitamente adquiridas (artigo 323.º, n.º 2)[43]. O alcance

---

[40] Sobre a distinção entre direitos abstractos e direitos concretos, cf. ANTÓNIO MENEZES CORDEIRO, *Manual de Direito das sociedades*, I, Coimbra, 2007, pp. 571-573.

[41] Assim, ANTÓNIO MENEZES CORDEIRO, *Manual*, I, p. 611.

[42] Cf. RAÚL VENTURA, *Estudos vários*, p. 385: "em meu entender, o artigo 34.º não é aplicável ao caso, precisamente porque a aquisição é valida e o accionista vendedor não terá que restituir o preço".

[43] Como decorre do artigo 323.º, n.º 1, o dever de alienar as acções próprias não surge apenas no caso de *aquisição* ilícita das acções próprias, mas também no caso em que a sociedade mantém a titularidade de um número de acções próprias cujo valor nominal somado seja superior a um décimo do seu capital social por um prazo superior a três anos. Note-se, aliás, que a titularidade desse volume de acções próprias que exceda o referido limite temporal é, ela própria, um ilícito, com todas as consequências daí advenientes: a conduta de manter por três anos um conjunto de acções próprias representativas de mais de 10% do capital social atenta contra a norma constante

deste dever não é no entanto isento de questões. Antes de mais, quanto ao prazo de um ano estabelecido para o cumprimento deste dever, levanta-se o problema de saber se o *dies a quo* se conta a partir de *cada* aquisição ilícita, ou se a contagem deve ser iniciada no momento em que a sociedade ultrapassa ilicitamente a barreira dos 10%[44]. Esta segunda solução – propugnada por Antonucci[45], Carbonetti[46] e Ferreira da Rocha[47] – parece-me ser a única defensável, pois só ela impede que a sociedade contorne a proibição legal através de sucessivas alienações e reaquisições de acções próprias, alcançando assim exactamente a situação de autoparticipação excessiva que a lei pretende impedir[48].

Discutido tem sido ainda se a imposição de alienação se satisfaz com a transmissão a título gratuito ou se, pelo contrário, a alienação exigida é necessariamente onerosa. Esta última opinião sustenta-se na ideia de que a imposição de alienação das participações sociais próprias seria um meio de fazer reentrar no património societário "valores reais", de modo a tutelar os credores sociais, cuja posição havia sido enfraquecida com a aquisição daquelas participações[49]. Para além desta última premissa não ser de aceitar[50] – uma vez que os credores sociais "não têm nenhuma expectativa de que o património [da sociedade] se mantenha constantemente apto para a satisfação de todos os débitos"[51] –, há que lembrar, para além do mais, que incumprido o dever de

---

do artigo 323.º, n.º 1 (salientando a particularidade do regime análogo previsto no § 71 c AktG constituir um inédito "*Sanktionensystem für das Halten eigener Aktien*", cf. MARCUS LUTTER, *Kölner Kommentar zum Aktiengesetz* (ed: ZÖLLNER), Band 1, Köln, 1988, p. 921 (§ 71c). Em texto falar-se-á apenas em acções próprias ilicitamente adquiridas; o que se disser valerá, no entanto, *mutatis mutandis* para as situações referidas no artigo 323.º, n.º 1.

[44] Sendo lícita a aquisição de acções próprias que, somadas às já detidas pela sociedade, representem mais de 10% do capital social, aplicar-se-á o prazo de três anos decorrente do artigo 323.º, n.º 1.

[45] Cf. ANTONELLA ANTONUCCI, *Acquisto e detenzione*, p. 396.

[46] Cf. FRANCESCO CARBONETTI, *L'acquisto*, p. 119.

[47] Cf. MARIA VICTÓRIA FERREIRA DA ROCHA, *Aquisição*, pp. 293 ss.

[48] Cf. FRANCESCO CARBONETTI, *L'acquisto*, p. 112. Contra, contudo, RAÚL VENTURA, *Estudos vários*, p. 385 entende que "o prazo para cumprimento da obrigação de alienar as acções próprias é de um ano e o *dies a quo* está claramente fixado: é o dia da aquisição de cada acção". De acordo com esta posição, se a sociedade que havia adquirido ilicitamente acções as alienasse, no limiar do prazo de um ano, por um determinado preço, para logo de seguida comprar um igual número de acções da mesma categoria, ao mesmo preço, nunca violaria o dever em questão, ainda que detivesse constantemente e por longo tempo uma autocarteira representativa de mais de 10% do seu capital social.

[49] Assim, ANTONELLA ANTONUCCI, *Acquisto di azioni proprie*, p. 398.

[50] *Infra*, pp. 212 ss.

[51] Cf. RAÚL VENTURA, *Estudos vários*, p. 361.

alienação segue-se a "anulação" das acções, a qual por definição, não substitui as acções próprias por nenhuns bens[52]. Parece-me ser assim de seguir autores como Raúl Ventura[53], Vazquez Cueto[54], Cabonetti[55] ou Lutter[56] na conclusão de que tanto corresponde ao cumprimento do comando decorrente do artigo 323.°, n.° 2 a alienação a título oneroso, como a alienação da qual não resulte nenhuma contra-atribuição para a sociedade alienante[57].

A interpretação do artigo 323.°, n.° 2 é ainda duvidosa no que concerne ao objecto do dever de alienar daí decorrente. A utilização pelo enunciado do artigo definido ("*as* acções [...] devem ser alienadas") não me parece dever ser interpretada no sentido de que o dever de alienação incida exactamente sobre *aquelas* acções ilicitamente adquiridas. Para além da existência de acções insusceptíveis de referência individualizadora[58], não parece que haja razões para não

---

[52] Cf. RAÚL VENTURA, *Estudos vários*, p. 387.
[53] *Idem*: "se eu pudesse tomar como premissa que o intuito da lei ao ordenar a alienação de acções próprias reside na substituição destas por outros bens que tenham um valor em si mesmos, chegaria [a outra] conclusão. A premissa não me parece contudo demonstrada".
[54] Cf. JOSE CARLOS VAZQUEZ CUETO, *Regimen juridico*, p. 394.
[55] Cf. FRANCESCO CARBONETTI, *L'acquisto*, p. 117.
[56] Cf. MARCUS LUTTER, *Kölner Kommentar*, p. 929 (§ 71c).
[57] Nem a conclusão oposta é imposta – como pretende MARIA VICTÓRIA FERREIRA DA ROCHA, *Aquisição*, p. 291 pelo estatuído pelo artigo 6.°, n.° 2, não havendo nenhum impedimento à celebração de negócios gratuitos pelas sociedades comerciais (cf. ANTÓNIO MENEZES CORDEIRO, *Direito das sociedades*, I, pp. 337 ss). Interessante parece-me contudo a ideia da autora (cf. MARIA VICTÓRIA FERREIRA DA ROCHA, *Aquisição*, p. 291) de que a *ratio* da norma constante do artigo 317.°, n.° 4 imporia que a alienação de acções cuja ilicitude da aquisição derivasse do seu desrespeito fosse sempre onerosa: se a ilicitude resulta do não cumprimento da norma que proíbe que determinados bens saiam do património da sociedade, o cumprimento do dever de alienação só terá um "sentido contrário" ao do acto ilícito se essa alienação for feita a título oneroso. Aparentemente próxima é a afirmação de JOSE CARLOS VAZQUEZ CUETO, *Regimen jurídico*, p. 394 de que "[a alienação a título gratuito] só será aconselhável se a ilicitude não provier da violação relativa aos fundos empregues na aquisição".
Tirando este caso duvidoso, a alienação de acções próprias pode assim ser feita gratuita ou onerosamente, não tendo nestes últimos casos, naturalmente, a contrapartida de ser pecuniária: como salientam JOCHEN REICHERT/STEPHAN HARBARTH, *Veräußerung und Einziehung eigener Aktien*, in *Zeitschrift für Wirtschaftsrecht*, 33, 2001, pp. 1147, não é incomum a troca de acções próprias por prestações de coisa ou prestações de facto (o reparo dos autores pressupõe naturalmente que a prestação pecuniária não se insere no conceito de prestação de coisa, cf. KARL LARENZ, *Lehrbuch des Schuldrechts*, I/I, München, 1987, pp. 161 ss).
[58] As "situações jurídicas meramente categoriais", na terminologia de MIGUEL GALVÃO TELES, *Fungibilidade de valores mobiliários e situações jurídicas meramente categoriais*, in *Estudos em homenagem ao Prof. Doutor Inocêncio Galvão Telles*, vol. 1, Coimbra, 2002, p. 606.

considerar como cumprimento do dever em questão a alienação de acções que, não obstante não serem as mesmas que as acções ilicitamente adquiridas, correspondem a situações jurídicas objectivamente idênticas a estas últimas[59]. O objecto do dever de alienar será assim as próprias acções ilicitamente adquiridas ou quaisquer outras objectivamente indiferentes face a estas.

Contudo, para a aferição do respeito pelo parâmetro de licitude em questão (o preenchimento dos 10% estabelecidos pelo artigo 317.º, n.º 2), as diferenças que entre as acções possam existir são irrelevantes: tudo o que interessa, para que as acções adquiridas sejam contabilizadas aquando da aferição da conformidade com este parâmetro, é o facto de elas serem acções da própria sociedade, desconsiderando-se assim as dissimilitudes que podem existir dentro deste universo. Simetricamente, a alienação de *quaisquer acções* – desde que isso leve a que a autoparticipação da sociedade desça a um nível inferior ao dos 10% do capital social – acarretará a extinção do dever de alienar, *ainda que não corresponda ao cumprimento desse dever*[60]. O mesmo se dirá da extinção do penhor ou caução sobre acções próprias (cfr. artigo 325.º, n.º 1), da extinção do usufruto ou da locação de acções próprias ou da alienação de acções da sociedade dominante detidas pela sociedade dominada (cfr. artigo 325.º-A, n.º 1), desde que esses actos diminuam em quantidade suficiente a cifra correspondente à soma do valor nominal de todas as acções próprias sobre as quais a sociedade, ou as suas sociedades dominadas, têm direitos relevantes. Poder-se-á assim opor a reconstituição da situação anterior à aquisição ilícita – correspondente ao cumprimento da imposição decorrente do artigo 323.º, n.º 2 – à reposição da situação de conformidade da autocarteira da sociedade com os imperativos do ordenamento, a qual poderá resultar de qualquer acto extintivo ou translativo dos direitos sobre acções próprias relevantes para a aferição do preenchimento

---

[59] Ou seja, acções da mesma classe, integralmente liberadas (ou não liberadas na mesma exacta medida) e não oneradas (ou oneradas nos mesmos exactos termos), objectivamente sujeitas ao mesmo regime fiscal, etc. Sobre tudo isto, por todos, MIGUEL GALVÃO TELES, *Fungibilidade*, pp. 595 ss. Naturalmente, que não se aplicando as proibições constantes dos artigos 316.º e seguintes apenas à aquisição da titularidade plena de acções próprias, mas também à aquisição de outros direitos sobre estas (designadamente, ao usufruto ou à locação de acções próprias), a identidade objectiva de situações jurídicas requer ainda que os direitos sobre as acções próprias alienados sejam do mesmo tipo que os direitos sobre as acções próprias ilicitamente adquiridos. Adoptando um critério diferente, HANNO MERKT, *Aktiengesetz*, p. 261 (§ 71c): "segundo [o § 71c] devem ser alienadas exactamente aquelas acções que a sociedade adquiriu ilicitamente, desde que estas sejam individualizáveis", sendo que quando não o fossem apenas seria devida a alienação de um igual número de acções.
[60] Próximo, FRANCESCO CARBONETTI, *L'acquisto*, pp. 103 ss

do limite dos 10%. Porém, no que concerne à prática de actos de alienação das acções pelos administradores, só aqueles que correspondam ao cumprimento do dever estatuído pelo artigo 323.º, n.º 1 estarão dispensados da autorização da assembleia geral.

Raciocínio semelhante deverá ser feito a propósito do adquirente das acções alienadas pela sociedade: como decorre do que acaba de ser dito, não valerá naturalmente como cumprimento do dever de alienação – apesar de formalmente a participação social se deslocar da esfera jurídica da sociedade para outra esfera – a transmissão pela sociedade das suas próprias acções para uma sociedade dominada, nem a transferência de acções da sociedade dominante entre sociedades do mesmo grupo.

2.3. *A "anulação" das acções próprias ilicitamente adquiridas*

Segundo o artigo 323.º, n.º 3, não cumprindo a sociedade o dever de alienação das acções próprias ilicitamente adquiridas, deve esta proceder à anulação das acções que devessem ser alienadas. Não se trata como é óbvio de anulação em sentido técnico-jurídico, ou seja, do exercício de um direito potestativo que leve à impugnação "das acções", até porque o que se anula são actos e não situações jurídicas[61]. Trata-se apenas da utilização da mesma palavra que consta da tradução para português da 2.ª Directiva, a qual se baseia na expressão francesa ("*annulation*") para a redução de capital através da extinção de participações (cfr. o artigo L225-209 Code de Commerce). Ao contrário dos legisladores alemão[62] e italiano[63], o legislador português manteve a expressão adoptada pela Directiva em vez de, na sua transposição, utilizar os termos portugueses tecnicamente correctos. A palavra tem, neste contexto, o seu sen-

---

[61] Ainda que, como é óbvio, a constituição ou transmissão destas possa ficar prejudicada" pela impugnação do negócio. Contudo – e daí o reparo feito em texto – do artigo 20.º, n.º 3 da Directiva 77/91/CEE, na sua versão alemã, consta que "*Werden die Aktien innerhalb der in Absatz 2 festgesetzten Frist nicht veräussert, so müssen sie für nichtig erklärt werden*", assim como na versão italiana se diz "in mancanza di trasferimento entro il termine fissato al paragrafo 2, *le azioni devono essere annullate*"; isto para além da versão portuguesa, onde do texto do referido artigo consta que "se não forem alienadas no prazo fixado no n.º 2, as acções *devem ser anuladas*". Salientando este aspecto, HANNO MERKT, in *Aktiengesetz*, p. 185, (§ 71c).
[62] Cf. § 71c Abs. 3 AktG:"*Sind eigene Aktien innerhalb der in den Absätzen 1 und 2 vorgesehenen Fristen nicht veräußert worden, so sind sie nach § 237 einzuziehen.*"
[63] Cf. artigo 2537 Codice Civile:"*In mancanza, deve procedersi senza indugio al loro annullamento e alla corrispondente riduzione del capitale.*"

tido comum de "extinção", sendo claro que a extinção das acções só se pode fazer através de uma redução do capital social, caso contrário este deixaria de corresponder à soma dos valores nominais de todas as acções da sociedade[64].

Esta extinção das acções não opera *ope legis*: o artigo 323.º, n.º 3 apenas estatui um *dever*. A competência para levar a cabo a extinção das acções ilicitamente adquiridas e não alienadas no prazo prescrito será dos administradores: se os administradores são responsáveis pela falta de anulação de acções, então é porque têm o dever de proceder a essa anulação[65]. E do seu dever para extinguir as acções, infere-se a competência para o fazer (*"ought implies can"*). Note-se que não se trata aqui – como nos casos dos artigos 95.º ou 463.º – de uma escolha (permitida) dos sócios, mas antes da execução de um comando legal: não se justifica assim, portanto, a intervenção da assembleia geral, de modo a permitir a discussão e a votação – enquanto expressão da vontade dos sócios – de um acto que é imposto. O regime da redução de capital no cumprimento do "dever de anulação" das acções próprias ilicitamente adquiridas e não alienadas no prazo prescrito consubstancia assim um desvio à rigidez das regras procedimentais gerais para a redução do capital social. Não quer isto no entanto dizer, como adiante se verá, que fique precludida a competência da assembleia geral nos termos do artigo 95.º.

Pode no entanto dar-se o caso de a possibilidade de cumprir este dever ser contraditada por outras normas relativas à redução do capital, nomeadamente por aquela constante do artigo 276.º, n.º 3[66]. Se o valor correspondente à soma do valor nominal das acções próprias a "anular" subtraído à cifra correspondente ao capital social da sociedade titular das acções for inferior a 50 000 €, a sociedade terá o dever de "anular" as acções, enquanto, ao mesmo tempo, não estará normativamente habilitada a desencadear os efeitos jurídicos devidos, pelo menos de acordo com a regra geral estabelecida no artigo 276.º, n.º 3. Aqui, haverá que distinguir entre o cumprimento do dever dos administradores e o cumprimento do dever da sociedade[67]. No que toca aos administradores, parece claro que lhes é absolutamente impossível cumprir o dever de anu-

---

[64] Por todos, RAÚL VENTURA, *Estudos vários*, p. 386. Também MARIA VICTÓRIA FERREIRA DA ROCHA, *Aquisição*, pp. 299 ss.

[65] Cf. RAÚL VENTURA, *Estudos vários*, p. 386. Infere-se portanto, aqui, a norma de conduta da norma de sanção; sobre isto, JOSÉ ANTÓNIO VELOSO, *Concurso e Conflito de Normas*, in *Direito e Justiça*, XVII, 2003, pp. 245 ss.

[66] Abrangendo a previsão da norma retirada do artigo em questão não apenas as situações de constituição das sociedades, mas igualmente as alterações aos estatutos.

[67] O que não quer dizer que se esqueça que o primeiro implica logicamente o segundo.

lação: dado o limite estabelecido pelo artigo 276.°, n.° 3, qualquer acto pelo qual os titulares do órgão de administração pretendam proceder à redução de capital exigida será sempre nulo. Nestes caso, o dever de extinguir as acções próprias ilicitamente adquiridas não será cominado aos administradores, o que terá como óbvias consequências a exclusão da eventual responsabilidade dos administradores (cfr. o artigo 323.°, n.° 4, *in fine*) e a não constituição de justa causa de destituição que eventualmente poderia ser consubstanciada pelo incumprimento do dever de "anular" as acções próprias (artigo 403.°, n.° 4): *impossibilium nulla est obligatio*[68]. Já quanto ao dever da sociedade, não se pode, em rigor, dizer que a sua impossibilidade seja absoluta, dada a excepção ao artigo 276.°, n.° 3 contida no artigo 95.°, n.° 1. Existe uma possibilidade de reduzir o capital social através da extinção das acções, nomeadamente, a de os sócios deliberarem simultaneamente um aumento de capital a efectivar nos sessenta dias subsequentes; essa possibilidade depende, portanto, da vontade dos sócios. Contudo, nota Marcus Lutter, essa vontade será de rara verificação, uma vez que as situações em que é cominado à sociedade o dever de "anular" as acções coincidem normalmente com aquelas situações em que a sociedade não conseguiu interessar ninguém em adquirir as suas acções no período de um ano previsto no artigo 323.°, n.° 2[69]. Na Alemanha a doutrina maioritária defende que nestes casos de "inexequibilidade prática da extinção"[70], cessa o dever de a realizar, sendo essa cessação acompanhada pela "repristinação do

---

[68] CELSUS, D.50.17.185. A não constituição de deveres impossíveis de cumprir decorre de diversas normas do ordenamento: a propósito da constituição negocial de *obrigações* (deveres relativos, ao contrário do dever em análise), cf. artigo 280.°, n.° 1 CC e artigo 401.°, n.° 1 CC. Na cominação de deveres de garante em Direito Penal, considera-se também que estes deveres só surgem quando o seu cumprimento seja possível (cf. 10.°, n.° 2 CP). Relevante poderá eventualmente ser, para os casos tratados em texto, a situação de a impossibilidade do cumprimento do dever estatuído pelo artigo 323.°, n.° 3 ser imputável a um dos administradores (pense-se na situação em que o administrador *A* adquire ilicitamente, em nome da sociedade, acções próprias em quantidade tal que a sua extinção não seria possível de acordo com o artigo 276.°, n.° 3, nada fazendo posteriormente para as alienar). A situação terá contudo pouca relevância, pois nestes casos o facto de essa impossibilidade ser imputável ao administrador decorrerá do incumprimento de outros deveres, sendo que esse incumprimento será – à partida – em si mesmo apto a fundamentar pretensões ressarcitórias de danos que eventualmente tenham sido causados, assim como a (contribuir para) constituir justa causa de destituição. Note-se, por fim, que o dever de "anular" as acções ilicitamente adquiridas e não alienadas não impende apenas sobre os administradores que tenham celebrado o contrato ou que tenham deliberado essa aquisição, mas sobre todos os membros do órgão de administração.
[69] MARCUS LUTTER, *Kölner Kommentar*, p. 930 (§ 71 c).
[70] *Idem*.

dever de alienação" ("*Wiederaufleben der Veräußerungspflicht*")[71]. Não me parece, porém, que essa seja a conclusão mais acertada: aqui o cumprimento do dever não é (absolutamente) *impossível*: a sociedade esta habilitada a reduzir o capital, numa determinada condição. *A falta de vontade dos sócios* – manifestada em assembleia geral – de efectuar aquilo que é necessário para que a sociedade cumpra o dever – tendo em conta que a personalidade colectiva não é mais do que a expressão unitária de um complexo de normas, que se destinam sempre, em última instância, a regular comportamentos de seres humanos[72] – *equivale (apenas) à falta de vontade da sociedade*[73]. E esta não é naturalmente suficiente para extinguir qualquer dever: a titularidade das acções ilicitamente adquiridas e não tempestivamente alienadas será aí um ilícito duradouro, podendo a exclusão da responsabilidade da sociedade apenas equacionar-se, eventualmente, em sede de culpa.

Contudo, e tendo em conta o que atrás foi dito, a sociedade sempre poderá praticar quaisquer outros actos que impliquem a extinção dos direitos que contem para a contabilização dos 10% – cuja ultrapassagem é condição necessária da ilicitude da aquisição e detenção das acções –, incluindo actos gratuitos: ainda que a sociedade não consiga interessar nenhum terceiro na compra das suas acções, esta sempre poderá distribuir, a título gratuito, as acções próprias aos sócios[74] ou a terceiros, extinguindo assim o dever de "anulação" das acções que lhe é cominado.

2.4. *Articulação do dever de alienar e do dever de extinguir as acções próprias ilicitamente adquiridas*

Como foi visto, no artigo 323.°, n.° 2 e n.° 3 a lei estabelece os deveres que são cominados à sociedade pela aquisição ilícita de acções próprias. Fá-lo

---

[71] Idem. Também WOLFGANG HEFERMEHL/ERHARD BUNGEROTH, in *Aktiengesetz*, p. 488 (§ 71 c) e HANNO MERKT, *Aktiengesetz*, p. 267 (§ 71 c), todos com referências no mesmo sentido.
[72] Cf., por todos, ANTÓNIO MENEZES CORDEIRO, *Tratado*, I/3, pp. 513 ss.
[73] Analogamente, TULLIO ASCARELLI, *Interesse sociale e interesse comune nel voto*, in *Rivista trimestrale di Diritto e Procedura Civile*, V, 1951, pp.1145 ss.
[74] Nestes casos, sempre com o limite imposto pelo respeito pelo princípio da igualdade de tratamento dos accionistas (cf. FLORIAN D'ALESSANDRO, *La seconda direttiva e la parità di trattamento degli azionisti*, in *Rivista delle società*, 32/1, 1987, pp. 1 ss), o qual sempre (mas não só) será alcançado por uma distribuição rateada das acções ilicitamente adquiridas.

de um modo sequencial: com a aquisição ilícita nasce o dever de alienar as acções dentro de um prazo de um ano – decorrendo este prazo, extingue-se o dever de alienar as acções e gera-se o dever de as extinguir[75]. Alienar acções próprias e reduzir o capital através da extinção destas são contudo actos para os quais a sociedade está genericamente habilitada e os quais têm um regime geral legalmente previsto. Fora das situações em que isso corresponde ao cumprimento de um dever, a sociedade pode naturalmente alienar as suas autoparticipações, seguindo para isso o procedimento do artigo 320.º: esta alienação deverá ser precedida de autorização da assembleia geral, a qual deverá determinar os elementos relevantes mencionados nas alíneas do seu n.º 1, competindo posteriormente aos administradores – que apenas se encontrarão autorizados, e não vinculados – celebrar os respectivos contratos translativos. Também independentemente da correspondência dessa conduta a um dever legal, a sociedade pode também reduzir o capital, através da extinção de acções próprias nos termos do artigo 463.º: essa redução é contudo feita por via de uma deliberação da assembleia geral e não por acto dos administradores.

Não há qualquer conflito entre as normas acabadas de referir e aquelas decorrentes dos n.ºs 2 e 3 do artigo 323.º: a cominação do dever de alienar as acções próprias ilicitamente adquiridas (artigo 323.º, n.º 2), não afasta a competência – nem a permissão de a exercer – da assembleia para, nos termos do artigo 463.º, proceder à redução do capital por extinção de acções próprias; do mesmo modo, a estatuição do dever de "anulação" das acções" (artigo 323.º, n.º 3), não faz cessar a possibilidade de os administradores, autorizados pela assembleia geral, alienarem as acções próprias que deveriam ser extintas. E quer a redução do capital através da extinção de acções próprias antes do decurso do prazo de um ano, quer a alienação das mesmas acções após o decurso desse prazo, extinguirão os deveres que nessas situações impendem sobre a sociedade e sobre os administradores: respectivamente, o dever de alienar as acções e o dever de as extinguir[76]. A adstrição da sociedade a estes deveres não deixa

---

[75] Cf. FRANCESCO CARBONETTI, *L'acquisto*, pp. 105 ss. e ALDO DOLMETTA, *Sulle conseguenze*, pp. 346 ss.

[76] Note-se, lateralmente, que o CSC não estabelece um prazo para que se proceda à extinção das acções e correlativa redução do capital: entende-se portanto que essa extinção deverá ser levada a cabo de imediato, à semelhança do que sucede no artigo 2357 Codice Civile ("...*deve procedersi senza indugio al loro annullamento e alla corrispondente riduzione del capitale*") e no artigo 76 TRLSA ("*a falta de tal enajenación, deberá procederse de inmediato a la amortización de las acciones propias y a la consiguiente reducción del capital*"). Passar-se-á assim de uma situação de incumprimento

porém de ter relevância no plano da distribuição de poderes entre os órgãos societários: a cominação do dever de alienar as acções tem, como visto, o efeito de dispensar a prática dos actos de alienação pelos administradores da autorização da assembleia geral; por sua vez, durante a adstrição ao dever de extinguir as acções ilicitamente adquiridas e não alienadas tempestivamente, gera-se uma temporária situação de competência concorrente entre administradores e assembleia para levar a cabo a imposta redução de capital[77].

2.5. *Aquisição de acções próprias sem autorização da assembleia geral*

Amplamente discutido na doutrina é o desvalor atribuído ao negócio aquisitivo de acções próprias celebrado pela administração sem a exigida autorização da assembleia geral (artigo 319.º, n.º 1), quando esta não seja dispensada (artigo 319.º, n.º 3). Esta é – como salienta Ilario Menghi –, uma questão que se insere no quadro mais amplo da vinculação da sociedade e da ordenação das competências atribuídas aos respectivos órgãos[78]. Uma primeira tese, defendida por Raúl Ventura[79], sustenta que o contrato pelo qual a sociedade adquire acções próprias a um sócio será *nulo* se não precedido por autorização da assembleia: a ideia subjacente a esta tese seria a de que a imposição constante do artigo 319.º, n.º 1 seria injuntiva, pelo que daí resultaria essa consequência para o negócio jurídico aquisitivo não autorizado pela assembleia. Esta tese parece, no entanto, ser sistematicamente inaceitável pela desprotecção do alienante de boa fé, para além de não ser consentânea com a amplitude dos poderes de representação atribuídos pelo ordenamento aos administradores (artigo 405.º, n.º 2).

---

do dever de alienar as acções – que se extingue – para uma situação de incumprimento do dever de anular as acções, sem qualquer interregno: a extinção das acções é desde logo exigível. Neste sentido, MARIA VICTÓRIA FERREIRA DA ROCHA, *Aquisição*, p. 302.

[77] ALDO DOLMETTA, *Sulle conseguenze,* p. 348. No sentido defendido em texto, também, MARIA VICTÓRIA FERREIRA DA ROCHA, *Aquisição,* p. 305. Também WOLFGANG HEFERMEHL/ERHARD BUNGEROTH, *Aktiengesetz,* p. 486 (§ 71c) ("*nach Abs 3 sind eigene Aktien die innerhalb der in den Absätzen 1 und 2 vorgesehenen Fristen nicht veräussert worden sind, nach § 237 einzuziehen. Das bedeutet nicht, dass nach dem Fristablauf eine Veräßerung nicht mehr erlaubt und nunmehr allein die Einziehung zulässig wäre*").

[78] Cf. ILARIO MENGHI, *L'auttorizzazione assembleare all'acquisto di azioni proprie,* Milano, 1992, pp. 147-148.

[79] Cf. RAÚL VENTURA, *Estudos vários,* p. 365.

Outra tese, entre nós sustentada por Labareda[80] e Soveral Martins[81], considera que o negócio de aquisição de acções próprias celebrado pelos administradores, sem consentimento da assembleia geral, seria ineficaz por aplicação do regime da representação sem poderes (artigo 268.º CC) e também ela parece imprecisa, pois incorre no vício de ver na representação orgânica um símile da representação voluntária, prevista nos artigos 258.º e seguintes do Código Civil. Como nota Menezes Cordeiro, só num plano muito imediato a empírico se aproxima a representação orgânica da representação voluntária[82]: a actuação dos órgãos *é* a da pessoa colectiva[83], ou – como diz Eugen Bucher –, o titular do órgão (a pessoa que age fisicamente) não é visto aqui como um sujeito distinto da sociedade, mas como parte integrante ("*Bestandteil*") desta[84].

Por fim, autores como Nobili[85], Menghi[86] ou Carbonetti[87], sustentam a tendencial irrelevância da existência de autorização da assembleia para efeitos de aferição da validade dos negócios jurídicos aquisitivos de acções próprias. Como salienta o último dos autores mencionados, "a irrelevância da deliberação para fins de validade da aquisição pode antes ver-se como um aspecto da mais geral irrelevância do procedimento de formação da vontade social face a terceiros (incluindo aqui os sócios) que contratam com a sociedade"[88].

O artigo 405.º, n.º 2 atribui *plenos* poderes de representação da sociedade aos administradores, e os actos praticados pelos administradores no exercício desse poder vinculam a sociedade ainda que contrários às deliberações sociais (artigo 409.º, n.º 1): entende-se assim não ser razoável opor àqueles que com a sociedade contratam as vicissitudes internas da sociedade, o que seria aliás incomportável para o tráfico jurídico. A situação em análise não é em rigor de actuação dos administradores em contrariedade com uma deliberação da assembleia geral, mas de actuação dos administradores *sem* a autorização imposta da assembleia geral. As razões relacionadas com a tutela da confiança

---

[80] Cf. João Labareda, *Das acções*, p. 97.
[81] Cf. Alexandre de Soveral Martins, *O poder de representação dos administradores de sociedades anónimas*, Coimbra, 1998, p. 183, nt. (336).
[82] Cf. António Menezes Cordeiro, *Manual*, I, p. 348.
[83] Cf. António Menezes Cordeiro, *Tratado de Direito Civil português*, I/4, Coimbra, 2005, p. 45.
[84] Cf. Eugen Bucher, *Organschaft, Prokura, Stellvertretung*, in *Festschrift für Wolfhart Friedrich Bürgi*, Zürich, 1971, p. 40.
[85] Cf. Raffaele Nobili, *Osservazioni*, pp. 89 ss.
[86] Cf. Ilario Menghi, *L'autorizzazione*, p. 148
[87] Cf. Francesco Carbonetti, *L'acquisto*, p. 106.
[88] *Idem*.

de terceiros e com a segurança no tráfego jurídico, que fundamentam aquela solução, procedem aqui igualmente: é tão inaceitável impor a um terceiro o conhecimento do conteúdo de uma deliberação da assembleia geral da sociedade com quem contrata como o conhecimento da sua existência[89]. Ressalvadas ficam naturalmente as situações de má fé do terceiro[90].

No entanto, falar-se aqui de "terceiros" causa alguma estranheza; afinal, o alienante é, por definição, um sócio. Poder-se-ia assim pensar que este saberia, ou pelo menos deveria saber, que a assembleia geral da sociedade de que é accionista não havia autorizado a aquisição de acções próprias; isto corresponderia, contudo, a uma excessiva planificação da realidade. Como salienta Nobili, para além de as mais das vezes tanto a sociedade adquirente como o sócio alienante agirem através de intermediários financeiros, nem todos os accionistas devem, para estes efeitos, – e principalmente nas grandes sociedades anónimas – ser tratados da mesma forma, havendo que atentar, entre outros factores, à natureza da participação do alienante (se dificilmente um accionista com uma participação económica, efectivamente envolvido na vida interna da sociedade, deixará de estar, nestes casos, de má fé, o mesmo já não sucederá com um accionista com uma pequena participação meramente financeira, que se comporta como simples aforrador), ao valor da totalidade das acções detidas pelo alienante e ao valor das acções vendidas[91]. Se – e só se – o alienante tiver conhecimento da falta de deliberação ou se, ponderados todos os factores, se entenda que o seu desconhecimento é censurável, poderá ser oposta ao alienante a ausência da deliberação prevista no artigo 319.º[92].

3. A imputação à sociedade e aos titulares dos órgãos sociais dos danos causados pela aquisição ilícita de acções próprias

3.1. *Introdução*

Como foi anteriormente visto – a propósito das razões que levam o legislador a sujeitá-las a uma proibição de princípio – a aquisição de acções pró-

---

[89] Cf. JOÃO ESPÍRITO SANTO, *Sociedades por quotas e anónimas*, Coimbra, 2000, pp. 423 ss.
[90] Analogamente, ANTÓNIO MENEZES CORDEIRO, *Manual*, I, p. 350.
[91] Cf. RAFFAELE NOBILI, *Osservazioni*, pp. 89 ss.
[92] Aplicando-se assim analogicamente o disposto no artigo 409.º, n.º 1.

prias por uma sociedade é susceptível de originar[93] danos para diversos tipos de sujeitos. Por sua vez, o artigo 324.º, n.º 4 refere a responsabilidade dos administradores pelos danos sofridos pela sociedade, pelos seus credores ou por terceiros em virtude da aquisição ilícita de acções ou do incumprimento dos deveres estatuídos como remédios dessa aquisição ilícita: tem contudo carácter meramente declarativo, bastando-se com uma remissão para os "termos gerais". Quais esses termos em que os danos originados pela aquisição ilícita de acções próprias podem ser imputados aos membros do órgão de administração – assim como aos membros do órgão de fiscalização e à própria sociedade – é o que pretendo analisar neste parágrafo. Fá-lo-ei contudo com inafastável brevidade, não pretendendo analisar a totalidade das questões que a este propósito se levantam, mas apenas analisar os traços gerais da questão, recorrendo a algumas situações que parecem ser ilustrativas.

3.2. *A indemnização dos danos sofridos pelos credores sociais*

Uma das razões tradicionalmente apontadas para fundamentar a solução legislativa da proibição de aquisição de acções próprias prende-se com a tutela dos credores sociais. Diz-se, assim, que com a compra de acções próprias, da sociedade saem bens, nomeadamente o preço, recebendo a sociedade em contrapartida uma "casca vazia"[94], pelo que estas aquisições diminuiriam o "capital social", e assim, as garantias dos credores[95]. De facto, é possível que a aquisição de acções próprias pela sociedade coloque os credores sociais em pior posição, dificultando ou impossibilitando a satisfação dos seus créditos pela sociedade, por diminuição da massa de bens que serve de garantia geral das obrigações (artigo 601.º CC).

---

[93] Utilizo aqui a palavra "originar", apenas no sentido de ser *causa sine qua non*: se e quando a esta se cumulam os restantes requisitos para que se possa falar de imputação objectiva é aquilo que se tratará de seguida.
[94] Cf. TILMANN BEZZENBERGER, *Erwerb eigener*, p. 47. A posição do autor não é contudo exactamente aquela que se expõe em texto. Assim sucederia pois aqui – pelo prisma destes autores – "a sociedade come um bocado de si", cf. PAULO OLAVO CUNHA, *Direito das sociedades*, p. 364.
[95] Assim, JOSE CARLOS VAZQUEZ CUETO, *Regimen juridico*, pp. 389 ss ou JORGE COUTINHO DE ABREU, *Curso*, p. 384. O sentido em que a polissémica locução "capital social" é utilizada quando se diz que a aquisição de acções próprias diminui as garantias dos credores sociais é portanto aquele em que essa locução é sinónima de "património da sociedade".

Entre os administradores e os credores sociais não existe, regra geral[96], qualquer dever específico. Os credores têm um direito a uma qualquer prestação, mas esse direito encontra o seu correlativo passivo no dever de prestar da sociedade: não há aqui a lesão de um direito absoluto. A resposta sobre a viabilidade da imputação do dano sofrido pelos credores pela impossibilidade de satisfazer o seu crédito por decréscimo do património da sociedade devido à compra por esta de acções próprias, dependerá assim de se encontrar no ordenamento jurídico uma norma impositiva ou proibitiva destinada a protegê-los desses prejuízos (uma "disposição legal destinada a proteger interesses alheios" – artigo 483.º CC): tudo se desloca assim para a determinação dos "fins" das normas que estabelecem os limites legais da aquisição de acções próprias. Tratar-se-á portanto de responsabilidade aquiliana, sujeita aos pressupostos do artigo 78.º.

A norma geral de proibição de aquisição de acções próprias (artigo 316.º, n.º 1) é apresentada frequentemente como norma de protecção dos credores sociais[97], ideia com a qual não me parece ser de concordar[98]. Premissa dessa perspectivação da proibição decorrente do artigo 316.º, n.º 1 é a ideia de que "do ponto de vista dos credores, a titularidade de acções próprias pela sociedade é imprestável"[99]; de que "ainda que o preço pago corresponda ao valor efectivo das acções, a sociedade anónima basicamente adquire apenas uma participação num património que já lhe pertence"[100] pelo que "este não é aumentado 'num centavo' e a sociedade não obtém nenhum valor patrimonial adicional"[101]. Essa ideia não é, no entanto, precisa. Ainda que as acções próprias

---

[96] Isto é, exceptuando eventuais deveres acessórios, para cuja constituição é necessária uma especial interacção entre administrador e credor.
[97] Cf. Maria Elisabete Gomes Ramos, *Responsabilidade civil dos administradores e directores de sociedades anónimas perante os credores sociais*, Coimbra, 2002, p. 209. ("parece-nos existir, igualmente, uma finalidade de protecção dos credores sociais em normas relativas, por exemplo (...) à proibição de subscrição de acções próprias (artigos 316.º, n.º 1 e 317.º)") No mesmo sentido Jorge Coutinho de Abreu, *Curso*, p. 385 e *Responsabilidade civil dos administradores de sociedades*, Coimbra, 2007, p. 70.
[98] Cf. Raúl Ventura, *Estudos vários*, pp. 351 ss. Note-se que, na atribuição de finalidades a normas o que se pretende é determinar "o que deve ser visto como escopo objectivamente prescrito *no quadro da ordem jurídica vigente*" (cf. Robert Alexy, *Theorie der juristischen Argumentation*, Frankfurt am Main, 1983, p. 296, itálico acrescentado) –, pelo que a argumentação nesse sentido não se pode desligar do demais regime da aquisição de acções próprias.
[99] Cf. Tilman Bezzenberger, *Erwerb eigener*, p. 46.
[100] Cf. Frank Westphal, *Der nicht zweckgebundene*, p. 45.
[101] *Idem*.

sejam desprovidas de valor de uso – adquiridas as acções, a sociedade não pode satisfazer quaisquer necessidades nem aplicá-las ao processo produtivo[102] – o valor de troca das participações sociais não é alterado por estas estarem na titularidade da própria sociedade emitente: a sociedade pode re-alienar as acções e por elas obter o valor que o mercado estiver disposto a dar por elas. Consistindo a garantia dos credores no património da sociedade, sendo esta garantia efectivada através da execução forçada desse património e sendo as acções (todas as acções – incluindo naturalmente as acções próprias) susceptíveis de penhora e subsequente afectação à satisfação judicial do crédito através de venda executiva destinada ao pagamento do credor-exequente é exactamente o *valor de troca* dos bens que integram o património da sociedade que interessa aos credores[103]. Para além do mais, a aquisição de acções próprias obriga a que

---

[102] Assim que a acção é adquirida pela própria sociedade emitente, cessa grande parte do "conteúdo" da participação social. Sendo uma impossibilidade lógica falar de deveres ou permissões de um sujeito face a si mesmo, os direitos e deveres que fazem parte do estado de sócio não serão imputados à sociedade enquanto as acções forem detidas por ela própria. Também as situações potestativas ou de sujeição – entendidas, respectivamente, como as situações em que alguém pode unilateralmente alterar a esfera jurídica de *outrem* ou ver a sua esfera jurídica alterada unilateralmente por *outrem* – não poderão "incorporar-se" na esfera da sociedade. Isto leva alguns autores a dizer que as acções próprias não são verdadeiras acções, mas apenas "acções em potência" (assim, RAÚL VENTURA, *Estudos vários*, pp. 354 ss) ou que "sendo a acção um pacote de todos os direitos sociais, já não se pode em rigor falar de acções quanto às acções detidas pela própria sociedade" (cf. TILMAN BEZZENBERER, *Erwerb eigener*, p. 44). Note-se contudo que o conceito de "acção" não tem um conteúdo fixo: pense-se nas acções preferenciais sem voto, nas acções privilegiadas, na acção do sócio que está impedido de votar, etc.. Também não é, aliás, exacto que a esfera jurídica da sociedade não se altere minimamente com a aquisição de acções próprias: para além da não quiescência do "direito [...] de receber novas acções no caso de aumento de capital por incorporação de reservas" [artigo 324.º, n.º 1, alínea *a*), *in fine*], a sociedade adquire ainda o relevante poder de *dispor* dessas acções. E há toda a utilidade em continuar a falar aqui em "acções": culturalmente – na vida económica – continua a falar-se de acções, para além de lei e doutrina falarem de "acções" próprias. O que não quer dizer que na resolução de problemas jurídicos se possa esquecer as restrições ao "conteúdo" das acções em autocarteira.

[103] Isto pressupõe naturalmente a superação da tese que sustentava que, com a aquisição pela sociedade das suas próprias acções, estas se extinguiriam automaticamente por confusão, ou por outros modos, a qual – para além das restantes críticas que lhe podem ser feitas (cf. MARIA VICTÓRIA FERREIRA DA ROCHA, *Aquisição*, pp. 38-39 e ANTÓNIO FERRER CORREIA, *A representação dos menores sujeitos ao pátrio poder na assembleia geral das sociedades comerciais: Apêndice II: as acções adquiridas pela própria sociedade emitente e direito ao voto*, in *Estudos de Direito Civil, Comercial e Criminal*, Coimbra, 1965, pp.123-124) – é insustentável face ao regime do CSC. Se se aceitasse essa tese, poder-se-ia eventualmente sustentar que a violação da proibição da aquisição de acções próprias seria em si prejudicial para os credores, uma vez que com a compra das acções sairiam bens

se torne indisponível uma reserva de montante igual àquele pelo qual as acções estão contabilizadas [artigo 324.º, n.º 1, alínea *b*)] – e isto tanto nos casos de aquisições lícitas como de aquisições ilícitas. Pode assim até dizer-se que de um determinado ponto de vista os credores ficam melhor garantidos com a aquisição de acções próprias: adquirindo a sociedade as suas próprias participações, eles terão à sua disposição não só as próprias acções como os bens em que consistem as reservas. É certo que podem ocorrer situações em que a compra pela sociedade das suas próprias acções leve na prática à impossibilidade desta cumprir as obrigações de que é devedora, e que a celebração do negócio aquisitivo deixe de facto os credores sociais numa situação desvantajosa comparativamente à que se verificaria antes dessa aquisição, seja por o preço pago pelas acções ser excessivamente alto, seja por a alavancagem (o *"leverage-effect"*) operada pela autoparticipação potenciar as perdas da própria sociedade. Nada há, todavia, que impeça a sociedade de celebrar negócios desfavoráveis e até ruinosos, para além de o perigo de a sociedade pagar um preço excessivamente alto – e assim a celebração do negócio aquisitivo resultar numa diminuição do património da sociedade – não ser, como é óbvio, específico da compra de acções próprias[104]. *O artigo 316.º, n.º 1 não consagra assim uma norma de protecção dos credores sociais*, pelo que adquirindo os administradores acções próprias contra essa proibição e resultando dessa aquisição – nomeadamente, do pagamento da contrapartida da aquisição das acções – a impossibilidade de os credores verem satisfeitos os seus créditos contra a sociedade, estes não poderão invocar esta norma para, nos termos do artigo 78.º, n.º 1, imputarem esse dano aos administradores da sociedade.

Dizer que do artigo 316.º, n.º 1 não se retira uma norma de protecção dos credores sociais não significa, naturalmente, que a aquisição ilícita de acções próprias nunca cause danos aos credores que possam ser imputados aos administradores da sociedade, pois esse não é o único parâmetro de licitude da celebração de negócios aquisitivos das próprias acções pela sociedade. Quanto a

---

do património da sociedade, entrando outros que logo se extinguiriam: do ponto de vista do credor, o património da sociedade diminuiria numa proporção maior do que aquela que lhe caberia num rateio segundo a regra da *pars conditio creditorum*, deixando-o assim em pior situação.
[104] Cf. RAÚL VENTURA, *Estudos vários*, p. 361. Pode dizer-se, como faz VASCO DA GAMA LOBO XAVIER, *Anulação de deliberação social e de deliberações conexas*, Coimbra, 1985, p. 140, nt. (34), que, na prática, "a garantia dos credores está fundamentalmente ligada, na realidade, antes que ao funcionamento das regras sobre o capital social, à salubridade financeira da empresa e à sua aptidão reditícia". Daí não se retira, como é óbvio, – nem o autor pretende retirar – um qualquer "dever de prosperar".

outras normas proibitivas – nomeadamente as decorrentes dos artigos 317.º, n.º 4 e 324.º, n.º 1, alínea b) – a conclusão parece ser a inversa[105].

Tanto a proibição de aquisição onerosa de acções próprias recorrendo a bens não distribuíveis nos termos do artigo 33.º para o pagamento da contrapartida dessa aquisição, como a imposição da constituição de reserva equivalente ao valor nominal das acções próprias adquiridas visam forçar a sociedade a reter património correspondente a determinado valor e destarte a salvaguardar um valor mínimo da garantia geral das obrigações da sociedade, tutelando assim os credores sociais[106], representando a sua violação um perigo abstracto de insatisfação dos direitos dos credores sobre a sociedade[107].

---

[105] Ambas as normas em questão têm por destinatários as sociedades. A responsabilidade pessoal dos administradores perante terceiros, nomeadamente perante os credores sociais, depende contudo "da viabilidade de afirmar um fundamento de imputação pessoal do prejuízo a tais sujeitos, ultrapassando o âmbito dos deveres próprios da pessoa colectiva, pelos quais apenas esta responde" (cf. MANUEL CARNEIRO DA FRADA, Teoria da confiança e responsabilidade civil, Coimbra, 2003, p. 172, nt. (121)). No âmbito da responsabilidade aquiliana correspondente à segunda parte do artigo 483.º, n.º 1 CC – e é essa que aqui está em questão – a ilicitude dependerá da existência de norma de protecção *que sobre eles incida especificamente*, sendo que saber sobre quem incide a norma é naturalmente uma questão de interpretação (*idem...*). Parece-me que tanto do artigo 317.º, n.º 4 como do artigo 324.º, n.º 1, alínea b) se podem retirar normas que englobem na sua previsão actuações dos administradores; e isto ainda que em rigor se esteja – pelo menos no caso do artigo 317.º, n.º 4 – para além do significado semanticamente possível do enunciado e portanto fora da interpretação em sentido estrito; correspondendo a decisão quanto à aquisição de acções próprias – incluindo os termos do negócio aquisitivo, designadamente a contrapartida a pagar ao alienante –, assim como a decisão quanto à constituição de reservas, a *actos de gestão*, sendo o órgão de administração o único órgão com competências de gestão e apenas agindo a sociedade através dos titulares dos seus órgãos, parece-me ser aceitável induzir daí deveres gerais dos administradores com "*Schutzcarakter*" para os credores. Para além disso, o artigo 319.º, n.º 2 proíbe os administradores de executar ou continuar a executar as deliberações da assembleia geral que autorizem a aquisição de acções próprias, quando a condição do artigo 317.º, n.º 4, deixe de se verificar: difícil seria concluir que os administradores estão (pessoalmente) proibidos de celebrar contratos aquisitivos de acções próprias dos quais decorra a atribuição ao alienante de uma contrapartida contrária ao artigo 317.º, n.º 4 quando *haja uma deliberação autorizativa da assembleia*, mas já não o estão *quando essa autorização não existe*.

[106] São assim concretizações do princípio da intangibilidade do capital social, o qual proíbe – não que o valor do património desça abaixo da cifra do capital social, e que portanto, "não visa proteger e acautelar os terceiros credores contra perdas resultantes da actividade empresarial" –, mas "que o património líquido desça abaixo da cifra do capital social *em virtude da atribuição aos sócios (...) de valores de qualquer natureza*", cf. PAULO DE TARSO DOMINGUES, Do capital social, Coimbra, 1998, pp. 103-104 (itálico acrescentado); à cifra correspondente ao capital social, devem ser somados os valores correspondentes às reservas legalmente impostas (representando as reser-

A aquisição de acções próprias que seja ilícita por violação do artigo 317.º, n.º 4, assim como o incumprimento do dever decorrente do artigo 324.º, n.º 1, alínea *b*) – e isto, neste último caso, independentemente da aquisição que gera esse dever ter sido lícita ou ilícita – consubstanciará assim um ilícito praticado pelos titulares do órgãos de administração que tenham participado na decisão em questão. O não cumprimento destes deveres pelos administradores, caso dê lugar à insuficiência do património da sociedade para a satisfação dos direitos dos credores sociais dará assim, se culposa, lugar ao dever dos administradores responsáveis indemnizarem os credores sociais pelos danos sofridos[108].

De assinalar é ainda – como fazem a respeito do §71 AktG autores como Bezzengerger[109], Lutter[110] ou Hefermehl/Bungeroth[111] – a possibilidade de imputar estes mesmos danos aos membros do órgão de fiscalização, nomeadamente quando o cumprimento por estes dos deveres que lhes são cominados por lei [artigo 420.º, n.º 1, alíneas *a*) e *b*)] – impedisse a ocorrência do referido dano (artigo 81.º, n.º 2). Caso a responsabilidade dos administradores concorra com a dos titulares do órgão de fiscalização, a responsabilidade – estatui ainda o artigo 81.º, n.º 2 – será solidária face aos credores sociais; tratando-se aqui de responsabilidade aquiliana, e não havendo norma especial relativa à responsabilização dos titulares dos órgãos sociais, tem aplicação o artigo 497.º CC na distribuição da responsabilidade nas relações internas entre os lesantes –

---

vas "um reforço da intangibilidade do capital social", cf. PAULO OLAVO CUNHA, *Direito das sociedades*, p. 423).

[107] Sobre os delitos de perigo abstracto, ERWIN DEUTSCH/HANS-JÜRGEN AHRENS, *Deliktsrecht*, Köln-Berlin-Bonn-München, 2002, pp. 107-108.

[108] Contudo – no que concerne à violação do dever que se retira do artigo 324.º, n.º 1, alínea *b*) – já não estamos em rigor perante uma consequência da aquisição ilícita de acções próprias, mas sim do incumprimento de um dever autónomo gerado por essa aquisição, independentemente da sua licitude. Pode assim haver casos de aquisição *lícita* de acções próprias em que o dever de constituição de reserva seja incumprido, situação em que – verificando-se os demais pressupostos – o artigo 78.º, n.º 1, imputará o dano aos administradores; simetricamente, pode também suceder que, após uma aquisição ilícita de acções próprias a sociedade crie a reserva exigida pelo artigo 324.º, n.º 1, alínea *b*) – aqui, e ainda que se mostre que, não fosse a aquisição ilícita das acções próprias (por um valor superior ao seu valor nominal, e portanto por um valor superior ao da reserva constituída), determinado credor tivesse tido a possibilidade de satisfazer o seu crédito face à sociedade, não será possível imputar o dano aos titulares dos órgãos de administração, e portanto: *casum sentit dominus*.

[109] Cf. TILMAN BEZZENBERGER, *Erwerb eigener*, p. 140.

[110] Cf. MARCUS LUTTER, *Kölner Kommentar zum Aktiengesetz*, p. 930 (§ 71).

[111] Cf. WOLFGANG HEFERMEHL/ERHARD BUNGEROTH, *Aktiengesetz*, p. 463 (§ 71).

nomeadamente na determinação do direito de regresso entre estes, o qual se verificará "na medida das respectivas culpas"[112].

3.3. *A indemnização dos danos sofridos pelos sócios*

A aquisição de acções próprias pode ainda originar danos na esfera dos sócios, ao perturbar a repartição dos poderes dentro da sociedade, nomeadamente na assembleia geral, e assim impedir os sócios de auferir vantagens de que, de outro modo, beneficiariam. Suspenso o direito de voto correspondente às acções em auto-carteira, o apuramento dos *quóruns* constitutivos e das maiorias calculadas por referência ao capital social será computado tendo por base apenas o conjunto das acções da sociedade que não são detidas por ela própria (o "capital circulante"). Por um lado, a suspensão operada pelo artigo 324.º, n.º 1, alínea *a*), leva a que a situação de auto-participação se subsuma à previsão da norma correspondente ao artigo 386.º, n.º 5[113], a qual é ainda aplicável analogicamente ao cálculo para efeitos de voto de percentagens em função do capital, quando não seja necessária a maioria qualificada[114]. Por outro, quando

---

[112] Sendo que a culpa dos administradores tenderá a ser maior do que a dos membros do órgão de fiscalização.

[113] O qual estatui que "quando a lei ou o contrato exijam uma maioria qualificada, determinada em função do capital da sociedade, não são tidas em conta para o cálculo dessa maioria as acções cujos titulares estejam legalmente impedidos de votar, quer em geral, quer no caso concreto". Como nota Raúl Ventura, *Estudos vários*, p. 397, "a sociedade titular de acções próprias está legalmente impedida de votar em geral, e, portanto, esta norma é aplicável ao caso".

[114] *Idem*. Esta seria aliás a única solução que evitaria em casos extremos a paralisação da sociedade (cf. António Ferrer Correia, *Acções adquiridas*, pp. 125); sempre que a sociedade adquirisse acções representativas de mais do que o valor correspondente à diferença entre a totalidade do capital social e a fracção do capital exigida para a tomada de determinada deliberação, a procedência dessa mesma deliberação passaria a ser impossível. A solução levaria à completa paralisação da assembleia geral sempre que a sociedade detivesse mais de 50% das acções, o que – embora insólito – não é uma hipótese meramente académica, como salienta Antonio Velasco San Pedro, *Negocios*, p. 27, exemplificando ainda com a situação do *Dresdner Bank*, que na década de 30 do século passado chegou a ser titular de acções próprias representativas de 55% do seu capital social. Existe, para além disso, uma analogia com a situação das acções preferenciais sem voto (artigo 341.º, n.º 4): também estas acções contribuem para o capital social, sem lhes corresponder contudo o direito de voto, não sendo essas acções relevantes para a contabilização das percentagens em questão (contra, e com mais indicações no mesmo sentido, Maria Victória Ferreira da Rocha, *Aquisição*, p. 255, sustenta que, contrariamente ao que sucede relativamente às acções preferenciais sem voto que, a privação do direito de voto das acções detidas em auto-carteira, "não obedece a particularidades estruturais dos títulos, mas sim ao facto, totalmente con-

as maiorias deliberativas são contadas por referência aos votos presentes – situação de longe mais frequente, e que é adoptada mesmo em situações de alteração estatutária –, as respectivas maiorias serão, havendo auto-participação, mais difíceis de reunir, pois as acções de que a sociedade é titular nunca contarão como "presentes" na assembleia. Isto faz oscilar a importância do voto correspondente a cada acção em circulação, quebrando a constância da relação entre a percentagem do capital social detida por cada sócio e a sua influência na formação da "vontade societária", o que pode privar um determinado accionista da possibilidade – que eventualmente teria, não fosse a alteração do peso relativo do voto dos diferentes accionistas pela aquisição de acções próprias – de com o seu voto levar a sociedade a actuar em certo sentido que lhe seja economicamente favorável, ou à diminuição do valor de mercado de determinadas acções – e assim impedindo que determinado sócio venda a sua participação a um preço que lhe é favorável – , como sucederá na situação hipotética em que, mercê desta oscilação, uma participação correspondente a uma pequena fracção do capital social mas que permite ao seu titular exercer uma influência determinante na sociedade – e que portanto lhe confere uma participação qualificada –, deixa de o permitir com a redistribuição da relevância atribuída a cada voto. Sempre que uma aquisição proibida de acções próprias levar a semelhantes resultados, pode dizer-se que esses prejuízos são ilicitamente originados. Não há – note-se – em nenhuns destes casos qualquer frustração das utilidades conferidas ao accionista pela posição jurídica de sócio; o accionista não é impedido de votar, nem de dispor da sua participação, apenas

tingente da sua posse pela sociedade emitente"). Por fim, esta solução acaba – como defende ANTÓNIO FERRER CORREIA, Acções adquiridas, pp. 125-126, nt. (2), na esteira de ALFREDO DE GREGORIO, L'acquisto delle azioni di una società anónima per conto della stessa società e l'artigo 144 cod. di comm., in Studi di diritto commerciale in onore di Cesare Vivante, II, Roma, 1931, pp. 391-392 – por corresponder à efectiva destinação do património social, pois apesar de o capital social continuar a ser representado por tantas acções quanto as que foram emitidas, o património da sociedade é detido (em modo colectivo) apenas pelos titulares das acções em circulação, na proporção correspondente à relação entre o valor nominal das acções de que são titulares e o valor nominal das acções em circulação (como se verifica na liquidação de uma sociedade titular de acções próprias).
A posição defendida em texto não é, porém, pacífica. Em prol da solução oposta argumenta-se que a situação de auto-participação deve ser tão neutra quanto possível, e que só o cálculo das percentagens referidas com base na totalidade do capital social – e não apenas no capital circulante – corresponderia ao imperativo de menor interferência possível na vida societária da situação de titularidade das próprias acções pela sociedade, o qual se retiraria do próprio artigo 324.º, n.º 1, alínea a), assim, por todos, JOÃO GOMES DA SILVA, Acções próprias, pp. 1268 ss, em especial, p. 1271.

se alterando circunstâncias que – por assim dizer – lhe são extrínsecas, mas que interferem com os resultados que o exercício do direito permite alcançar.

A cominação à sociedade ou aos titulares dos seus órgãos da obrigação de ressarcir os accionistas pelos referidos prejuízos dependerá naturalmente da violação por estes sujeitos de deveres que possam ser considerados talhados para essa protecção, o que não me parece que se possa encontrar no dever genérico de não adquirir acções próprias fora dos *Tatbestände* permissivos estatuídos pelo artigo 316.º, n.º 1; tendo em conta o genérico desfavor do ordenamento relativamente à ressarcibilidade de danos patrimoniais puros, parece sistematicamente inaceitável interpretar esse enunciado como consagrando uma norma destinada a evitar o decréscimo do poder de concretos accionistas na determinação do destino da sociedade através do seu voto, tutelando-os assim relativamente a eventuais mais-valias patrimoniais que desse modo deixem de auferir, ou a evitar oscilações no preço de mercado das participações detidas pelos sócios e impedir que estes deixem de celebrar favoráveis contratos de alienação das suas acções[115]. Adquirindo a sociedade acções próprias fora das situações permitidas existirá um ilícito; mas será impossível imputar juridicamente os referidos danos ao facto da aquisição (ilícita) de acções próprias, pois *a norma constante do artigo 316.º, n.º 1 não pode ser considerada como norma de protecção destes danos causados aos accionistas*[116]. Não parece contudo de excluir que, agindo a sociedade ou os seus administradores dolosamente[117], estes respondam pelos danos causados aos accionistas, com base em transgressão manifesta dos limites impostos pelos bons costumes[118].

---

[115] Sobre a ressarcibilidade dos danos puramente patrimoniais, entre nós, MANUEL CARNEIRO DA FRADA, *Teoria da confiança*, pp. 238 ss e JORGE SINDE MONTEIRO, *Responsabilidade por conselhos, recomendações ou informações*, Coimbra, 1989, p. 610. Cf. ainda, KARL LARENZ/CLAUS WILHLEM CANARIS, *Lehrbuch*, pp. 439 ss.

[116] Negando que o preceito análogo da *Aktiengesetz* possa ser considerado como norma de protecção – seja dos sócios, seja dos credores – no sentido do § 823 Abs 2 BGB, HANNO MERKT, *Aktiengesetz*, p. 193 (§ 71).

[117] Com dolo dirigido ao dano ("*Schädigungsvorsatz*") e não meramente à ilicitude, entenda-se (se isto corresponde ao requisito do dolo na responsabilidade aquiliana por violação de norma de protecção, como pretende WOLFGANG FIKENTSCHER, *Schuldrecht*, Berlin-New York, 1985, p. 756 e entre nós, JORGE SINDE MONTEIRO, *Responsabilidade por conselhos*, p. 245, ou não – como defende, por exemplo, ERWIN DEUTSCH, *Deliktsrecht*, p. 111, é algo que aqui não interessa).

[118] Note-se contudo que aqui, ao contrário do que pretende alguma doutrina que sustenta que a imputação do dano ao facto deve ser feita com recurso ao alcance do dolo (aparentemente neste sentido HEIN KÖTZ, *Deliktsrecht*, Berlin, 1991, p. 72), a imputação objectiva também se deve reger por considerações teleológicas: aqui, tal como na violação de normas de protecção, deve

As situações de responsabilidade da sociedade e dos próprios administradores por danos causados aos accionistas não se cingem, contudo, a casos de violação de deveres genéricos. Para além de responderem nos termos aquilianos, tanto a sociedade como os titulares do órgão de administração da sociedade responderão ainda perante os accionistas sempre que lhes causarem danos com a infracção de um dever específico que perante eles os vincule[119]. Poder-se-ia assim questionar a imputação dos referidos danos a um ou outro destes sujeitos com base na violação de deveres (acessórios) de protecção que lhes fossem cominados e que visassem a defesa dos sócios contra esses prejuízos[120].

---

haver uma conexão com o fim de protecção ("*Schutzzweckzusammenhang*") entre o dano e a concreta proibição estabelecida ao lesante no caso concreto pela proscrição geral de comportamento manifestamente contrário aos bons costumes (artigo 334.° CC). Assim, KARL LARENZ/CLAUS--WILHELM CANARIS, *Lehrbuch*, p. 454 e GERHARD WAGNER, em *Münchener Kommentar zum BGB*, Band 4, München, 2004, p. 1906 (§ 826). Sobre o abuso de direito como situação geradora de responsabilidade civil, JORGE SINDE MONTEIRO, *Responsabilidade por conselhos*, pp. 550 ss. Embora a posição do autor não se distancie substancialmente da aqui referida, MANUEL CARNEIRO DA FRADA, *Teoria da confiança*, p. 167, nt. (121), recusa a invocação da figura do abuso do direito em casos como este em que a posição jurídica de que se abusaria fosse a liberdade geral de agir, uma vez que "a liberdade de actuação dos sujeitos não está dependente, no direito civil, de permissões, por isso que é a *regra*, pelo que as proibições não são restrições ulteriores ou de grau diferente a uma autorização ou reconhecimento específico previamente dados, mas *limitações que definem logo o âmbito originário dessa liberdade*". Contudo, a liberdade geral de acção é, também ela, o produto de permissões normativas (cf. ROBERT ALEXY, *Theorie der Grundrechte*, Frankfurt am Main, 1996, pp. 309 ss e DAVID DUARTE, *Os argumentos da interdefinibilidade dos modos deônticos em Alf Ross: a crítica, a inexistência de permissões fracas e a completude do ordenamento jurídico em material de normas primárias*, in Revista da Faculdade de Direito da Universidade de Lisboa, vol. XLIII, 2002, pp. 257 ss), não se distinguindo qualitativamente – mas apenas pela sua abrangência – das restantes permissões conferidas pelo ordenamento. Note-se, porém, que do artigo 334.° CC apenas se retira uma norma de conduta (o exercício abusivo é *proibido*), nada estatuindo relativamente a uma eventual norma de sanção, pelo que, subsequentemente, "há que operar por integração e complementação das regras sobre responsabilidade civil" (cf. MANUEL CARNEIRO DA FRADA, *Teoria da confiança*, p. 166, nt. (121).

[119] No que concerne aos administradores, a norma constante do artigo 79.°, n.° 1 a isso, naturalmente, não se opõe, uma vez que esta é – no que não exclui a responsabilidade "indirectamente causada" – uma simples norma de enquadramento. Cf. MANUEL CARNEIRO DA FRADA, *A responsabilidade dos administradores na insolvência*, in *Estudos jurídicos e económicos em homenagem ao Prof. Doutor António de Sousa Franco*, II, Coimbra, 2007, p. 953.

[120] Sendo certo que a tutela indemnizatória adveniente da infracção de deveres de protecção pode exceder o âmbito da conferida pelas normas de direito delitual, o que pode ter especial relevância no que concerne à ressarcibilidade de danos patrimoniais puros (cf., por todos, MANUEL CARNEIRO DA FRADA, *Contrato e deveres de protecção*, Coimbra, 1994, pp. 161 ss.).

A existência de uma relação especial, constitutiva de deveres de protecção, entre a sociedade e os sócios parece pacífica. Pelo contrário – e não existindo entre estes qualquer dever principal – a existência de uma relação obrigacional sem deveres primários de prestação entre administradores e accionistas é duvidosa, dependendo da aceitação da pertinência da aplicação dos quadros forjados a propósito do contrato com eficácia de protecção para terceiro à relação entre administrador e sociedade[121]. Contudo, para além das dificuldades, eventualmente ultrapassáveis, na transposição da dogmática do contrato com eficácia de protecção para terceiros a essa relação – a qual se funda, as mais das vezes, em factos constitutivos não negociais[122] –, a condição da cognoscibilidade da especial relação entre os (concretos) accionistas e a sociedade, por parte do administrador, aquando da constituição da situação de administração, parece ser – sem recurso a ficções – de difícil preenchimento em todos aqueles casos em que não seja exigível ao administrador o conhecimento da exacta estrutura accionista da sociedade, o que tenderá a acontecer nas sociedades anónimas, *maxime* nas sociedades abertas[123]. De todo o modo, mesmo nos casos contados em que esses deveres se possam afirmar, não parece que a imputação aos administradores dos danos provocados aos accionistas pela aquisição de acções próprias seja procedente. E embora a existência de deveres de protecção da sociedade face aos sócios seja incontestada, não parece também que estes danos lhe possam ser imputados, pois, em ambos os casos, – tendo aliás em conta a falta de prognosticabilidade da causação dos danos em questão pelo administrador no momento da prática do facto[124] – a ressarcibilidade desses prejuízos pura-

---

[121] Como foi recentemente proposto por CATARINA MONTEIRO PIRES, *Algumas considerações críticas sobre a responsabilidade civil dos administradores perante os accionistas no ordenamento jurídico português*, in O Direito, 137, 2005, I, pp. 127 ss. Sobre os pressupostos do contrato com eficácia de protecção para terceiros, cf. KARL LARENZ, Lehrbuch, pp. 224 ss.

[122] Pois, como é sabido, são múltiplas as fontes da situação jurídica de administração: imanência à qualidade de sócio, designação no contrato de sociedade, designação pelos sócios ou por minorias especiais, designação pelo Estado, substituição automática, cooptação, designação pelo conselho fiscal ou designação judicial. Destas, apenas a hipótese de designação pelo conselho geral e de vigilância reveste a forma de contrato

[123] Cf. NUNO TRIGO DOS REIS, *Os deveres de lealdade dos administradores de sociedades comerciais*, no prelo.

[124] Cf. EDUARD PICKER, *Forderungsverletzung und culpa in contrahendo*, in Archiv für die civilistische Praxis, 183, 1983, pp. 480 ss. Isto para além de os accionistas não poderem justificadamente confiar na imutabilidade da sua influência na formação da vontade societária ou do valor de mercado das suas participações.

mente económicos levaria a uma desproporcional ponderação entre a liberdade de actuação dos administradores e o risco de gestão de empresa[125].

Não quer isto dizer que a violação de preceitos injuntivos do regime das acções próprias nunca possa dar lugar à responsabilidade face aos accionistas: exemplo típico de uma dessas situações será a violação do princípio da igualdade de tratamento dos accionistas na aquisição e alienação das acções (artigo 321.º)

3.4. *A indemnização dos danos sofridos pela sociedade (breve nota)*

Por fim, cabe abordar sinteticamente a possibilidade de os titulares dos órgãos da sociedade responderem perante esta pela aquisição ilícita de acções próprias. Ao contrário do que sucede no ordenamento jurídico alemão, onde a *Aktiengesetz* consagra expressamente no seu § 93 II e III 3 a responsabilidade (obrigacional) dos administradores face à sociedade, pela aquisição ilícita de acções próprias, o Código das Sociedades Comerciais nada diz a este respeito. O artigo 323.º, n.º 4, apesar de referir a responsabilidade dos administradores face à sociedade pela aquisição ilícita de acções próprias, não serve – ao contrário do §93 II e III 3 AktG – de título de imputação, dado o seu carácter meramente declarativo, nítido pela remissão para os "termos gerais".

Contudo, a imputação à sociedade através do nexo de organicidade, gerado pela situação de administração, de uma conduta ilícita consubstanciará uma violação do dever de prossecução do interesse social, o qual em sentido objectivo corresponde à actuação em conformidade com as normas injuntivas aplicáveis à sociedade[126]. Este dever será – tal como os restantes deveres decorrentes do artigo 64.º – um dever específico face à sociedade[127]: o seu incumprimento

---

[125] Nuno Trigo dos Reis, *Os deveres de lealdade*. Lembre-se aliás que "o princípio da integral reparação dos danos não é senão uma máxima ideal cuja transposição para a realidade jurídica implica a harmonização com exigências de sentido contrário" (cf. Manuel Carneiro da Frada, *Contrato*, p. 228) e que "com a criação ou com o desenvolvimento de cada situação de responsabilidade por danos as liberdades de movimentação e de acção dos restantes membros da comunidade jurídica é consequentemente restringida: a protecção de uns é feita às custas da liberdade de actuação dos outros" (cf. Eduard Picker, *Forderungsverletzung*, p. 471)

[126] Cf. António Menezes Cordeiro, *Manual*, I, pp. 813, tentando aproveitar a noção de "interesse" vertida no artigo 64.º, n.º 1, alínea *b*) e clarificando a sua autonomia face à noção de lealdade (quanto a este último ponto também Manuel Carneiro da Frada, *A business judgement rule no quadro dos deveres gerais dos administradores*, in ROA, 67/1, 2007, pp. 168 ss).

[127] Cf. João Calvão da Silva, *Acordo parassocial respeitante à conduta da administração e à divisão de poderes entre órgãos sociais*, in *Estudos jurídicos (pareceres)*, Coimbra, 2001, p. 247. Também Karsten

constitui, portanto, uma situação subsumível à norma constante do artigo 72.º, n.º 1. Havendo incumprimento, o ónus da prova da culpa (no sentido amplo que a expressão tem no artigo 799.º CC) será atribuído ao administrador, podendo por este ser cumprido através da demonstração de que haja actuado "em termos informados, livres de qualquer interesse pessoal e segundo critérios de racionalidade empresarial" (artigo 72.º, n.º 2)[128]. Como atrás ressalvei, pretendo deixar por tratar este tópico para além das suas notas essenciais. Parece-me, no entanto, pertinente abordar a possibilidade de imputação aos administradores dos danos sofridos pela sociedade, que correspondam à diminuição do seu património em virtude do ressarcimento de danos causados a credores ou sócios pela violação das normas que perfazem o regime das acções próprias. Entre sociedade e administradores não existe uma relação de comissão, não se aplicando, consequentemente, às situações de causação de danos a terceiros em virtude de uma decisão dos administradores, o artigo 500.º, n.º 3 CC[129]; a sociedade não dispõe portanto de direito de regresso face aos administradores relativamente à satisfação da obrigação de indemnizar esses terceiros. Contudo, o cumprimento dessas obrigações pela sociedade consubstanciará assim uma desvantagem patrimonial – *um dano* – a qual poderá, portanto ser imputada, *ex vi* artigo 72.º, n.º 1, aos administradores, desde que no caso se verifiquem os demais pressupostos da responsabilidade civil.

SCHMIDT, *Gesellschaftsrecht*, 4.ª cf., 2002, p. 815, indo mais longe ao defender a existência de um dever de "prosseguir o interesse da sociedade e omitir tudo aquilo que a prejudique".

[128] Cf. ANTÓNIO MENEZES CORDEIRO, *Manual*, I, pp. 927 ss.

[129] Salientando que não é esse o âmbito de aplicação do artigo 6.º, n.º 5, ANTÓNIO MENEZES CORDEIRO, *Manual*, I, pp. 354-355. Contra, JORGE COUTINHO DE ABREU, *Direito Comercial*, pp. 204-205.

JURISPRUDÊNCIA CRÍTICA

*Sociedade por quotas – poderes do gerente
– cessação de funções*

TRIBUNAL DA RELAÇÃO DE LISBOA
Acórdão de 29 de Abril de 2008
Processo n.º 1413/2008-1

SUMÁRIO: *I – Após a cessação do mandato, o gerente de uma sociedade por quotas pode praticar actos necessários ao funcionamento normal da gerência e à representação da sociedade em juízo, como a outorga de procuração forense, até à investidura de novo gerente. II – Para as sociedades anónimas, a lei fixou regras que afastam claramente o automatismo na cessação de funções dos administradores, ao atingirem o termo do mandato, mantendo-se em funções até nova designação. III – Na sociedade por quotas, à falta de normas expressas equivalentes, aplica-se o mesmo regime, por analogia, pois também esta sociedade não pode ficar privada de gerência, enquanto não são designados novos titulares. IV – Por outro lado, nada tendo sido clausulado no pacto social, sobre a representação da sociedade em juízo, aplica-se a regra supletiva do art. 985.º, ex vi art. 996.º, ambos do Código Civil, podendo qualquer sócio outorgar uma procuração a advogado.*

Acordam os juízes na 1.ª Secção do Tribunal da Relação de Lisboa:

I – Relatório

Na acção declarativa de condenação, com processo ordinário, que P, Lda., sedeada em Lisboa, move contra B, S.A., veio esta última, com sede no Porto, deduzir em audiência preliminar o incidente de irregularidade de representação da sociedade Autora pela sua Ilustre mandatária judicial, por a procuração outorgada em nome da sociedade estar assinada por um gerente quando eram necessárias as assinaturas de dois gerentes para obrigar a sociedade.

Respondeu a A., por intermédio da Ilustre Advogada que se apresenta como sua mandatária, dizendo que, efectivamente, resulta dos autos que a sociedade se obriga mediante a assinatura dos dois gerentes. Todavia, como a gerente F renunciou ao seu cargo, em Maio de 2005, desde então o único gerente da sociedade é o sócio A. Acrescenta a Ilustre mandatária que tem de se considerar que este gerente único dispõe de poderes para representar a sociedade, nomeadamente constituindo mandatário para a representar nesta acção; de contrário a sociedade ver-se-ia impossibilitada de defender os seus interesses.

Insistiu a Ilustre mandatária da Ré, contrapondo que, tendo a nomeação do gerente A feita para o quadriénio de 2003/2006, neste momento (16-10-2007, fls. 126 e ss.) nem sequer a qualidade de gerente ele tem. Além de que – acrescenta – ele próprio se excluiu da gestão. Termina reiterando o incidente que suscitou.

De novo no uso da palavra, a Ilustre Advogada, a quem foi passada a procuração assinada em nome da sociedade A., respondeu no essencial que, «muito embora o mandato fosse para o ano de 2006, tem de se entender que, enquanto não for nomeada outra gerência, este gerente tem de se considerar em funções».

A M.ma Juíza proferiu despacho, exarado em acta, no qual, entendendo existir falta definitiva de gerentes, considerou que os poderes de gerência da A. pertencem a todos os sócios e, por consequência, fixou um prazo de 30 dias, prorrogável em caso de justificada necessidade, para que o vício da representação fosse suprido, sob pena de ficar sem efeito o processado pela Sra. Dra. M.

Inconformada com esta decisão, a A. agravou e concluiu assim as suas alegações:

«1. O Tribunal a quo fez uma interpretação errada da norma contida no art. 256.º do C.S.C.

2. Esta norma apenas significa que, ao contrário do que acontece com as sociedades anónimas, nas sociedades comerciais por quotas o mandato dos gerentes pode ser conferido por tempo indeterminado ou por prazo certo.

3. A questão em apreço é outra: a de saber o momento em que terminam as funções de gerência.

4. Não havendo disposição expressa na regulamentação das sociedades por quotas há que recorrer ao disposto no art. 2.º do C.S.C. e que é o seguinte: "Os casos que a presente lei não preveja serão regulados segundo a <u>norma desta lei aplicável aos casos análogos</u> ......".

5. Ora o n.º 4 do art. 394.º do C.S.C. respeitante às sociedades anónimas, diz o seguinte:"embora designados por prazo certo, os administradores mantêm-se em funções até nova designação,......"

6. Não existem dúvidas quanto à analogia das situações.

7. Tanto num como noutro tipo de sociedades há que assegurar e proteger interesses da sociedade e de terceiros que a caducidade imediata de mandatos certamente ameaçaria.

8. Assim, ainda que designados por prazo certo, os gerentes das sociedades por quotas mantêm-se em funções até nova designação.

9. Conclusão que resulta não só das regras de interpretação das normas jurídicas como é ainda reforçado pelo princípio segundo o qual as funções daqueles a quem está confiada a representação de interesses alheios não caduca, ainda quando se verifique uma causa que normalmente imporia a caducidade, enquanto esses interesses não se encontrarem devidamente acautelados.

10. O gerente tinha assim poderes para sozinho outorgar a procuração forense para interposição da presente acção.

11. Atento o exposto, não há que fazer uso da norma contida no art. 253.°, n.° 1 do C.S.C. pois não estamos perante uma situação de falta definitiva de todos os gerentes e, como tal não tem a gerência que ser assumida por todos os sócios.

12. E, consequentemente, não tinha a procuração forense que ser outorgada pelos dois sócios.

13. A procuração junta aos autos é assim idónea a produzir os seus efeitos, não sendo de aplicar a sanção prevista no art. 40.°, n.° 1 do C.P.C.

14. Também a argumentação de que a interposição desta acção não cabia no disposto no art. 6.°, n.° 1 e 2, do documento complementar à escritura, por os sócios se encontrarem desavindos sendo a presente acção uma reacção de um deles quanto aos actos alegadamente praticados pelo outro, não pode proceder.

15. E mesmo que tal pudesse ser entendido, o certo é que, se esta acção é uma reacção de um a actos alegadamente praticados pelo outro, então estaríamos perante um caso de impedimento de voto nos termos do disposto no art. 251.° do C.S.C, sendo evidente o conflito de interesses entre o sócio e a sociedade.

16. Assim sendo, também por esta razão se terá que entender, que apenas aquele sócio podia representar a sociedade e conferir poderes ao mandatário judicial para defender os interesses.

17. Nestes termos se deve concluir pela regularidade do mandato conferido pelo gerente António Mota Calado, não se verificando violação das normas contidas no art. 40.° do C.P.C.

18. Nem sendo se aplicar as sanções aí previstas.»

A Ré apresentou contra-alegações, concluindo no sentido da irregularidade do mandato forense relativamente à A.

A M.ma Juíza, de forma tabelar, manteve a decisão recorrida (fls. 172).

Colhidos os vistos legais, cumpre decidir.

Uma vez que as conclusões das alegações da recorrente é que delimitam o objecto do recurso, as questões concretas que aqui importa decidir são: 1) a posição do sócio A face à gerência da sociedade A.; 2) a relevância da procuração forense assinada só por este sócio com o mandato de gerente cessado.

II – Fundamentação

A. Com interesse para a decisão da causa resulta dos autos assente a seguinte matéria:

1. A petição inicial encontra-se subscrita por M, ilustre advogada (fls. 16).
2. A fls. 65 destes autos está junto um documento epigrafado de *procuração forense* do seguinte teor: "P LDA., representada pelo seu gerente A. (...), vem conferir à Dra. M, Advogada, todos os poderes em direito admitidos para intentar acção contra o B, Lisboa, 3-01-2007".
3. Este documento está subscrito por António Mota Calado.
4. Nos termos do n.º 2 do art. 6.º do documento complementar à escritura de constituição da sociedade: «A sociedade obriga-se com a intervenção de dois gerentes excepto no caso de mero expediente, em que é necessário apenas um» (fls. 18 e 14).
5. Nem da escritura de constituição da sociedade A. (fls. 17-19), nem do respectivo documento complementar, resulta qualquer acordo ou estipulação sobre a representação da sociedade em juízo.
6. Da certidão do Registo Comercial relativa à matrícula da sociedade A. consta, a fls. 24, que são sócios desta: B, casado com F, e A.
7. Estes dois últimos foram designados gerentes para o quadriénio de 2003/2006» (fls. 24).
8. Em 5-5-2002, F cessou as funções de gerente, por ter renunciado ao cargo – conforme referida certidão do registo – Av. 1, Ap.10/05/10/17 (fls. 24-25).
9. Mais consta dessa certidão que a forma de obrigar a sociedade é a assinatura de dois gerentes (fls. 24).
10. Da mesma certidão, sob a inscrição n.º Ap. 21/050601, consta ainda que B cedeu a sua quota, no valor de € 5.000,00, a M, casado com M (fls. 24).

B. Apreciação jurídica

1) *A posição do sócio A face à gerência da sociedade A.*

Como se vê pela referida certidão do registo comercial, para o quadriénio 2003/2006, foram nomeados gerentes Florence Geneviève Nérot e António

Mota Calado. A primeira renunciou ao cargo em 5 de Maio de 2002, ficando apenas o segundo a exercer essas funções, pois não era caso de falta definitiva de todos os gerentes, que justificasse a aplicação do art. 253.º, n.ºs 1 e 2, do CSC. E assim, a gerência plural, nos termos do contrato de sociedade, de facto passou a ser unitária, por força das circunstâncias, até à designação de um novo gerente, que afinal não chegou a ocorrer.

Mas o mandato do gerente que se manteve no seu posto findou também no termo do prazo que lhe havia sido fixado, ou seja, no final de 2006.

A questão que se coloca é portanto a de saber se com o termo do mandato o gerente cessa automaticamente as funções, não podendo praticar mais qualquer acto de gerência ou se deve assegurar o funcionamento normal dessa gerência, até que um novo gerente seja investido.

Para as sociedades anónimas, a lei fixou regras que afastam claramente o automatismo na cessação de funções dos administradores ao atingirem o termo do mandato. Com efeito, o art. 391.º do CSC especifica que os administradores são designados por um período estabelecido no contrato de sociedade, não excedente a quatro anos, e que, na falta desta indicação, se entende que tal designação é feita por quatro anos civis (n.º 3).

Mas a lei tem o cuidado de evitar um afastamento brusco dos administradores cessantes, que possa causar uma paralisação da administração susceptível de afectar a actividade normal da sociedade. Por isso, o n.º 4 do mesmo artigo dispõe que «Embora designados por prazo certo, os administradores mantêm-se em funções até nova designação». Isto sem prejuízo, naturalmente, das situações em que tal não é aconselhável, como nos casos de nomeação judicial (art. 394.º), de destituição por deliberação da assembleia geral (art. 403.º) e de renúncia (art. 403.º).

Esta cessação tranquila de funções imposta por lei nada tem de excepcional, pois procura assegurar a continuidade da administração, sem sobressaltos nem hiatos de liderança. Trata-se, aliás, de um princípio aplicável a outros órgãos da sociedade anónima, tais como o presidente e os outros elementos da mesa da assembleia geral (cf. Ac. STJ 15-1-2004, proc.º n.º 3827/03, www.dgsi.pt/jstj).

Para as sociedades por quotas, a lei não estabeleceu expressamente normas equivalentes, no que concerne à cessação de funções dos gerentes que terminam o seu mandato no fim de um prazo fixado no pacto social. Esta ausência de disciplina legal própria poderá dever-se ao facto de, neste tipo de sociedades, de cunho mais personalista, a regra ser a duração ilimitada da gerência, cessando os mandatos dos gerentes por destituição ou por renúncia. No entanto, está prevista também a limitação contratual ou deliberativa desse mandato, que no caso em apreço foi estipulado em quatro anos, o mesmo prazo que se encontra legal e supletivamente consagrado para os administradores das sociedades anónimas.

Portanto, à falta de regulação legal específica, o referido princípio relativo à cessação de funções dos administradores é aplicável também aos titulares dos órgãos das sociedades por quotas, pois a analogia das situações é evidente (art. 2.º do CSC). Com efeito, as razões que na sociedade anónima impõem uma transição sem interrupções da administração para o novo titular do cargo são as mesmas que aconselham a que a sociedade por quotas não fique privada de gerência, enquanto não são designados novos titulares. A sucessão dos gerentes deve, portanto, ser feita igualmente sem incidentes nem vazio de poder de decisão ou de representação da sociedade na sua actividade normal.

É o que se passa no caso dos autos, em que o único gerente que se manteve em funções, após a renúncia da co-gerente, chegou ao fim do mandato de quatro anos, sem que tivessem sido designados novos gerentes, quer para o lugar da renunciante, quer posteriormente para o seu lugar. Perante tal inércia da sociedade, não podia o gerente cessante eximir-se de assegurar a administração da sociedade até à designação dos seus sucessores.

O argumento da Recorrida de que, muito antes de ter cessado de direito as suas funções, o subscritor da procuração já as não exercia de facto, não está confirmado nos autos. Até porque da mencionada certidão registal não consta o afastamento do gerente em causa. Além disso, tal argumento é irrelevante nesta fase processual de apreciação dos pressupostos processuais, em que se trata unicamente, e para já, de decidir sobre a regularidade do mandato judicial e não ainda o fundo da causa.

Mas, poderá perguntar-se, e se nunca mais forem designados novos gerentes, por exemplo por os sócios não se conseguirem entender, o prosseguimento de funções para além do termo do mandato não terá fim? Esta pergunta permite duas respostas. Em primeiro lugar, a ausência de gerentes designados pode tornar-se definitiva por morte, incapacidade ou desaparecimento, caso em que à totalidade dos sócios cabe exercer a gerência (art. 253.º, n.º 1). Independentemente desta solução naturalística, e em segundo lugar, qualquer sócio pode pôr fim a este estado de coisas, pedindo ao tribunal a nomeação de gerente, nos termos do art. 253.º, n.º 3, do CSC, através do processo especial previsto no art. 1484.º do CPC.

2) *A relevância da procuração forense assinada só por este sócio com o mandato de gerente cessado.*

Na falta de designação dos seus sucessores no cargo, pelas razões acima expostas, o sócio A não está impedido, antes pelo contrário, de praticar validamente actos de gerência ou de representação da sociedade. Nesses actos, inclui-se a assinatura da procuração forense dos autos, pois esta consubstancia um acto de administração próprio da competência dos gerentes.

Por outro lado, uma vez que nada foi clausulado no pacto social, nem no documento complementar, sobre a representação da sociedade em juízo, tem de se aplicar a regra supletiva prevista no art. 985.º *ex vi* art. 996.º, ambos do Código Civil. Ora da combinação destes dois preceitos resulta que, não havendo convenção em contrário, qualquer sócio pode representar a sociedade em tribunal (cf. Ac. STJ 12-7-2007, proc.º n.º 1874/07, www.dgsipt/jstj). Esta representação implica naturalmente a outorga de procuração a um mandatário judicial, como aconteceu, e bem, nestes autos.

Em conclusão, o mandato forense concedido pelo sócio-gerente da Autora, António Mota Calado, não sofre de qualquer irregularidade, sendo válido e relevante.

III – Decisão

Pelo exposto, julga-se o recurso procedente e, por consequência:
1. Revoga-se o despacho recorrido; e
2. Ordena-se o prosseguimento dos autos com a admissão da Sra. Dra. M, a intervir nos autos como legal mandatária da sociedade Autora.

Custas pela Ré.
Notifique.
Lisboa, 29.4.2008. – *João Aveiro Pereira (Relator) – Rui Moura – Folque Magalhães*.

Anotação

1. Lacunas no regime dos administradores

I. O Código das Sociedades Comerciais compreende uma parte geral muito extensa: artigos 1.º a 174.º. Não obstante, essa parte geral é omissa quanto a aspectos importantes, designadamente na área dos administradores. Por exemplo: a proibição de concorrência é um fenómeno básico do Direito das sociedades, que atinge os administradores, nos diversos tipos sociais. O Código, todavia, não contém preceitos gerais sobre essa matéria: ela está dispersa pelos artigos 180.° (sociedades em nome colectivo), 254.° (sociedades por quotas), 398.° (sociedades anónimas) e 477.° (sociedades em comandita simples). Também a competência da administração surge dispersa pelos artigos 192.°, 255.°, 405.° e 431.°, relativos, respectivamente, às sociedades em nome colectivo, por quotas, anónimas de tipo tradicional e anónimas de tipo dualista.

II. Todos estes casos colocam problemas melindrosos. Por vezes, as fórmulas dispensadas a cada um dos tipos societários divergem. Deve-se inferir, daí, uma efectiva diferença de regimes ou, apenas, uma flutuação normal da linguagem da lei?

O regime dos administradores apresenta, ainda, situações de lacuna. O caso mais conhecido e comentado era, antes da reforma de 2006 que corrigiu o problema, o da destituição dos administradores das sociedades anónimas. A destituição era sempre possível. Mas quando ocorresse sem justa causa, não deveria obrigar a uma indemnização? No caso das sociedades por quotas (257.°/7) e das sociedades anónimas de tipo dualista (430.°/3, versão original), a resposta era positiva. No das sociedades anónimas de tipo tradicional, a lei era omissa (403.°, versão original). A doutrina e a jurisprudência, com os sobressaltos que a decisão caso a caso sempre implica, colmataram a lacuna, através da aplicação analógica, aos administradores das sociedades anónimas de tipo tradicional, das regras aplicáveis aos gerentes e aos administradores de sociedades anónimas de tipo dualista. A questão foi depois resolvida, nesse mesmo sentido, pelo artigo 403.°/5, aditado pelo Decreto-Lei n.° 76-A/2006, de 29 de Março.

2. A cessação de funções dos gerentes

I. O presente acórdão detectou mais uma lacuna no regime dos administradores. Trata-se, concretamente, do regime aplicável à cessação de funções por parte dos gerentes. Segundo o artigo 256.°, as funções dos gerentes subsistem enquanto não terminarem por destituição ou renúncia ou, ainda, pelo expirar do prazo para o qual hajam sido designados. E se, neste último caso, não forem substituídos de imediato, após a cessação das funções?

II. Estando em causa administradores de sociedades anónimas, dispõe o artigo 391.°/4: salvo determinadas situações, embora designados por prazo certo, os administradores mantêm-se em funções até nova designação. Será uma regra excepcional? A Relação de Lisboa, no aresto ora anotado, responde com segurança:

Esta cessação tranquila de funções imposta por lei nada tem de excepcional, pois procura assegurar a continuidade da administração, sem sobressaltos nem hiatos de liderança. Trata-se, aliás, de um princípio aplicável a outros órgãos da sociedade anónima, tais como o presidente e os outros elementos da mesa da assembleia geral

Estão reunidas as condições para aplicar, por analogia, à cessação dos gerentes das sociedades por quotas, o disposto no artigo 391.°/4, para os administradores das sociedades anónimas. Mau grado um mandato temporalmente limitado, os gerentes mantêm-se em funções, após o seu termo, até serem substituídos.

Daí e do facto de ser sócio decorre a validade do mandato judiciário passado, pelo gerente cessante, a ilustre advogada. Assim foi decidido pela Relação de Lisboa: e bem.

ANTÓNIO MENEZES CORDEIRO

Breves recensões

I – **Comentários**. A imbatível literatura jurídica alemã ofereceu, no passado 2008, ao público societarista especializado, diversos comentários de primeiro plano. Trata-se de obras imprescindíveis para uma investigação aprofundada e, ainda, para o rápido acesso ao estado das questões em diversos temas europeus directamente relevantes para o Direito nacional. Damos nota:

1. *Münchener Kommentar zum Aktiengesetz* [Comentário Municense à lei das sociedades anónimas]. Entre 2000 e 2006, foi sendo publicada a 2.ª edição do *MünchKommAktG*: saíram 9 volumes, dos quais o 5.º e o 9.º repartidos em dois tomos. Tínhamos, assim, 11 livros maciços, num total bem superior às 10.000 páginas, publicados por Bruno Kropff e Johannes Semler, na editora Beck, de Munique.

Como novidade, temos, agora, a publicação da 3.ª edição de que, em 2008, já saíram dois volumes. A obra é, agora, organizada por Wulf Goette, juiz do BGH e por Mathias Habersack, professor em Tübingen. O 1.º volume abrange a matéria dos §§ 1 a 75, com seis colaboradores, a que se somam mais oito para o Direito austríaco, num total de XXXV + 2020 pp.; o 2.º reporta-se aos §§ 76 a 117, contendo ainda as leis da cogestão e da participação dos trabalhadores no conselho de vigilância. Soma quatro colaboradores, dos quais um austríaco, para um total de XXXV + 1464 pp..

2. KARSTEN SCHMIDT/MARCUS LUTTER, *Aktiengesetz Kommentar* [Comentário à Lei das Sociedades Anónimas] (2008), editora Dr. Otto Schmidt, Colónia, dois volumes (XXIV + 1782 e IX + 1783-3254 pp.).

Com um total de 25 colaboradores, o comentário de Karsten Schmidt e Marcus Lutter é uma resposta mais comedida ao *Münchener Kommentar*. O 1.º volume abrange os §§ 1 a 149, cabendo os restantes §§ 150 a 410 ao 2.º. Com mancha menos densa do que a do *Münchener Kommentar*, o comentário de

Karsten Schmidt/Marcus Lutter constitui, todavia, um manancial de informações e de doutrina.

3. UWE HÜFFER, *Aktiengesetz* [Lei das Sociedades Anónimas], 8.ª ed., Editora C. H. Beck, Munique, 2008 (XXXV + 1975 pp.). A primeira edição do comentário "curto" de Hüffer, hoje professor emérito, data de 1993. De então para cá, sucederam-se as edições, das quais a última, de 2008. O Hüffer é o instrumento de trabalho de uso mais directo do investigador societarista. Permite um imediato controlo sobre o estado das fontes e os últimos progressos continentais nos diversos temas.

II – **Manuais e comentários**. De entre múltiplas publicações relevantes, das quais algumas abaixo noticiadas, vamos salientar várias obras, nas línguas alemã, inglesa e francesa. Assim:

4. MARCUS LUTTER/GERD KRIEGER, *Recht und Pflichten des Aufsichtsrats* [Direitos e deveres do conselho geral e de vigilância], 5.ª ed. revista e ampliada, editora Dr. Otto Schmidt, Colónia, 2008 (XL + 561 pp.). A 4.ª ed. desta obra, de 2002, fora vivamente apreciada. Aguardava-se a sua actualização, que não ficou aquém das expectativas. O *Aufsichtsrat* de Lutter/Krieger constitui uma obra completa, clara e útil, seja em termos práticos, seja para a investigação. No nosso País, a prática dos conselhos gerais e de vigilância, assumidos por algumas grandes sociedades, tem levantado dúvidas e, mesmo, litígios. A referência ao experiente Direito alemão é, assim, sempre útil.

5. MARCUS LUTTER/PETER HOMMELHOFF (org.), *SE-Kommentar* [Comentário à SE], editora Otto Schmidt, Colónia, 2008 (XXII + 1236 pp.). Com 20 colaboradores, o presente comentário à *societas europaea* (SE) vem somar-se a uma lista já longa, publicado em língua alemã. O desenvolvimento teórico da matéria vai muito para além dos aspectos práticos: na verdade, a SE surge restritiva, tendo pouca aplicação prática. Mas o seu relevo para os estudiosos é inegável. O *Kommentar* de Lutter/Hommelhoff abrange ainda a lei alemã da participação dos trabalhadores (835-1067) e versa aspectos fiscais (1069 ss.).

6. MATHIAS HABERSACK/PETER O. MÜLBERT/MICHAEL SCHLITT, *Handbuch der Kapitalmarktinformation* [Manual da informação ao mercado de capitais], 2008, editora C. H. Beck, Munique (XX + 824 pp.). Organizado por dois professores (Mathias Habersack, de Tübingen e Peter O. Mülbert, de Mainz) e por

um advogado (Michael Schlitt, de Frankfurt), a obra implicou o esforço de 24 colaboradores. Muito actualizado e imbuído de locuções anglo-saxónicas, o presente manual dá, da lei WgHG (*Wertpapierhandelsgesetz* ou Lei do comércio mobiliário), uma visão alargada e uma lata documentação, pelo prisma das informações a prestar no mercado de capitais. Em tempo de crise, uma excelente oportunidade para estudar e repensar um tema nuclear.

7. MICHAEL MENJUCQ, *Droit international et européen des sociétés* (Direito internacional e europeu das sociedades], 2.ª ed., editora Montchrestien, Paris, 2008 (VI + 578 pp.). O domínio avassalador da literatura jurídica alemã, na área do Direito europeu das sociedades, não deve fazer esquecer o papel de outras doutrinas europeias. No Direito francês avultava, até pela sua posição isolada, o clássico de Menjucq (professor na Sorbonne), em 1.ª ed., de 2001. Entretanto multiplicaram-se as directrizes, os regulamentos e as transposições. Tem o maior interesse seguir tudo isso no Direito francês: donde o especial interesse da 2.ª edição, ora vinda à luz. Numa linguagem clara, e em obra cheia de transcrições de diplomas, o que muito facilita o seu conhecimento, Menjucq coloca à disposição do público francófono uma obra incontornável para os estudiosos do Direito internacional europeu das sociedades.

8. GERTRUD ERISMANN/ULRICH STEGER/OLIVER SALZMANN, *The insider's view on corporate governance / the role of the company secretary* [Panorama interno do governo das sociedades / o papel do secretário da sociedade], editora Palgrave/Macmillan, Basingstoke e Nova Iorque, 2008 (XXIX + 187 pp.). A literatura de expressão anglo-saxónica sobre temas de governo das sociedades é infindável. Nas publicações vindas a lume em 2008, o pequeno escrito de Erismann/Steger/Salzmann (suíços e alemães com prática europeia) não passa despercebido. Na base de inquéritos e entrevistas, os autores constroem uma visão interna do governo das sociedades, baseada na figura do secretário da sociedade. Trata-se de um cargo introduzido, entre nós, pelo Decreto-Lei n.º 257/96, de 31 de Dezembro (artigos 446.º-A a 446.º-F) e que veio a assumir um papel de relevo no funcionamento das grandes anónimas. O livro em causa contém informação efectiva sobre o funcionamento da figura, permitindo documentar matéria que, entre nós, está ainda um tanto abstracta.

Nota bibliográfica

Agosto-Dezembro, 2008

Monografias nacionais

ALMEIDA, ANTÓNIO PEREIRA DE – *Sociedades comerciais e valores mobiliários*, 5.ª ed., Coimbra Editora, Coimbra, 2008.

BRANCO, SOFIA RIBEIRO – *O direito dos accionistas à informação*, Almedina, Coimbra, 2008.

DUARTE, RUI PINTO – *Escritos sobre Direito das sociedades*, Coimbra Editora, Coimbra, 2008;
– *O ensino do Direito das sociedades*, Coimbra Editora, Coimbra, 2008.

GOMES, JANUÁRIO COSTA/ATAÍDE, RUI – *OHADA, Tratado, Regulamentos e Actos Uniformes*, Almedina, Coimbra, 2008.

Artigos nacionais

ABREU, J. A. COUTINHO DE – *Destituição de administradores de sociedades*, RFDUC LXXX (2007), 75-98 *(lançamento em Novembro de 2008)*

COELHO, EDUARDO DE MELO – *Reflexões epigramáticas sobre a nova governação de sociedades*, ROA 68, Janeiro 2008, 379-414 *(lançamento em Novembro de 2008)*

PEREIRA, MARIA MARIANA MELO EGÍDIO – *A aquisição tendente ao domínio total. Breves reflexões sobre o artigo 490.º do Código das Sociedades Comerciais*, O Direito 140, 2008 IV, 923-968.

RAMOS, MARIA ELISABETE – *Insolvência da sociedade e efectivação da responsabilidade civil dos administradores*, RFDUC LXXX (2007), 449-489 *(lançamento em Novembro de 2008)*.

SERRA, CATARINA – *A recente reforma do Direito português das sociedades comerciais – breves notas,* Scientia Juridica n.° 315, Julho-Agosto 2008, 467-482.

SILVA, PAULA COSTA E – *Sociedade aberta, domínio e influência dominante,* RFDUL 2007, vol. XLVIII, n.ᵒˢ 1 e 2, 39-66 *(lançamento em Dezembro de 2008).*

Nos *Estudos em honra do Professor Doutor José de Oliveira Ascensão,* vol. II, org. pelos Professores Doutores António Menezes Cordeiro, Pedro Pais de Vasconcelos e Paula Costa e Silva, e publicados em Novembro pela Almedina, encontram-se, no Título XI, relativo ao Direito das sociedades e dos valores mobiliários:

ABREU, J.A. COUTINHO DE – *Vinculação das sociedades comerciais,* 1213-1239.
ALBUQUERQUE, PEDRO DE – *O exercício do direito de voto inerente a acções detidas por fundos de pensões representativas do capital social de entidade a ele associada e detentora de parte do capital da sociedade gestora,* 1241-1252.
CÂMARA, PAULO – *O dever de adequação dos intermediários financeiros,* 1307-1324.
DOMINGUES, PAULO DE TARSO – *O novo regime da redução do capital social,* 1325--1345.
ESTACA, JOSÉ MARQUES – *O destaque dos direitos de voto em face do Código dos Valores Mobiliários,* 1347-1361.
FERREIRA, EDUARDO PAZ/OLIVEIRA, ANA PERESTRELO DE – *Sobre o sistema reforçado de fiscalização nas sociedades anónimas em relação de grupo após a Reforma de 2006,* 1195-1211.
MARTINS, ALEXANDRE SOVERAL – *A reforma do CSC e o aumento de capital nas sociedades por quotas. Alguns aspectos,* 1253-1263.
TEIXEIRA, GLÓRIA/PEDRO, RUTE TEIXEIRA – *Sociedades de consultoria para investimento – breve nota interpretativa,* 1265-1274.
VASCONCELOS, LUÍS MIGUEL PESTANA DE – *Os contratos de garantia financeira. O dealbar do Direito europeu das garantias,* 1275-1305.

Foi publicado o vol. VIII dos estudos *Direito dos valores mobiliários,* Coimbra Editora, Coimbra, 2008, com diversos artigos nessa área.

Monografias estrangeiras

Monografias alemãs

EMMERICH/HABERSACK – *Konzernrecht,* 9.ª ed., C.H. Beck, München, 2008.

GOTTE, WULF – *Einführung in das neue GmbH-Recht*, C.H. Beck, München, 2008.
GRUNEWALD, BARBARA – *Gesellschaftsrecht*, 7.ª ed., Möhr Siebeck, Tübingen, 2008.
HOPT/VEIL/KÄMMERER, *Kapitalmarktgesetzgebung im Europäischen Binnenmarkt*, Möhr Siebeck, Tübingen, 2008.
ULMER/HABERSACK/WINTER – *GmbH-Gesetz betreffend die Gesellschaften mit beschränkter Haftung: GmbH-Grosskommentar*, Band I-III (actualizado de acordo com a MoMiG), Möhr Siebeck, Tübingen, 2008.

Monografias italianas

ALBERTO, MAFFEI ALBERTI – *Commentario breve al Diritto delle società*, CEDAM, Milano, 2008
CAPRIGLIONE, FRANCESCO – *La nuova disciplina della società europea*, CEDAM, Milano, 2008.
GALGANO, FRANCESCO – *Trattato di Diritto civile*, vol. III, CEDAM, Milano, 2009.
NICOLLO, ABRIANI et alii – *Diritto delle società*, 4.ª ed., Giuffré, Milano, 2008 (com introdução de Bernardino Libonati).
STEFANO AMBROSINI/GINO, CAVALLI/ALBERTO, JORIO – *Trattato di diritto commerciale. Il fallimento*, CEDAM, Milano, 2008.

Monografias anglo-saxónicas

MAYSON/FRENCH/RYAN – *Company law (2008-2009)*, Oxford University Press, Oxford, 2008.

Artigos estrangeiros

KINDLER, PETER – *Grundzüge des neuen Kapitalgesellschaftsrechts. Das Gesetz zur Modernisierung des GmbH-Rechts und zur Bekämpfung von Missbräuchen (MoMiG)*, NJW ano 61, n.º 45, 3249-3312 (Outubro 2008).
OESCHLER – *Die Geschichte der Lehre von der fehlerhaften Gesellschaft und ihre Stellung im europäischen Gesellschaftsrecht*, NJW ano 61, n.º 34 (Agosto de 2008), 2471-2475.

Legislação

Agosto-Dezembro, 2008

A. **Legislação publicada, em matéria societária**

1. *Decreto-Lei n.º 224/2008, de 20 de Novembro (DR, 1.ª Série, n.º 226)*

No uso da autorização legislativa concedida pela Lei n.º 36/2008, de 4 de Agosto, altera o Estatuto da Ordem dos Revisores Oficiais de Contas, aprovado pelo Decreto-Lei n.º 487/99, de 16 de Novembro, transpondo parcialmente para a ordem jurídica interna a Directriz n.º 2006/43/CE, do Parlamento Europeu e do Conselho, de 17 de Maio, relativa à revisão legal das contas anuais e consolidadas.

2. *Decreto-Lei n.º 247-B/2008, de 30 de Dezembro (DR. 1.ª Série, n.º 251)*

Cria e regula o cartão da empresa e o Sistema de Informação da Classificação Potuguesa de Actividades Económicas (SICAE) e adopta medidas de simplificação no âmbito dos regimes do Registo Nacional de Pessoas Colectivas (RNPC), do Código do Registo Comercial, dos procedimentos simplificados de sucessão hereditária e divórcio com partilha, do regime especial de constituição imediata de sociedades («empresa na hora») e do regime especial de constituição online de sociedades comerciais e civis sob forma comercial («empresa on-line»), do regime especial de constituição imediata de associações («associações na hora») e do regime especial de criação de representações permanentes em Portugal de entidades estrangeiras.

Com especial relevância em matéria societária, destaca-se (i) a criação do cartão da empresa, que passa a conter, num único documento físico, os três números relevantes para a identificação das pessoas colectivas, a saber, o número de identificação de pessoa colectiva (NIPC), o número de identificação fiscal (NIF) e o número de identificação da segurança social (NISS) e a disponibilização, em suporte desmaterializado, do correspondente cartão electrónico da empresa; (ii) a alteração do regime especial de constituição imediata de sociedades, para permitir a respectiva utilização em casos anteriormente excluídos, como aqueles em que a realização do capital da nova sociedade é feita com recurso a entradas em espécie.

B. Legislação em preparação, em matéria societária

1. *Colocação em consulta pública, pela CMVM, em articulação com o Ministério das Finanças e da Administração Pública e com o Ministério da Justiça, de um Ante-Projecto de Transposição da Directriz dos Direitos dos Accionistas e de Alterações ao Código das Sociedades Comerciais, em 19 de Agosto de 2008*

Foi disponibilizado pela CMVM para consulta pública, em http://www.cmvm.pt/, um Ante-Projecto de Transposição da Directriz dos Direitos dos Accionistas (Directriz n.° 2007/36/CE), que a RDS irá reproduzir no seu próximo número, que visa também aumentar a transparência da aquisição e detenção de acções próprias e rever os critérios de independência e incompatibilidades dos membros dos órgão sociais. As alterações ao Código das Sociedades Comerciais propostas no Ante-Projecto são reproduzidas e comentadas nesta Revista, em *Uma nova reforma do Código das Sociedades Comerciais?* (11-55).

2. *Proposta de Directriz de simplificação dos deveres documentais e de publicidade e informação em matéria de fusões e cisões, que altera a Segunda, a Terceira, a Sexta e a Décima Directrizes, em matéria societária (Directrizes n.° 77/91/CEE, n.° 78/855/CEE, n.° 82/891/CEE, do Conselho e n.° 2005/56/CE, do Parlamento Europeu e do Conselho)*

Esta proposta de Directriz insere-se no plano de acção da Comissão destinado a simplificar o enquadramento legal das actividades empresariais na União Europeia, e pode ser consultada, em língua alemã, francesa ou inglesa, em http://ec.europa.eu/internal_market/company/simplification/index_en.htm.

3. Comunicado do Conselho de Ministros, de 30 de Outubro de 2008

Foi aprovada em Conselho de Ministros a Proposta de Lei que altera o Código das Sociedades Comerciais e o Código do Registo Comercial, transpondo para a ordem jurídica interna a Directriz n.º 2005/56/CE, do Parlamento Europeu e do Conselho, de 26 de Outubro de 2005, relativa às fusões transfronteiriças das sociedades de responsabilidade limitada, a Directriz n.º 2007/63/CE, do Parlamento Europeu e do Conselho, de 13 de Novembro de 2007, que altera as Directrizes n.ºs 78/855/CEE e 82/891/CEE do Conselho, no que respeita à exigência de um relatório de peritos independentes aquando da fusão ou da cisão de sociedades anónimas e estabelece o regime aplicável à participação dos trabalhadores na sociedade resultante da fusão.

C. Outros elementos relevantes, em matéria societária

1. Relatório Anual sobre o Governo das Sociedades Cotadas em Portugal

A CMVM disponibilizou, no seu *site*, o Relatório Anual sobre o Governo das Sociedades Cotadas em Portugal, reportado à situação existente em 31 de Dezembro de 2007 (http://www.cmvm.pt/NR/exeres/3866402E-E577--4F6C-8F4E-B2D13F5D882C.htm).

O documento reúne as respostas a um questionário sobre o governo das sociedades cotadas que a CMVM levou a cabo entre Junho e Agosto de 2008, enviado às sociedades de direito nacional que tinham acções cotadas no mercado português.

Jurisprudência

Agosto-Dezembro, 2008

1. RPt 9-Set.-2008 (João Proença), Proc. n.º 0820174, *in* www.dgsi.pt

Sumário:
I – Se, antes do registo definitivo, a sociedade não existe como pessoa jurídica, não responde, por via de regra, pelos actos praticados em seu nome até esse momento; daí a responsabilização pessoal, solidária e ilimitada pelas obrigações contraídas pelos que agirem em representação dela e pelos sócios que autorizarem os negócios, como condição indispensável à protecção do interesse dos credores.

II – Se, porém, se encontrarem exclusivamente em questão obrigações vencidas após o registo definitivo e correspectiva aquisição da personalidade jurídica pelo ente societário, já a regra do n.º 1 do artigo 40.º do CSC não é solução: trata-se de uma obrigação social, pelo que só o património social responde para com os credores pela correspondente dívida (artigo 197.º, n.ºs 1 e 3, do CSC).

2. RLx 9-Set-2008 (Graça Amaral), Proc. n.º 3541/2008-7, *in* www.dgsi.pt

Pronuncia-se acerca do direito ao bom nome e à imagem das pessoas colectivas, em particular, das sociedades comerciais.

3. STJ 10-Set.-2008 (Vasques Dinis), Proc. n.º 08S461, *in* www.dgsi.pt

Pronuncia-se, nos termos do artigo 398.º do CSC, sobre a suspensão do contrato de trabalho de um trabalhador que assume funções de administrador numa sociedade em relação de grupo com a entidade empregadora, e das repercussões da suspensão em sede de aposentação.

4. RPt 18-Set.-2008 (Carlos Portela), Proc. n.º 0831973, *in* www.dgsi.pt

Sumário:

I – *O contrato de compra e venda de acções ao portador tem natureza real ou "quoad constitutionem", porquanto a entrega de tais acções constitui o momento decisivo da transmissão da respectiva propriedade, não operada por efeito da mera consensualidade subjacente.*

II – *Por isso, a entrega, a tradição da acção ao portador, é pressuposto formal e também material da transmissão de tal tipo de acções e não apenas do exercício dos direitos nela titulados, o que obsta a que a transmissão dos mesmos direitos, dos direitos incorporados na acção, se opere sem essa mesma tradição.*

5. STJ 23-Set.-2008 (Azevedo Ramos), Proc. n.º 08A2239, *in* www.dgsi.pt

Sumário:

I – *A assembleia geral de uma sociedade por quotas, cuja gerência compete a dois gerentes, não pode conferir poderes a um mandatário judicial, que simultaneamente é um dos seus gerentes, para, em representação da sociedade e no âmbito de um determinado processo judicial, outorgar uma escritura de dação em pagamento de imóveis.*

II – *Competindo a gerência de uma sociedade por quotas a dois gerentes, em pé de igualdade (gerência plural conjunta) a assembleia dos sócios não pode deliberar em termos de fazer alterar essa forma de administração e de representação da sociedade, designadamente atribuindo poderes especiais a um deles, do que implicitamente decorre a retirada de poderes ao outro.*

III – *Quanto aos actos de representação vigora o princípio da ilimitação de poderes representativos dos gerentes, perante o qual são irrelevantes as limitações constantes do contrato social ou resultantes de deliberações dos sócios.*

IV – *Verifica-se uma forte corrente doutrinal e jurisprudencial no sentido de atribuir primazia aos interesses de terceiros de boa fé, relegando-se para as relações internas as consequências inerentes ao eventual desrespeito das regras de representatividade constantes do pacto social.*

V – *Aos interesses da sociedade ou dos titulares do respectivo capital social sobrepõem-se os de terceiros que com a sociedade se relacionam, mantendo-se a validade dos efeitos jurídicos dos actos outorgados em nome da sociedade apenas por um dos gerentes, ainda que sem a intervenção conjunta dos demais.*

6. RGm 25-Set.-2008 (Gouveia Barros), Proc. n.º 1617/08-1, *in* www.dgsi.pt

Sumário:

I – *Na ausência de norma que fixe tal efeito, o facto de a transformação de sociedade em nome colectivo em sociedade por quotas não estar registada definitivamente, não torna nula a cessão de quota feita a seu favor.*

II – *A transformação da sociedade não interfere com a sua personalidade jurídica, pois a nossa lei consagrou a teoria da identidade, sendo irrelevante a provisoriedade do registo referido, pois que respeita ao estatuto e não ao próprio ente jurídico.*

7. RPt 29-Set.-2008 (Isoleta Costa), Proc. n.º 0853640, *in* www.dgsi.pt

Sumário:
I – *Em princípio são nulos os actos gratuitos das sociedades comerciais na medida em que se trata de actos sem contrapartidas que se traduzem num mero desvalor para a sociedade, sendo contrários ao seu fim lucrativo.*

II – *A prestação gratuita de garantias só não será nula quando se verifiquem duas situações:*

 a) caso exista um justificado interesse da sociedade garante;
 b) quando se trate de sociedade em relação de domínio ou de grupo.

8. RLx 2-Out.-2008 (Sousa Pinto), Proc. n.º 2254/2008-2, *in* www.dgsi.pt

Sumário:
I – *Os gerentes respondem civilmente para com a sociedade relativamente a danos causados a esta por factos próprios e violadores de deveres legais e/ou contratuais, a menos que demonstrem ter agido sem culpa.*

II – *A avaliação da conduta dos gerentes, passível de integrar a sua responsabilidade para com a sociedade, deve ter sempre em conta o dever geral de diligência contido no artigo 64.º do CSC.*

III – *A responsabilidade dos administradores para com a sociedade, como responsabilidade subjectiva que é, para que possa verificar-se carece que se mostrem preenchidos os requisitos: facto ilícito, culpabilidade, prejuízo e nexo de causalidade.*

IV – *No caso em apreço, mesmo que a culpa se não presumisse, ainda assim se diria que a atitude do gerente, aferida em função do quadro dum normal gestor (para o que aponta o artigo 64.º do CSC), seria passível de ser censurada a título de culpa, pois que é exigível que um administrador tenha especiais cuidados na forma como efectua pagamentos (essencialmente de certa monta). Com efeito, poderia/deveria previamente à concretização do depósito contactar a credora ou o seu mandatário, dando-lhe conta ou dessa sua intenção, ou solicitando-lhe indicações sobre a forma como o deveria fazer.*

9. RLx 9-Out.-2008 (Ezaguy Martins), Proc. n.º 7813/2008-2, *in* www.dgsi.pt

Pronuncia-se no sentido da natureza patrimonial dos denominados direitos de personalidade das sociedades comerciais.

10. STJ 14-Out.-2008 (Fonseca Ramos), Proc. n.º 08A2645, *in* www.dgsi.pt

Qualifica as sociedades comerciais como comerciantes e os contratos de compra e venda entre sociedades como actos objectivos de comércio para efeitos do artigo 2.º do Código Comercial.

11. RCb 14-Out.-2008 (Virgílio Mateus), Proc. n.º 649/08.3TBPMS.C1, *in* www.dgsi.pt

Sumário:

I – A quota social, nos regimes de bens de casamento, só é comunicável quanto ao seu valor económico. Na verdade, a comunicabilidade de uma quota social apenas se opera quanto ao conteúdo patrimonial desse "direito complexo" e não quanto ao seu conteúdo pessoal, como seja quanto ao direito de voto em assembleia geral.

II – Enquanto no plano patrimonial, próprio da relação jurídico-familiar, o divórcio implica a partilha do património comum do casal, património esse em que se incluirá o valor das quotas sociais enquanto suas componentes económicas; no plano da relação jurídico-societária, situa-se o direito de voto a exercer na assembleia geral dos sócios da sociedade comercial, assembleia na qual cada dispõe de tantos votos quantos os cêntimos do valor nominal da sua quota.

III – Assim, embora cada um dos dois sócios (cônjuges que entretanto se divorciaram um do outro) seja titular da quota ideal de 50% do capital social, o sócio ex-cônjuge marido ao votar favoravelmente a proposta de nomeação do filho de ambos para gerente mediante a sua renúncia à gerência e com invocação da sua quota de 75% do capital social não agiu em abuso de direito.

12. RPt 16-Out.-2008 (Pinto de Almeida), Proc. n.º 0832127, *in* www.dgsi.pt

Sumário:

I – Existem vários tipos de acções sociais:

– Acção social ut universi; proposta pela própria sociedade, sendo o procedimento natural para obter o ressarcimento dos danos causados à sociedade, verificados os pressupostos da responsabilidade civil dos administradores;
– Acção social ut singuli: acção subsidiária em que, prevenindo o legislador a eventual inércia e desinteresse da maioria dos sócios em promover a acção (ut universi), os sócios que representem 5% do capital social pedem a condenação dos administradores na indemnização pelos prejuízos causados à sociedade e não directamente a eles próprios;
– Acção subrogatória dos credores sociais: acção em que os credores se substituem à sociedade para exigirem dos administradores a indemnização que compete à sociedade.

II – Há evidente paralelismo entre a regulamentação da acção social ut universi, prevista no Cod. Soc. Com. (artigo 75.º) e no Cód. Cooperativo (artigo 68.º), tendo essencialmente regime e função idênticos.

III – Porque também nas cooperativas se pode colocar a questão do ressarcimento dos danos causados por directores, estando o exercício do direito de acção dependente da assembleia geral e podendo, também aqui, como nas sociedades, surgir idênticas dificuldades na formação da maioria necessária para o efeito, justifica-se o reconhecimento da acção individual dos cooperadores a favor da cooperativa, se de tal não advier desrespeito pelos princípios cooperativos – artigo 9.º, do Cod. Coop. –, designadamente, o da voluntariedade ("porta aberta"), intercooperação e ausência de fins lucrativos.

13. RPt 23-Out.-2008 (Pinto de Almeida), Proc. n.º 0833095, *in* www.dgsi.pt

Sumário:
I – A cessação de funções dos gerentes e a designação de novos gerentes constituem actos de registo e publicação obrigatórios, devendo o conservador promover tal publicação, no prazo de 30 dias.
II – Do carácter oficioso desta publicação não decorre a presunção de que ela tenha ocorrido.
III – Não tendo sido, sequer, invocada tal publicação, limitando-se a opoente (à execução) a alegar a realização da escritura e do registo à mesma sujeitos, não pode ter lugar o convite previsto no artigo 508.º, n.º 2, parte final, do CPC, relativamente à apresentação de documento comprovativo da mesma publicação: seria um convite à prova de facto não alegado e que não se sabe, sequer, se ocorreu.

14. STJ 06-Nov.-2008 (Serra Baptista), Proc. n.º 08P1740, *in* www.dgsi.pt

Sumário:
I – A dissolução de uma sociedade comercial não equivale à sua extinção, mantendo a mesma a sua personalidade jurídica;
II – São diferentes as consequências da dissolução da sociedade comercial por deliberação dos sócios e por via da declaração de insolvência: sendo aquela feita, primordialmente, no interesse dos sócios e não no dos credores; diferentemente no que nesta última sucede, com o inerente processo colectivo ou concursal de pagamento aos credores;
III – Dissolvida uma sociedade comercial por deliberação dos sócios, e não terminada ainda a sua liquidação, pode ser requerida, verificados que se verifiquem os respectivos pressupostos, a sua insolvência.

15. STA 12-Nov.-2008 (Jorge Lino), Proc. n.º 0281/08, *in* www.dgsi.pt

Sumário:
I – A subcapitalização correspondente a um recurso excessivo a capitais de terceiros face aos capitais próprios como forma de financiamento das sociedades.

II – A subcapitalização tem sido crescentemente encarada como possível forma de evasão fiscal que a lei pretende limitar, dadas as suas consequências em termos de redução das receitas fiscais.

III – O artigo 57.º-C do Código do IRC, na redacção da Lei n.º 5/96, de 29 de Janeiro – estabelecendo uma distinção arbitrária entre entidades residentes e entidades não residentes no território português, para efeitos da dedução de juros de empréstimos celebrados pela sociedade –, afronta nomeadamente os princípios da liberdade de estabelecimento e de circulação de capitais reconhecidos nos artigos 43.º e 56.º do Tratado da Comunidade Europeia.

IV – Como assim, o despacho administrativo fundamentado na redacção do dito artigo 57.º-C do Código do IRC padece de ilegalidade determinante da sua anulação.

16. RPt 17-Nov.-2008 (Maria Adelaide Domingos), Proc. n.º 0855318, *in* www.dgsi.pt

Pronuncia-se sobre o sigilo comercial aplicável à documentação e escrita de sociedades comerciais.

17. RPt 2-Dez.-2008 (Maria José Simões), Proc. n.º 0855378, *in* www.dgsi.pt

Sumário:

I – Não pode o Conservador do Registo Comercial, no exercício de qualificação e perante decisão do Tribunal transitada, invocar razões de natureza registral e de quebra do princípio do trato sucessivo para recusar o cancelamento de registos ordenado pela decisão referida.

II – Em face do cancelamento dos anteriores registos, o Conservador deve recusar o pedido de cancelamento de registos posteriores sobre os quais inexiste título que valide os solicitados cancelamentos.

III – No entanto, mostrando-se os registos posteriores inexactos, deve o Conservador ex officio proceder à rectificação destes, face à desconformidade com os imediatamente anteriores e que lhes serviram de suporte, desde que todos os interessados estejam de acordo e manifestem o seu consentimento à rectificação proposta e que estejam baseados em documento bastante.

18. RLx 4-Dez.-2008 (Márcia Portela), Proc. n.º 8181/2008-6, *in* www.dgsi.pt

Sumário:

I – As irregularidades na convocatória de assembleia geral de sociedade, que não se integrem na previsão das alíneas a) e b) do artigo 56.º do CSC, geram mera anulabilidade da deliberação, por muito graves que possam ser.

II – A qualificação do vício como nulidade só releva se estiver em causa a caducidade do direito de impugnar a deliberação, por o artigo 396.º, n.º 1, do CPC, não estabelecer distinções

quanto ao tipo de invalidade que constitui fundamento para decretamento da suspensão da deliberação impugnanda: basta que a deliberação seja contrária à lei, aos estatutos ou ao contrato.

III – Os requisitos da invalidade da deliberação e do prejuízo que para o apelante resulte da execução da deliberação são de verificação cumulativa.

IV – A deliberação no sentido de serem contratados empréstimos, por avultados que sejam, só por si, não é susceptível de preencher o requisito da parte final do artigo 396.°, n.° 1, do CPC («que a execução possa causar dano apreciável»).

19. STJ 09-Dez.-2008 (Fonseca Ramos), Proc. n.° 08A3497, *in* www.dgsi.pt

Sumário:

I – Provado que, em 18 de Agosto de 2000, quando o proclamado representante da Autora celebrou a escritura de compra e venda, pela qual alienou à Ré o prédio identificado nos autos, pese embora tenha exibido uma acta da Autora, lavrada a 10 de Agosto de 2000, subscrita por ele mesmo e pelo então sócio X, de onde consta a deliberação da venda daquele património social e o mandato a si conferido para outorgar a competente escritura pública de compra e venda, já não era gerente da Autora, por ter sido destituído da gerência em 7 de Outubro de 1999, é manifesto que o destituído deixou ser legal representante da Autora e, como tal, de vincular a sociedade, sendo assim inquestionável que agiu sem poderes de representação da sociedade Autora.

II – Porém, ao tempo da celebração da escritura de compra e venda, o facto da destituição não tinha sido registado na CRCom, pelo que, não pode a autora, que não procedeu ao registo da destituição do seu gerente, opor à Ré, enquanto entidade terceira, a falta de poderes de representação daquele que interveio em seu nome, depois de destituído.

III – Constando da acta de 10 de Agosto de 2000, que a Autora reuniu a sua Assembleia geral sem prévia convocatória, mas estando presentes todos os sócios que deliberaram a venda do imóvel e mandataram o destituído gerente para outorgar na escritura, tem de se considerar tal assembleia, como universal apenas na aparência, isto porque, já antes da data em que ocorreu, o referido gerente não era sócio da Autora, pois que, em 29 de Abril de 1999, tinha procedido à divisão da sua quota na sociedade-Autora, quota que cedeu integralmente aos seus quatro filhos.

IV – Como tal divisão e cessões da quota não foram, todavia, registadas, senão em data posterior à venda do imóvel à Ré, o acto não é oponível a terceiro.

V – Efectivamente, a omissão do registo da cessão de quota social não impede a produção de efeitos entre as partes e os seus herdeiros – artigo 13.°, n.° 1, do CRCom – mas já não assim, em relação a terceiros, a quem não pode ser oponível se não tiver sido registada.